DICTIONNAIRE HISTORIQUE & STATISTIQUE

DES

PAROISSES CATHOLIQUES

DU

CANTON DE FRIBOURG

PAR LE

P. APOLLINAIRE DELLION, ORD. CAP.

MEMBRE DES SOCIÉTÉS D'HISTOIRE DE LA SUISSE ROMANDE ET DU CANTON DE FRIBOURG

CONTINUÉ

par l'abbé François PORCHEL

MEMBRE DES MÊMES SOCIÉTÉS

ONZIÈME VOLUME

FRIBOURG

IMPRIMERIE ET LIBRAIRIE DE L'ŒUVRE DE SAINT-PAUL

259, rue de Morat, 259

1901

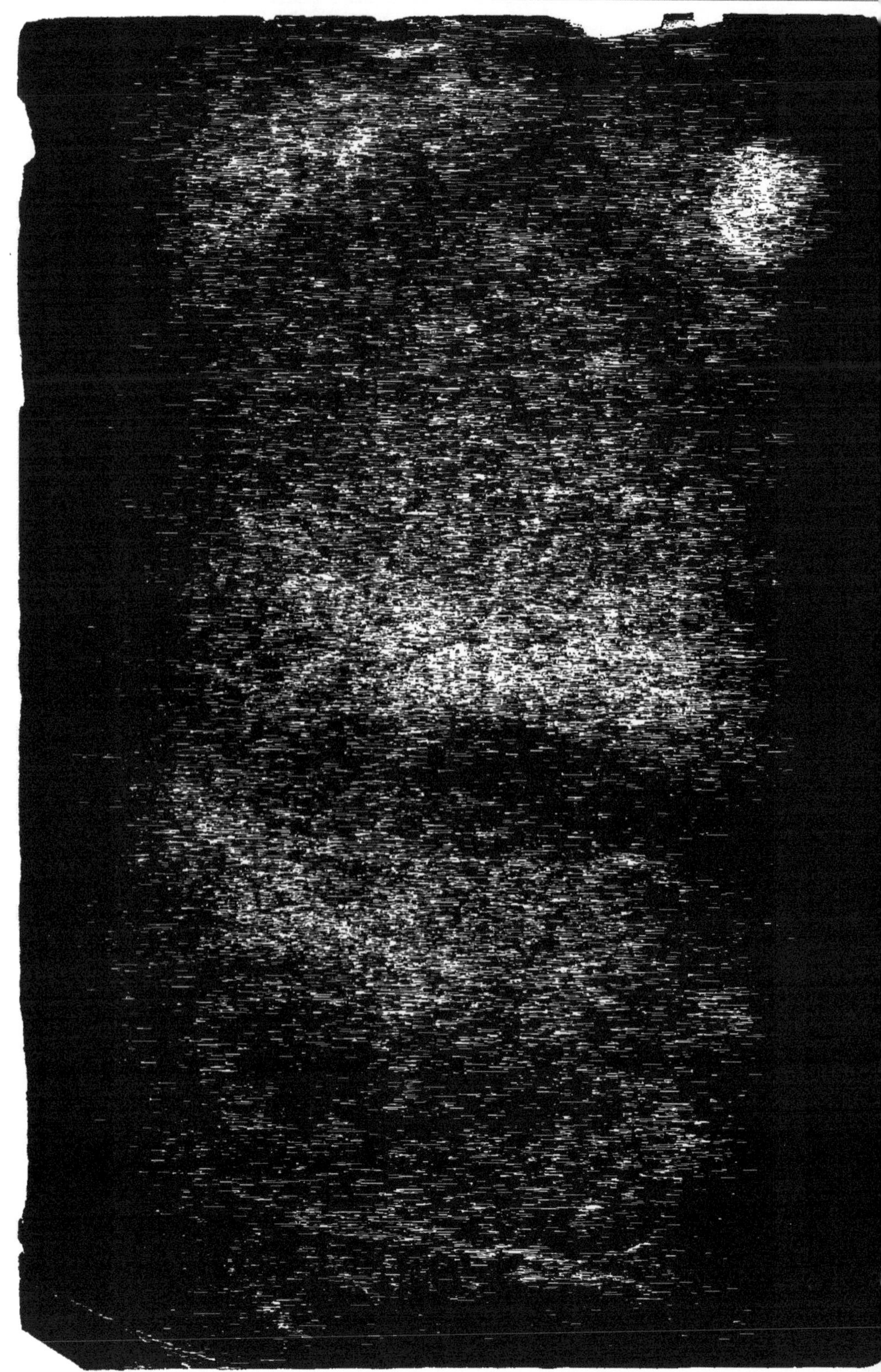

DICTIONNAIRE

HISTORIQUE ET STATISTIQUE

DICTIONNAIRE
HISTORIQUE & STATISTIQUE

DES

PAROISSES CATHOLIQUES

DU

CANTON DE FRIBOURG

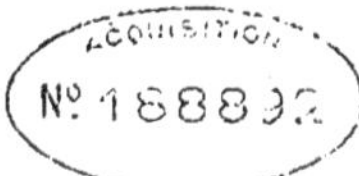

PAR LE

P. APOLLINAIRE DELLION, Ord. Cap.

MEMBRE DES SOCIÉTÉS D'HISTOIRE DE LA SUISSE ROMANDE ET DU CANTON DE FRIBOURG

CONTINUÉ

par l'abbé François PORCHEL

MEMBRE DES MÊMES SOCIÉTÉS

ONZIÈME VOLUME

FRIBOURG

IMPRIMERIE ET LIBRAIRIE DE L'ŒUVRE DE SAINT-PAUL

259, rue de Morat, 259

1901

Le R. P. Apollinaire Dellion, dont on connaît les qualités de l'esprit et du cœur, plein d'œuvres et de mérites, a été enlevé par la mort avant d'avoir pu achever cette œuvre, à laquelle il travaillait depuis de longues années. Dans ce *Dictionnaire,* d'une importance historique considérable pour le canton, et en particulier pour les paroisses, on doit avant tout rendre hommage au travail soutenu et persévérant. L'œuvre n'est pas parfaite ; il pourrait y avoir çà et là plus de concision, un style plus limé ; on y trouve aussi quelques longueurs, même des redites. Mais on s'incline devant ce labeur tout de recherches et de patience, pour lequel il ne fallait rien moins que sa riche nature.

Sur son lit de souffrances, voyant avec une résignation toute chrétienne sa dernière heure s'approcher, le R. P. Apollinaire m'a prié avec instance de continuer son œuvre. Je le fais d'autant plus volontiers que, pendant ces dernières années, il m'avait choisi pour son collaborateur, et qu'il m'a toujours considéré et traité comme ami. Ce sera là tout mon mérite.

L'abbé François Porchel.

Villars-les-Joncs, 14 septembre 1900.

DICTIONNAIRE
HISTORIQUE ET STATISTIQUE

SAINT-AUBIN

Altitude : Le haut du village 503, l'église 471, le bas du village 452, le pont neuf sur la Broye 441, les Friques 450.

Patron : Saint-Aubin.

Statistique décembre 1888.

Maisons habitées.	Ménages.	POPULATION DE RÉSIDENCE D'APRÈS L'ORIGINE				CONFESSION		LANGUE MATERNELLE			
		Bourgeois de la commune.	Bourgeois d'une autre commune du canton.	Suisses d'autres cantons.	Etrangers.	Catholiques.	Protestants.	Français.	Allemands.	Total des habitants.	
112	127	488	95	20	1	596	8	595	8	604	Saint-Aubin.
17	21	42	28	22		63	29	81	11	92	Les Friques.
129	148	530	123	42	1	659	37	676	19	696	TOTAL.

	Saint-Aubin.	Les Friques.
Nombre des contribuables........	415	152
Valeur des immeubles...........	1,632,778 fr.	112,895 fr.
Capitaux........................	208,842 fr.	31,310 fr.
Produit de l'impôt sur l'industrie..	98 fr.	—
Produit de l'impôt sur les fortunes.	4,369 fr.	337 fr.
Dépenses pour l'assistance des pauvres....	4,457 fr.	227 fr.
Fonds d'écoles (4 écoles et 118 enfants)................	39,564 fr.	13,743 fr.

La Paroisse.

Elle s'étendait primitivement de la Broye au lac de Neuchâtel, comprenant Saint-Aubin, les deux communes de Villars, Delley, Portalban. Aucun document n'est venu nous dire l'époque de sa fondation et les noms de ses fondateurs. Cette paroisse, composée de populations laborieuses et vigoureuses, est située dans une contrée fertile.

L'origine de S.-Aubin et de ses environs se perd dans le chaos du temps. Cette belle contrée était certainement habitée pendant que les Romains peuplaient Avenches. Mais quel était son nom ? Le village occupait-il le même emplacement ? L'histoire ne peut répondre à ces questions. La présence d'évêques à Avenches fait supposer que les villages du voisinage eurent des chrétiens dès les VIIe et VIIIe siècles.

Avenches et toute la contrée furent totalement saccagés par les Allémanes : « *His diebus, Allemani in pago Aventicensi ultra Juranum... ingressi sunt... maximam partem territorii Aventicensis incendio concremant.* » (Chron. de Frédegaire.) La population fut en partie égorgée et l'autre partie se sauva par la fuite. Dès que le flot des peuples barbares se fut écoulé, les habitants en fuite se rapprochèrent de leurs habitations incendiées et ils recommencèrent à bâtir et à former des villages ; mais cette nouvelle population, devenue en majorité chrétienne, donna au village le nom du patron de l'église.

S. Aubin, évêque d'Angers, vivait de 470 à 550 ; le village de S.-Aubin n'a donc pu prendre ce nom avant le VIIe ou le VIIIe siècle.

L'acte le plus ancien qui cite S.-Aubin est de l'année 1073 ou 1074. L'évêque Burcard d'Oltingen se trouvait à Avenches. Son père, Bucco ou Buccon d'Oltingen, avait commis un forfait sur le cimetière ou dans l'église de Riaz ; pour obtenir son pardon et expier son crime, Bucco donna, en 1073, à l'église de Lausanne une vigne située à S.-Aubin, dans le Vuilly, sur le chemin public qui conduit à la forêt. La charte fut expédiée par le chancelier Othelin à Avenches, 28 octobre 1073, en présence de l'évêque Burcard, d'Almaric et d'Aymon, avoué, du consentement de Conon, fils de Buccon. (*Cart. de Laus.*, p. 209; etc. *Zeerleder Urk.*, I, 36.)

Le second acte est de l'année 1090; noble Robert, seigneur d'Estavayer, avec le consentement de Renaud son fils et d'Ulric son frère, abandonne à l'église de S.-Aubin une rente de 4 sols qu'ils possédait à Delley sur une pièce de terre. (*MM. du baron d'Est., acte au commissariat romand à Berne.*)

En 1166, la chapelle de Portalban et l'église de S.-Aubin sont citées : *Ecclesia S. Albini et capella de Portubanni.*

Les Oltingen avaient des propriétés à S.-Aubin et dans les environs; mais on ne peut trouver l'origine et l'étendue de leurs droits.

En 1192, quatre personnages de Villars en Vuilly, appelés Simon, Pierre, Gerold et Charbuns, renoncèrent au monde et entrèrent comme frères convers dans le couvent des Prémontrés de Bellelay. Ils donnèrent à l'église de ce monastère tout ce qu'ils possédaient en terres, champs, vignes et forêts. Amédée, comte du Genevois, renonce en faveur du monastère à tout droit qu'il pouvait avoir sur eux. Donné au couvent de Payerne, 8 septembre 1192.

Honorius III, dans la confirmation des possessions et des privilèges de l'abbaye de Bellelay, cite les propriétés du monastère de Villars, 1225. (*Monum. de l'évêché de Bâle.*)

Le 10 mars 1310, Othon de Champvent, évêque de Lausanne, confirme aux chanoines de S.-Maire de Lausanne le patronage de l'église de S.-Aubin, dans le Vuilly, qu'ils possédaient de toute antiquité, et tous les biens de la dite église; les rentes nécessaires à l'honnête entretien du curé furent réservées. Le bénéfice étant vacant, le Prieur de S.-Maire y déléguera un chanoine comme curé, qui sera présenté à l'Evêque pour en obtenir l'institution. Les chanoines de S.-Maire ne furent pas toujours très doux pour les curés de S.-Aubin. Jean de Rossillon, évêque de Lausanne, cédant aux prières du Prieur et du couvent de S.-Maire, oblige le curé à garder, entretenir et habiller un chanoine que le Prieur seul choisira; il aidera le curé dans ses fonctions. Le curé aura droit à toutes les rentes et fruits du bénéfice. Fait en 1336. (*Arch. de Laus., com. de M. Gremaud.*)

La même année 1336, fr. Thomas de Verier, chanoine de

S.-Maire, chassa de l'église de S.-Aubin Girard de Romont, clerc séculier, qui, en vertu d'une grâce du Siège Apostolique, s'était introduit dans ce bénéfice et se considérait comme curé. Donné sous le sceau de l'Evêque. (*Id.*)

La famille de Romont fut établie dans le village de Villars-les-Friques ; elle existait encore dans le XVe siècle. Jacques de Romont, de Villars, était oncle de Jean de Romont. Jacqnes de Romont, établi à Fribourg, possédait plusieurs bâtiments à Villars, 1424-1458.

L'évêque Jean de Rossillon, en 1337, accorda plusieurs indulgences et faveurs à l'autel de la sainte Vierge que le curé Girard avait fait construire dans l'église de S.-Aubin, et qu'il avait doté lui-même. (*Id., même com.*)

Le donzel Jean dit Mon d'Estavayer donna plusieurs rentes à l'église de S.-Aubin avec le consentement de Henri, fils de feu Herriman de Portalban (Poraban). Ce Herriman était chevalier ; il avait d'autres enfants.

Par acte du mois d'août 1322, et sous le sceau de la Cour de Lausanne et du Prieur des Frères prédicateurs de Lausanne, noble Henri, fils de feu Aymon d'Agnens, donna aux Religieuses dominicaines d'Estavayer tous ses droits sur le devin d'Agnens, situé près de la terre de son frère Renaud, au nord, et les terres du couvent de Payerne et des seigneurs de Fond, au sud. (*Arch. des Dominic.*)

A côté des nobles d'Agnens, nous trouvons les nobles de Portalban (Poraban), qui sont peut-être une branche des Agnens. Aymon, fils de feu Herremani de Portalban, chevalier, Hermetus et Raynold, ses fils, empruntent 60 sols du curé Girard, 1332; et Aymon de Portalban emprunte à lui seul 9 livres du même curé. (*Com. de M. Gremaud.*)

Noble Jacques de Portalban fit une fondation considérable à l'église de S.-Aubin ; il lui céda sa part de la dîme de Delley et de Portalban, en ajoutant une rente de 5 sols à percevoir sur le port de Portalban, pour les messes qui se célébraient dans la chapelle de S.-Jacques de Portalban. (*Id.*)

Il paraît que le curé Girard était riche ; dans les années 1335 et 1336, plusieurs personnes lui font des emprunts plus ou moins considérables.

La seigneurie de S.-Aubin parvint à la Savoie après la conquête du pays de Vaud par Pierre II, ou peu après. Humbert de Savoie, comte de Romont, légua cette seigneurie à Antoine Anglici; mais, retirée en partie par Louis de Savoie, elle lui fut, en 1444, inféodée à nouveau; il la céda, en 1457, à Pierre Anglici (Anglais), fils naturel de son frère, pour 150 florins.

En 1486, Antoine Anglici prête hommage au duc de Savoie.

Kuenlin, dans le *Dictionnaire du canton de Fribourg*, nous donne la suite des seigneurs de S.-Aubin; inutile de les rappeler ici. Plusieurs familles nobles furent établies à S.-Aubin, dont la plus importante est celle de Bruel; on écrivait ce nom de différentes manières : de Bruello, de Brygt, de Brielle. Cette famille, établie à Fribourg, paraît originaire de Brigels ou Breile, paroisse de Barberêche. Pierre de Bruelle était bourgeois de Fribourg en 1405, et Udriod, fils de Jean, fut également reconnu comme bourgeois. Le premier qu'on rencontre à Fribourg est Willerme de Bruel ou Breil, donzel, en 1325; sa femme s'appelait Salina. (*Arch. cant., fonds pies.*)

André Girard de Bruellaz, donzel de S.-Aubin, était châtelain de La-Roche en 1456. François du Bruel, chapelain en 1483.

Bon de Bruello, donzel en 1521, avait épousé Grane d'Estavayer; voici leurs enfants : noble Claudine, épouse d'Antoine Vissin, de Moudon, 1528; Louis, 1550; Sébastien, 1546; François, 1542; tous donzels de S.-Aubin. (*Différentes grosses.*)

Une partie des du Bruel s'établit à Payerne, entre autres François, fils de François, donzel de S.-Aubin et cohéritier de Jacques d'Englisberg, de Payerne. Les enfants de François furent : Jean, donzel de Payerne et demeurant à Payerne; il épousa le 12 septembre 1607 noble Elisabeth, fille de Jean-Baptiste d'Estavayer; Salomon qui épousa, en 1612, Gabrielle d'Estavayer, fille de Jean-Baptiste.

Gui du Bruel était, en 1525, chanoine de Neuchâtel et curé. Les armoiries des du Bruel se trouvent dans l'église de S.-Aubin, à l'autel de la sainte Vierge.

Les Doncieux. Une charte de 1539 (dit Kuenlin) parle de la soumission de S.-Aubin à la dame de Montiernoz, tutrice de Jean Doncieux, seigneur de S.-Aubin. Le sautier de Fribourg reçoit l'ordre, de la part des héritiers de feu Caspar Odet et de messeigneurs, de subhaster la seigneurie qui appartenait à noble Jean Doncieux. (*Comptes des trés.*, 25.)

En 1569-1570, la seigneurie de S.-Aubin appartenait à Charles Doncieux, seigneur de Monternault, par héritage de son frère Jean, et à noble messire Claude de Doncieux, chanoine de S.-Pierre de Mâcon, comme neveu et héritier de noble messire Philippe de Doncieux, chanoine aussi de Mâcon ; il prêta hommage à Fribourg le 8 juillet 1569, pour la moitié de la seigneurie. (*Arch. cant. Rathserb.*, 11.)

En 1594, noble Loys Doncieux était en bas âge ; il avait un tuteur.

Les Doncieux étaient chargés de lourdes dettes. Jean, en 1553, à l'occasion de ses noces, avait fait un emprunt à Bâle de 400 écus au soleil ; Wilhelm Jenny, conseiller de Fribourg, et Jean Dureta, gouverneur de S.-Aubin, furent cautions ; il existait encore d'autres dettes qui amenèrent leur ruine.

L'église.

Aucun document, à notre connaissance, ne parle de l'état de l'église avant la visite de 1453 ; à cette date, comme presque partout ailleurs, l'église de S.-Aubin était pauvre et même indécente. Le zèle du pasteur, quand il existait, se trouvait paralysé par l'indifférence du peuple pour la maison de Dieu. Pas de pavé ni de plancher dans le chœur et dans la nef. La sacristie existait, mais la terre remplaçait le pavé ; la charpente détériorée et les fenêtres en partie privées de verres. Les visiteurs ordonnèrent les réparations nécessaires : faire une charpente neuve sur la sacristie, paver le chœur et la sacristie.

Un fait donne une idée de l'état de l'église : les visiteurs ordonnèrent de percer les murs de la nef ou le toit pour établir deux fenêtres et donner un peu de jour à l'église. La nef n'était donc ni voûtée ni plafonnée, la charpente nue et tellement détériorée que la pluie pénétrait dans l'église. L'encensoir, la navette, le missel réclamaient d'urgentes réparations.

Les dimensions de l'église ne nous sont pas connues ; mais tout nous fait supposer qu'elle était très petite et très ancienne. Cette église servit au culte divin jusqu'en 1516. L'église actuelle à trois nefs avec ogives fut construite au commencement du XVIe siècle ; la date 1516, qu'on voit extérieurement au-dessus d'une fenêtre du chœur, au nord, indique probablement l'année où elle fut terminée. L'entrée principale au midi est ornée de jolies colonnettes torses.

Dans l'intérieur, on admire l'ancien tabernacle avec une porte en fer ouvragé; il est entouré de sculptures et de décorations dans le style de l'époque. La croix de Savoie se trouve à la clef des voûtes avec d'autres armoiries. Il est probable que les fenêtres furent ornées de verres peints qui ont disparu à l'occasion de réparations mal comprises.

L'église est aujourd'hui trop petite, car la population augmente considérablement.

Les Vallier de Soleure possédèrent la seigneurie de S.-Aubin et ils ont laissé plusieurs souvenirs de leur générosité. L'ostensoir est orné de boucles d'oreilles, avec pierres précieuses, provenant de cette famille.

Villars-le-Grand et les Friques.

Ces deux villages et ces deux communes n'avaient qu'une administration avant 1536. Il existait déjà une chapelle à Villars-le-Grand en 1424, et elle était dédiée à S. Laurent.

La chapelle des Friques fut construite en 1757.

La Cure.

Il n'est fait aucune mention de la cure dans les documents anciens; elle existait cependant à une époque assez reculée, puisque, après la construction du Laret, plusieurs curés l'habitèrent avec les chapelains.

En 1701, le Chapitre fit construire une nouvelle cure; il fit abattre du bois dans les forêts du bénéfice de Belfaux; mais les paroissiens s'opposèrent à la sortie de ce bois. La difficulté fut déférée à Leurs Excellences qui firent lever la saisie, et les bois purent s'acheminer vers S.-Aubin. (*Arch. man. du Chap.*)

La construction nouvelle était nécessaire; le curé Collaud, en 1681, rendit compte au Chapitre de S.-Nicolas de l'état du bâtiment et des dépenses à faire pour le consolider : un mur menaçait ruine et tout le bâtiment pouvait s'écrouler. La cure était très éloignée de l'église ; le curé proposait un échange de maison, afin de la rapprocher de l'église.

Les nombreuses difficultés pour les charrois retardèrent la nouvelle construction ; en attendant, on fut obligé de faire des réparations à l'ancienne. Enfin, en 1767, le Chapitre acheta une maison près de l'église pour le prix de 700 écus. Les vieillards se rappellent encore le triste bâtiment qui fut pendant un siècle le presbytère et l'habitation du curé.

Le curé est aujourd'hui logé convenablement ; le Chapitre lui a construit, depuis quelques années, un joli bâtiment, bien situé.

La Réformation.

Au moment de l'invasion du pays par l'armée bernoise, Fribourg, se voyant abandonné, résolut de lui livrer passage; mais il fit arborer son drapeau dans les villages de son territoire et chez ses alliés. La ville de Fribourg recommanda aux seigneurs de Berne les villes d'Avenches, Bulle, Estavayer et les seigneuries de Cugy, Cheyres, Font, Marnans, S.-Aubin, La-Roche, Rue, Vaulruz, l'Evêque et plusieurs couvents, etc. Sur ces entrefaites, Fribourg s'empara de Romont, d'Attalens et de Bossonens. Surpierre était déjà occupé par les Bernois, qui consentirent à le soumettre à Fribourg. Cette ville, restée catholique, était la seule qui pût conserver l'ancienne religion dans les petites seigneuries de la frontière; c'est ce qui engagea les seigneurs de Vuippens, Vaulruz, Châtel, S.-Aubin à se soumettre à Fribourg.

Le 14 mars 1539, les habitants de S.-Aubin firent quelques représentations aux seigneurs de Fribourg ; ils demandaient de ne plus payer le droit bourgeoisial, vu qu'ils étaient sujets de la ville. Cela leur fut accordé sous la condition que, s'ils rentraient sous l'autorité de la Savoie, ils payeraient comme précédemment.

Le changement de religion dans le voisinage devait amener quelques conflits ; mais j'ai trouvé peu de chose à ce sujet. Il y eut quelques défections dans les seigneurs : Paul de Praroman séjourna longtemps à S.-Aubin ; il embrassa la réforme. Une partie des du Bruel s'établit à Payerne et embrassa la réformation. Une branche persévéra cependant et resta à S.-Aubin.

On lit dans le vol. II Rathserb : « La maison de feu François du Bruit tombait en ruines ; Mrs de Fribourg ordonnèrent à H. Messello et à Jehan Von der Weid, amodiateurs de la seigneurie, de la rebâtir ou de la mettre en bon état, « afin que les héritiers de feu François, devenus en âge, puissent la reprendre. » En 1557, Bon de Bruel et sa femme Barbli font un don de 10 florins à l'église ; ils étaient donc restés fermes dans l'ancienne foi.

Un homme de S.-Aubin, en 1556, avait proféré des propos blasphématoires et des jurements. Il fut condamné à trois jours de prison, au pain et à l'eau, et à 10 L. d'amende. (*Fontaine, Comptes*, 26.)

En 1553, les pêcheurs de Cudefrin furent jetés par un coup de vent à Portalban ; c'était le jour de la fête de S.-André. Ils furent mis à l'amende pour avoir travaillé un jour de fête, et durent payer chacun 100 L. Ils se plaignirent à l'Etat de Berne, qui écrivit immédiatement à celui de Fribourg. Je n'ai pas trouvé la solution de ce conflit.

André Quillet, de S.-Aubin, avait, en 1574, proféré des injures contre Messieurs de Fribourg et contre la religion catholique. L'avoyer écrivit au lieutenant de S.-Aubin pour obtenir des renseignements. Le 2 avril 1577, le lieutenant Pierre Quillet, au nom de l'Etat, s'empara des biens du délinquant. (*Arch. cant. geist. sach.*)

Le village de Villars-le-Grand appartint à la paroisse de S.-Aubin jusqu'au moment de la réformation ; mais le curé avait conservé certain droit de dîme et autres, qu'il prélevait sur toute l'étendue du territoire de la commune. Presque tous les curés eurent des difficultés pour retirer ce droit. Le 11 août 1722, intervint un arrangement qui simplifiait le mode de percevoir la dîme : le curé cédait son droit à l'Etat de Berne, seigneur de Villars, et celui-ci lui assurait une rente fixe de 6 bichets de froment, 6 de messel, 10 d'avoine et 20 pots de vin. Le 25 septembre 1749, l'Etat de Fribourg, à la suite d'une entente avec celui de Berne, prit cette rente à sa charge.

En 1580, la paroisse de S.-Aubin fut incorporée au Chapitre de S.-Nicolas.

Suite des annales de S.-Aubin.

C'est le 2 février 1447 que les habitants de S.-Aubin furent reconnus de la juridiction d'Estavayer; mais ils avaient mis la condition que le souverain ne bâtirait aucun château-fort, et qu'on ne les obligerait pas à travailler aux fortifications d'Estavayer. En 1458, ils furent pourtant punis pour n'avoir pas voulu travailler au curage des fossés.

Antoine Anglais, donzel et seigneur de S.-Aubin, de Villars-le-Petit (Les Friques) et d'Agnens, eut des difficultés avec ses sujets en 1490. Il réclamait, de chaque feu, une rente annuelle d'une coupe de froment pour la garde (*pro quytia*), et une coupe de froment et 12 sols pour le droit au four.

Les habitants des trois villages, tout en reconnaissant avoir payé ces cens dans le passé, les refusaient depuis deux ans, appuyés sur certain adage de droit et sur ce fait qu'anciennement ils étaient du ressort de Grandcourt, où ils se retiraient en temps de guerre. Le seigneur Anglais avait hérité cette seigneurie d'Humbert de Savoie avec droit de garde, corvées, etc. Nobles Jean d'Estavayer et Girard Renaud de Romont terminèrent, comme arbitres, ce différend par un accord entre les parties.

Les gens de S.-Aubin refusaient, en 1507, de payer aux religieuses d'Estavayer certaines rentes. La menace des peines spirituelles les fit réfléchir, et ils payèrent ce qui était dû.

Jacques Pretelta, de Villars, reconnaît, le 8 mars 1512, devoir au curé deux sols pour une messe fondée dans la chapelle de S.-Laurent par Rolet Freyquarroz.

La paroisse fit, en 1552, un emprunt de 500 écus; le gouvernement leur permit d'hypothéquer leurs biens pour cette somme; mais on ne peut pas découvrir à quelle œuvre cet argent fut employé; c'était peut-être une dette depuis la construction de l'église.

Les gens de S.-Aubin, quoique très religieux, eurent cependant quelquefois des démêlés avec leurs pasteurs et les autorités. Une difficulté surgit en 1582. Le curé Allaman Paris refusait de payer le luminaire de l'église paroissiale et les cordes des cloches, de refaire un grand cierge qu'il avait fondu, de célébrer chaque semaine une messe dans la chapelle de Delley, de donner une caution pour les ornements qui lui étaient confiés. La difficulté fut déférée au Conseil de Fribourg, qui élut une commission pour trancher toutes ces questions; elle était composée de Barthélemy Regnault, de W. Krummenstoll et du prévôt de S.-Nicolas. Après avoir ouï les parties elle condamna la paroisse à fournir et à payer le luminaire, les cordes des cloches; mais elle obligea le curé à fournir la caution demandée et à célébrer chaque samedi une messe à Delley. (*Arch. cant. Rathserb.* 16.) Fait le 7 septembre 1582.

Un grand événement eut lieu en 1606 et 1607. Georges de Diesbach, seigneur de Grandcour, subhasta la seigneurie de S.-Aubin. Le seigneur Charles Doncieux, par acte du 6 février 1573, s'était porté caution du duc de Savoie Emmanuel Philibert pour une dette de 700 écus au soleil; comme il ne pouvait payer cette somme, sa seigneurie de S.-Aubin fut mise à l'enchère et adjugée à Jacques Vallier, gouverneur de Neuchâtel, chambellan du roi de France, etc., pour la somme de 14,200 écus. On espérait que le duc de Savoie n'abandonnerait pas sa caution; mais le pauvre Charles Doncieux fut dépouillé. Le 11 septembre, M. Vallier se présenta à Fribourg avec une nombreuse suite de parents et d'amis pour prêter hommage au gouvernement. M. l'avoyer Meyer lui dit que par considération pour sa personne, messeigneurs le dispensaient de se présenter à genoux pour prêter hommage comme vassal de Fribourg. Vallier fit le serment accoutumé d'obéissance, mais il en excepta l'obligation de prendre part à une guerre contre la Savoie; s'étant profondément incliné devant l'avoyer, celui-ci le frappa de son épée nue sur les reins. M. Vallier réclama la protection de Fribourg en toute occasion et la conservation de ses droits, privilèges, etc., comme ses prédécesseurs. L'avoyer d'Affry, beau-frère de M. Vallier, donna un grand dîner au Conseil et à toute la suite de M. Vallier.

La prise de possession de la seigneurie de S.-Aubin eut lieu le dimanche 7 octobre, en présence du curé, de son vicaire, des délégués du gouvernement Jean Wild, Nicolas de Diesbach et J. Vöguelli, accompagnés des Oberritters, huissiers, et de toute la population de S.-Aubin, de Delley et de Villars-les-Friques. Le nouveau seigneur Vallier fut reçu avec grande démonstration de joie, apparat militaire et décharges de mousqueterie.

Le premier châtelain de M. Vallier fut Jacques Marion. Les installations des baillis étaient aussi des jours de réjouissances : les milices du bailliage se réunissaient au chef-lieu; le nouveau représentant de l'Etat était harangué, les hauts faits de ses ancêtres et de ses parents étaient rappelés. L'hyperbole régnait ordinairement dans tous les discours.

Une légère révolution éclata en 1679; il s'agissait d'imposer le bénéfice ou le curé d'une manière exagérée, en attendant qu'on pût le dépouiller en partie. Les autorités locales avaient secrètement travaillé MM. de Fribourg, elles avaient enfin obtenu un arrêté qui imposait au curé de fournir l'huile pour la lampe de l'église et de contribuer à d'autres dépenses. Le seigneur l'empêchait encore de pêcher dans les rivières, disant que ce droit appartenait au seigneur, et que les paysans pouvaient le faire dans les fossés seulement, etc. Le Chapitre de S.-Nicolas, pour obliger la paroisse à renoncer à ses prétentions, la menaça de retirer le S. Sacrement.

Les chapelles.

Le prieur de S.-Maire donna, en 1384, à ferme à Richard, curé de S.-Aubin, la chapelle ou l'autel de la sainte Vierge dans l'église paroissiale pour 3 florins d'or pur. L'accord était fait pour la vie. (*Arch. de Laus.*) Il n'est plus parlé du bénéfice dans les siècles suivants. Fut-il englouti comme d'autres dans quelque désastre ?

La visite pastorale de 1453 parle du maître-autel seulement et ne cite aucune chapelle ou bénéfice, à l'exception de celui du curé.

Le 2 février 1540, par acte signé Thevoz, notaire, Pierre Quillet, prêtre, et Girard son frère, fils de feu François Quillet, de S.-Aubin, fondèrent un autel en l'honneur de S. Antoine, de S. Sébastien et de S. Roch; il était en pierre. Le chapelain devait y célébrer trois messes par semaine et une messe chantée le jour de S. Antoine.

Les fondateurs donnèrent pour ce nouveau bénéfice une rente de 20 coupes de froment, mesure de Payerne, et un capital de 300 florins de Savoie, ainsi que tous les ornements nécessaires (80 quarterons de Payerne ou 53 d'Estavayer).

Le premier chapelain nommé par les fondateurs fut D. Jean Vuarnery (Vuarnoz ?) de Chénens, paroisse d'Autigny, qui reçut l'institution de Sébastien de Montfaucon, évêque.

La fondation fut approuvée par le curé de S.-Aubin.

Le Laret.

Plusieurs personnes instruites croient que ce mot provient de « *ad Lares*, divinités romaines et étrusques, les dieux lares ou domestiques. » On trouve, en 1444, le mot Laret écrit Larit et Lares.

L'origine du Laret, comme habitation du clergé de S.-Aubin, est due à M. le curé Castella. La cure et le bénéfice furent occupés par des curés capables et instruits, mais M. Castella se distingua par-dessus tous par son amour des âmes et des pauvres.

Il abolit le vagabondage et le désœuvrement, en conduisant à la cure les enfants livrés à ce vice ; il les occupait et les nourrissait pendant le jour, et, le soir, il les renvoyait dans leur famille. Par ce moyen il connaissait leurs goûts, leurs inclinations, et parfois il les poussait à l'étude. C'est ainsi que M. Perriard, curé et doyen à Echallens, put commencer et continuer ses études. M. Rutty, prédécesseur de M. Perriard, fut aussi son élève, etc. Ces savants et pieux ecclésiastiques ont laissé dans les postes qu'ils ont occupés de bons souvenirs.

M. Castella vit avant de mourir cinq de ses élèves élevés au sacerdoce ; mais plusieurs vivaient sans bénéfice et à la charge de M. Castella, ce qui l'engagea à construire une maison pour leur servir de retraite. « Nous voulons, dit-il, faire bâtir une « maison ou Laret ; les prêtres qui l'habiteront enseigneront le « latin aux jeunes gens de S.-Aubin, pour y faire leurs études « jusqu'en quatrième ou cinquième. »

D. Jean Castella fit son testament le 23 janvier 1656 ; il légua à la chapelle de Notre-Dame, érigée dans l'église de S.-Aubin, deux poses à la *Grande fin ;* 1/2 pose *dessus Plan,* 1/2 pose près de la terre de Pierre Verdon ; enfin l'étendue de terre nécessaire pour semer trois coupes au lieu *sus Rosset* et 4 pistoles. Le bénéficier devra célébrer annuellement quatre messes pour le fondateur.

Les quatre pistoles étaient destinées à l'embellissement de la chapelle ou autel de Notre-Dame.

Il légua ses livres à Jacques Collaud et à Jacques Bramus, son neveu. De plus, il donna à Jacques Collaud la jouissance de la moitié de sa vigne et des meubles. A sa nièce Catherine Castella, à Avignon, il donna quatre pistoles. Il établit ses trois sœurs héritières de sa fortune personnelle.

Suivent encore d'autres legs. Le testament fut confirmé le 11 juin 1659.

M. Castella fut fortement secondé dans la fondation du Laret par Madeleine Dessibourg. « Elle constitua ses vrais heritiers les prêtres et ecclesiastiques qui feront residence en la societé et communion dans la maison qui se construit et bâtit au Laret et à tous leurs successeurs prêtres en dite maison et societé comme denominativement Ven. rev- Domp Jean Castella curé et doyen de S. Aubin, Rds D. Jacques Collaud, D. Pierre Rusty et D. Pierre Ramus en tant qu'ils soient et habitent en dite maison du Laret, n'entendant pas que celluy ou ceulx qui n'habiteront en dite maison avec les autres doige être au nombre de mes heritiers, ains seulement les associés en dite maison et tous leurs successeurs pretres en dite, à la charge et condition que iceulx et leurs successeurs diront et celebreront perpetuellement à chaque mois une messe avec un *Salve regina,* chanteront aussi un *Salve* à chaque veille des fêtes de Notre Dame. Concernant les 300 florins a moi dheus par M. le doyen. Icelluy en delivrera proptement 20 écus pour l'avancement et construction de dite maison du Laret ; — il sera usufruitier du reste, mais après son décès retourneront aux prêtres du Laret. Outre que iceulx prêtres prendront avec eulx mon neveu de Mides pour l'instruire. (C'était Antoine Dupra.)

Fait 6 février 1658. — Collaud, not. » (*Arch. de S.-Aubin;* parchemin.)

Le 16 juin 1659, D. Jacques Collaud fut nommé curé de S.-Aubin ; mais MM. Rutty et Ramus restèrent en société dans la maison du Laret. On annonça en chaire qu'on pouvait s'adresser à eux aussi bien qu'au curé pour le service de la paroisse.

Dans la suite, les prêtres étant devenus plus nombreux, ils n'avaient pas assez d'occupations pour tous. MM. Rutty et Perriard allèrent desservir la paroisse d'Echallens en 1665 ; D. Pierre Ramus fut nommé chapelain au Landeron ; D. Jacques Ramus resta seul avec le curé Collaud qui quitta la cure et vint habiter le Laret.

Lorsque D. Jacques Ramus fut nommé chapelain à Delley, le curé eut ses neveux comme vicaires. Enfin arriva D. François Jomini, qui resta jusqu'à la mort du curé qui l'avait protégé et aidé pour ses études.

L'élan est donné, les legs en faveur du Laret se multiplient. Une sainte émulation anime plusieurs paroissiens qui contribuent à cette bonne œuvre. C'est d'abord Marie Verdon, née Ramus, le doyen Collaud qui, après cinquante ans de vie sacerdotale et exemplaire dans la paroisse, n'oublie pas son cher Laret.

Antoine Raccaud, par son testament du 10 décembre 1691, institua héritiers le curé D. Jacques Collaud et D. Claude Collaud, et, après eux, les prêtres qui leur succéderont ou qui célébreront la première messe dans l'église paroissiale, avec obligation de célébrer dans l'année de son décès 30 grand'messes pour le repos de son âme.

Testament de D. François Jomini, curé. 1713. — Il lègue 4 vaches et du foin aux prêtres du Laret... à ceux de Delley pour leur aider à bâtir leur chapelle une obligation de?... aux prêtres du Laret, un champ *derrier les Rappes* à Portalban contenant pour semer environ 10 bichets, une pose de terre à S.-Aubin au lieu dit *dessous pendu* et 800 écus, mais avec l'obligation de célébrer chaque semaine une messe à l'autel de S.-Antoine pour le repos de son âme. Il donne 10 sacs de froment, messel et orge pour être distribués en pain aux pauvres les jours du 7e et 30e. Enfin il établit les pauvres de la paroisse les uniques héritiers de ses biens après les legs prélevés et 400 écus destinés à l'école de S.-Aubin ; mais la paroisse devra ajouter annuellement 10 écus à la rente pour les honoraires du maître d'école. Fait dans la maison du Laret le 8 mai 1713.

En 1705, par acte du 30 mars, Mgr de Montenach déclare qu'à cette date les rentes et propriétés du Laret soit des deux chapelles étaient : une 1/2 pose de vigne, du côté de la maison, provenant de la fondation Quillet; trois sacs et un bichet de froment mesure de Payerne; plus, trois sacs de froment mesure de Neuchâtel; un sac, deux bichets, 1/2 copet de froment mesure d'Estavayer; deux chapons; des terres ensemencées, etc.

Devoirs des chapelains déterminés par Mgr Claude-Antoine. — « Ils doivent célébrer les messes fondées et les messes matinales tous les dimanches et fêtes de l'année; maintenir et bâtir la maison du Laret et ses appartenances, chacun par moitié, « ainsi que l'autel de S.-Antoine, ses ornements et meubles; « sur quoi nous leur avons permis de vendre les meubles, les « livres exceptés... » Les chapelains assisteront aux offices de la paroisse, processions les dimanches et fêtes... ils habiteront le Laret. Ce qui se mettra en exécution dès que D. Albin Verdon, dernier chapelain nommé, sera en état de desservir sa chapelle par lui-même, ayant ordonné au curé de la desservir en attendant. » — Les chapelains devront aider le curé dans les fonctions pastorales... vivre d'une manière charitable en table commune... « *lorsqu'il y aura vacance et que cette vacance sera déclarée de notre part, soit de nos successeurs; l'un des chapelains sera présenté par la famille Quillet au Conseil de la confrérie du S. Rosaire, qui l'agréera s'il est muni de notre permission. L'autre chapelain aussi pourvu de notre permission sera nommé uniquement par le dit Conseil du Rosaire et l'un et l'autre ensuite institués par Nous...* »

Suit l'ordre à suivre dans les élections par rapport aux familles Quillet, Collaud, etc., qui doivent être préférées, et l'obligation de la paroisse de maintenir la maison du Laret. Donné à Fribourg le 12 mars 1744.

Depuis le milieu du dernier siècle, les deux chapelles furent réunies pour ne former qu'un seul bénéfice avec un seul prêtre.

Il existait au Laret une chapelle que Mgr Strambin bénit; elle était située à l'orient du bâtiment et destinée à favoriser la piété des habitants du Laret. Mgr Strambin permit de célébrer la messe dans cet oratoire et il accorda au curé, à ses domestiques et ses héritiers, 40 jours d'indulgence chaque fois qu'ils y réciteront 5 *Pater* et *Ave* aux fêtes de la sainte Vierge et de S. Jacques le majeur. Donné à S.-Aubin le jour de la sainte Trinité, 28 juin 1684. (*Arch. de la cure, parchemin bien conservé, adressé au doyen et curé Collaud.*)

Faits divers.

Le 16 juillet 1760, mourut au séminaire du Chardonnet, à Paris, Jacques-Antoine-Clément Collaud, jeune lévite âgé de vingt-cinq ans.

Le 24 septembre 1765, mourut Albin Verdon, de S.-Aubin, chapelain du château de Vivier et vicaire à Fontenau-en-Bresse.

En 1763, vingt enfants furent emportés par la variole.

En 1192, des hommes de Villars-en-Vully furent reçus dans le couvent de Bellelay (canton de Berne); ils firent divers dons à ce couvent. Le document cite : Simon, Pierre, Gerold et Charbuns. (*Mém. de la Soc. d'hist. de Genève,* vol. IV.)

En 1542, un incendie détruisit dix-sept maisons à S.-Aubin, et, en 1640, le village fut presque totalement détruit par le feu, cinquante et un bâtiments furent incendiés; le feu se manifesta à sept heures du matin.

Claude Collaud, de S.-Aubin, fut curé du Landeron de 1694 à sa mort, arrivée le 22 avril 1725.

En 1602, Mgr Doros, devant se rendre à Bellelay, s'arrêta avec une nombreuse suite à S.-Aubin, chez le châtelain Marion. L'Etat de Fribourg paya sa dépense, qui s'éleva à 75 livres.

La jeunesse de Saint-Aubin aimait aussi les amusements. En 1517, elle établit un roi de la jeunesse et alla ainsi en joyeuse compagnie de village en village. On lit dans le compte du gouverneur d'Estavayer : « Ceux de S.-Aubin en Vullie, ayant leur roi à leur tête, vinrent faire une fête à Estavayer. La ville leur donna 60 sols pour se divertir. »

Le 29 mars 1447, Barthélemy Roland, donzel, demeurant à S.-Aubin, et Françoise sa femme abandonnent leurs biens à Vén. Humbert Anglais, prieur de S.-Ours à Aoste, et à son frère Antoine, seigneur de S.-Aubin, en reconnaissance de divers services. Les donateurs seront entretenus convenablement avec un valet et une servante. (*Arch. des domin. d'Estavayer.*)

Testament de François Guerry, des Friques, du 3 *mars* 1882.

« 9° Je donne et lègue aux pauvres de la commune de S.-Aubin le montant de 2,000 fr. dont les intérêts seront perçus par le R. curé de la paroisse de S.-Aubin, pour être distribués aux pauvres de cette commune, qui assisteront aux deux messes que je veux fonder et qui y prieront pour le repos de mon âme.

10º Je donne et lègue le montant de 2,000 fr. aux pauvres de la commune des Friques, dont les intérêts seront retirés par le R. curé de S.-Aubin et distribués comme ci-dessus aux pauvres de dite commune, qui assisteront aux deux messes que je vais fonder, etc.

11º 12º Fondation de 4 messes... Toutefois le R. curé pourra faire pendant l'année quelque prélèvement sur ces intérêts pour assister des pauvres honteux et âgés dans un besoin réel et véritable.

Je charge le curé de S.-Aubin et ses successeurs de placer ces deux legs, de donner et recevoir tous rembours, de les placer sur bonnes hypothèques. 30 janvier 1883. — Approuvé par le Vicaire-général de l'Evêché, le 8 mars 1887. »

Voici le testament d'Albin Quillet du 20 février 1886 : « Je donne et lègue mon pré lieu dit *es Favaz morcelle au bœuf*, à la bourse des pauvres de la commune de S.-Aubin.

« Je lègue ce pré comme propriété inaliénable, attendu que mon intention formelle est qu'il ne soit ni vendu, ni échangé, ni hypothéqué de quelle manière que ce soit.

« Ce legs est fait à la condition que l'administration des pauvres de la commune de S.-Aubin fasse opérer deux voyages par année, à Notre-Dame des Ermites, pendant les cinq premières années qui suivront mon décès, et un voyage chaque année à perpétuité à partir de la cinquième année, ce pour le repos de mon âme.

« Ces voyáges se feront sous la surveillance et sous l'autorité du R. curé de la paroisse, qui pourra chaque année en demander l'exécution, etc.

« Approuvé par Mgr Mermillod, 9 mars 1887. » (*Arch. de la cure.*)

Le capital des fondations en faveur des pauvres, léguées par les curés et Marie Ramus, s'élevait, en 1784, à 8,934 fr. anciens, dont 3,470 dus par des familles voisines de la misère, qui ne payaient pas la rente de leur dette. Mgr de Lentzbourg, dans son recès du 18 mars 1784, ordonna aux chapelains du Laret, comme directeurs de la rente des pauvres, de faire rentrer tous les capitaux placés dans la paroisse ; mais ils ne purent obtenir la rentrée que d'un tiers. En 1841, le rentier des pauvres s'élevait à 9,561 fr. anciens.

Bénéfices du curé en 1798.

	Fr.	Bats.	Sols.
4 poses de terre	133	»	»
Intérêts	79	4	1
Un fief, dont le 1/3 des lods, et les cens	279	9	9
La dîme	1,517	»	»
Les prémices	58	3	»
La seigneurie de Delley lui devait 3 sacs de froment	50	»	»
Le ballif de S.-Aubin lui paye annuellement 32 pots de vin	12	8	»
Total :	2,130	5	0

Il paye au Chapitre de Saint-Nicolas, en argent et grain, 391 fr., 3 b., 7 s.

Le Chapitre est chargé de maintenir les bâtiments.

Bénéfices des chapelains en 1789.

	Fr.	Bats.	Sols.
Les deux chapelains jouissent de 10 poses de terre	148	»	»
Le rentier produit	501	4	1
Cens et lods	155	9	3
Total :	805	3	4

La chapelle des Friques, desservie par les chapelains, jouit d'un capital dont le revenu est de 95 fr., 1 b., 6 s.

(*Archives cantonales, enquête faite en* 1798.)

Copie de la sentence de Mgr Marilley à la suite d'une difficulté soulevée entre la paroisse et le Conseil du Rosaire en 1868.

ETIENNE MARILLEY,

Evêque de Lausanne et de Genève.

Après avoir fait, au sujet des fondations attachées aux chapellenies de S.-Aubin d'exactes et minutieuses recherches sur leur origine, les changements qu'elles ont subis et leur état actuel, les faits suivants que nous avons constatés ont tout particulièrement fixé notre attention :

1° La fondation Quillet de 1540, à laquelle remonte l'origine d'une chapellenie à S.-Aubin sous l'invocation de saint Antoine, a subi par les vicissitudes des temps des pertes considérables au point de ne plus suffire à l'acquittement des charges imposées.

2° La conservation d'une chapellenie à S.-Aubin est par conséquent due principalement à la fondation Collaud (très révérend Doyen) de 1694, par laquelle la chapellenie de S.-Aubin, dite du Larret, a pu jusqu'à nos jours non seulement atteindre entièrement son but, mais suffire assez longtemps à l'entretien de deux chapelains.

3° Par sa décision épiscopale, sous date du 12 mars 1744, Mgr Claude-Antoine a fixé le mode de présentation et de nomination des chapelains, en accordant au Conseil du Rosaire une prépondérance marquée, conformément aux clauses de la fondation Collaud (1694).

4° Les revenus des dites fondations sont désormais insuffisants pour l'entretien de deux chapelains. Et du reste, les besoins de la paroisse, diminuée par la séparation de Delley, sont suffisamment satisfaits par le maintien d'un seul chapelain.

En présence de ces faits, considérant :

1° Que la fondation Quillet, à raison des pertes qu'elle a subies, ne peut pas revendiquer aujourd'hui les droits qu'elle avait dans le principe ;

2° Considérant les droits incontestables acquis postérieurement au Conseil du Rosaire par les clauses des autres fondations ;

3° Voulant, autant que possible, respecter les décisions épiscopales et agir dans leur esprit ;

4° Considérant que la famille Quillet est d'ailleurs représentée dans le Conseil du Rosaire :

Nous déclarons par le présent *décret* que le droit de *patronage* pour les chapellenies de S.-Aubin est dévolu au Conseil du Rosaire pour être exercé désormais par le dit Conseil, dans les limites tracées par les lois ecclésiastiques et les usages en vigueur dans notre diocèse.

Donné à Fribourg, le vingt mars 1868.

(*Signé* :) † ETIENNE, *Evêque de Lausanne et de Genève.*

Pour copie conforme à l'orginal transcrit dans le Protocole de la Confrérie du S.-Rosaire.

S.-Aubin, le trois Mai 1868.

L'atteste :

S.-Aubin, le 24 octobre 1897.

XAVIER-JULIEN MICHAUD, *Curé-Doyen.*

Chapelains de Saint-Aubin.

1516-1523. **Pierre Quillet,** clerc juré du décanat d'Avenches. Il fonda la chapelle de S.-Antoine.

1523. **Pierre Nirgoz**; il a fondé un anniversaire.

1540. **Jean Vuarnery,** de Chénens, chapelain de S.-Antoine. Il est cité, en 1561, comme vicaire du curé Motteli. (*Arch. cant. Rathserb.* 10.)

Marmet Bourjanet, sans indication de l'année; il vivait avant 1550.

1655-1660. **Pierre Rutty,** de S.-Aubin. En 1665, il fut curé d'Echallens (Vaud).

1658. **Jacques Collaud,** de S.-Aubin ; élu curé en 1659, il habita le Laret.

1658. **Jacques Ramus** ; en 1658, il resta seul au Laret avec M. Collaud (voir vol. IV, p. 496). En 1676, il fut desservant à Domdidier, ensuite chapelain à Delley.

1705. **Benoît Perrotet.**

1706. **Ignace Chollet,** de Fribourg, prêtre à S.-Aubin.

1692. **François Jomini,** élu curé.

1713-1743. **Pierre-Joseph Verdon,** de S.-Aubin, élu curé en 1743.

Henri Rudaz.

1737. **Jean-Joseph Quillet.**

1744. **Albin Verdon.**

1753-1756. **Albin Raccaud,** décédé le 23 mai 1756; il était frère du curé Raccaud. Albin aimait les voyages; pendant l'espace de six ans, il a parcouru la France, l'Espagne, l'Italie. A son retour, il fut nommé chapelain.

1763-1773. **Jacques Ramus,** de S.-Aubin, élu curé.

1761. **François-Pierre Perriard,** décédé le 24 mai 1761, à l'âge de soixante-treize ans.

1761-1790. **Boniface Dessibourg,** décédé le 6 août 1801.

1778-1782. **Philippe-Jacques Verdon,** décédé le 16 mars 1782.

1786. **Sansonnens,** de Villaz-S.-Pierre.

1815. **Joseph Guisolan,** mort le 11 décembre 1815.

1787-1822. **Pierre-Jérôme Quillet,** mort en 1835, à l'âge de soixante-treize ans.

1823-1848. **Pierre-Joseph Bæriswyl,** de Bonnefontaine (Praroman), curé à La-Roche, chapelain à Delley (vol. IV, p. 497); enfin à S.-Aubin, décédé le 4 juin 1848.

1848-1857. **Lambert,** de Chatillon. Elu contre la volonté de l'Evêque, il fut considéré comme prêtre intrus; personne n'assistait à sa messe. Il est décédé à Estavayer après avoir reconnu et réparé ses égarements.

1848-1861. **Claude-Joseph Michaud,** de Villarepos, ancien curé d'Onnens.

1861-1871. **Joseph Roulin,** de Treyvaux, décédé le 3 fév. 1871.

1871-1873. **Philippe Overney,** de Cerniat, ancien Jésuite, né le 4 janvier 1812, curé de Villarvolard, chapelain à Rossens, etc.

1874-1875. **Joseph Cilerlet,** de Coufaivre, curé d'Undervelier, exilé avec le clergé catholique du Jura; il est mort le 3 avril 1885.

1878-1883. **Jean-Louis Corboud,** de Surpierre, décédé le 23 juin 1883.

1889-1894. **Clément-Jean Equey,** de Villariaz, ordonné le 29 juillet 1888, vicaire à Surpierre, chapelain le 1er sept. 1889, curé à Ponthaux en 1894.

1895-1896. **Henri Marion,** de S.-Aubin, né le 25 février 1865, ordonné le 25 juillet 1892, vicaire à Compesières, à Carouge en 1894, chapelain en 1895, curé de Villarimboud août 1896.

1896. **Cyprien Magnin,** de Cottens, né en 1870, ordonné le 19 juillet 1896, curé de Rossens en 1899.

Curés de Saint-Aubin.

La chapelle de Portalban, citée en 1166, 1777 (bulle d'Alexandre III), et en 1182 (bulle de Lucien III).

La paroisse et l'église de S.-Aubin existaient nécessairement à ces dates, *portus Albani.*

1332-1335-1335-1337. **D. Girard,** curé. Aymon, fils de feu Herman de Poraban (Portalban), chevalier, emprunte 60 sols de ce curé. (*Arch. de Laus., com. de M. Gremaud.*)

1349-1350-1360-1389. **D. Philippe d'Estavayer.** (*Arch. d'Est., répert. des arch. des Domin.*)

1428. **D. Pierre Durand,** vicaire.

1432. **D. Pierre Gurelli.** (*Arch. de la famille de Forel, manuscrit.*)

1453-1456. **D. Pierre de Pampignie,** chanoine de S.-Maire, curé; il ne résidait pas en 1456; il était sous-prieur de S.-Maire. (*Manus. à l'ancienne biblioth. de Forel.*)

1490. **D. Claude Blanc,** vicaire. Il est cité dans un acte de cautionnement pour la confection d'une monstrance. Mermet Chapusat, bourgeois de Fribourg et tanneur, reconnaît devoir à maître Iodoco (Iosse) L. 10 sols pour cette monstrance commandée par D. Glaude Blanc, vicaire de S.-Aubin-en-Vuilly; les autres cautions étaient le donzel Barthélemy Delley et Georges Ramus.

1512-1525-1543. **D. Gui de Bruel,** curé; son testament est du 21 août 1543, reçu par le notaire Gui Thesoz, témoin Hantz Vuarnoz, vicaire de S.-Aubin. (*Reconn. arch. de S.-Aubin.*)

Le 14 mai 1540, l'Etat de Berne pria celui de Fribourg d'accorder la cure de Saint-Aubin à Claude de Praroman (il passa au protestantisme); celui-ci répondit qu'elle lui serait concédée dès qu'il aurait rempli les conditions qu'on lui avait imposées.

Gui de Bruello était en 1503 chapelain de l'autel S.-Pierre à Moudon, dont Louis Cerjat de Combremont était patron; il résigne ce bénéfice en faveur de Louis de Roveran, chanoine de Neuchâtel. (*Man. de Lausanne.*)

1543-1558-1561. D. **Hantz** (Jean) **Vuarnoz,** vicaire (*Arch. de S.-Aubin, grosse);* il fut témoin du testament de Pierre Bardet.

1543. **D. Pierre Bardet,** vicaire; il fut chapelain de Villars en 1512 (*grosse*). Il légua à l'église de S.-Aubin une rente de 15 sols pour son anniversaire, 2 août 1543. Il fut aussi vicaire du curé Gui de Bruel.

1540. Mardi 3 février 1540, le chanoine et doyen de S.-Nicolas, **D. Pierre Bulliard,** produit devant le Conseil un rescrit du Pape en sa faveur, qui lui confère la cure de S.-Aubin; Messeigneurs donnent leur consentement à la condition qu'il ne la résignerait à personne sans leur vouloir, et si, à cette occasion, surgissait un procès, il le soutiendrait à ses frais. De plus, si le jeune de Bruit (du Bruel), qui possédait une lettre expectative (nomination à la première vacance), recevait les ordres sacrés, il lui serait préféré. (*Comptes de Trés. Fontaine*, vol. XXII.)

1541. Le curé et chanoine Bulliard résigna la cure de S.-Aubin en faveur du chanoine **D. Jean Motelli;** le Conseil confirma le tout aux mêmes conditions que le précédent, 18 mars 1541, et sans préjudice du jeune de Bruit (du Bruel). (*Comptes des Trés.*, XXII.)

1541. **D. Jean Motelli** alias **Pileti,** chanoine de S.-Nicolas et curé de S.-Aubin.

En 1547, il fit de grandes réparations à la cure; le charpentier Guex fit une nouvelle charpente et un nouveau toit, les deux portes de la grange et une étable auprès du bâtiment; il livra pour ces travaux 8 muids de froment, 8 de messel, 4 d'avoine et 30 florins. Les payements espacés de 1547 à 1551. (*Arch. cant. not.*, n° 153.)

Son testament est du 24 septembre 1565. Malade, dit-il, et très âgé, originaire de Cottens-sur-Morges, il dispose de ses *biens mondains provenant tant de mon héritage paternel que l'acquit de mon travail et labeur.* Il veut être enterré à S.-Nicolas, dans la tombe du clergé. Il lègue au clergé de S.-Nicolas à chacun 50 florins pour un anniversaire; *id.,* 100 florins à la femme de D. Hunger, sa nourrice; *id.,* aux enfants de Jérôme Brassa, son parent, 50 florins; au chantre de S.-Nicolas, au chanoine Schnewly, à chacun un gobelet d'argent. Il nomme héritier de ses biens paternels et maternels le fils de son frère demeurant à Cottens vers Morges. (*Arch. cant. not.,* nº 194, p. 288.) Il mourut peu après, le 5 décembre 1565. Ses parents de Cottens réclament ses biens, ainsi que Claude Chénaulx, de Cottens, pour avoir beaucoup *plaidoyé* pour lui.

? -1579. **D. Hans** (Jean) **Thomi**, chanoine de S.-Nicolas et curé de S.-Aubin; il fut probablement le successeur de Motelli, mais je n'ai pas trouvé la date de sa nomination.

1563-1579. **D. Peterman Wuarnoz** fut vicaire de Motelli et de Thomi, car ces curés ne résidèrent pas à S.-Aubin.

1579-1602. **D. Allaman Paris**, curé et doyen, élu en 1579.

1603-16... **D. Blaise Barbey**, curé-doyen. D. Nicolas Angelin fut son vicaire.

1611. Feu **D. Henri Duin, ou Dain,** curé, décédé à S.-Aubin vers 1611.

1611. **Jacques Palléon,** élu par le Chapitre de S.-Nicolas.

« L'avoyer et Conseil de Fribourg... le Chapitre de S.-Nicolas « nous aye fait entendre et imploré notre ayde contre les pru- « d'hommes de S. Albin, sur ce que après le trépas du dernier « curé du dit lieu D. Henrin Duin, ayant choisi élu pour succes- « seurs D. Jacques Palléon, cogneu pour coupable... ils avoient « fait refus de le recevoir, voire même avec paroles de mespris « et menaces indécentes, Nous priant et requérant de les « réduire à la raison.

« Sur quoy ayant aussy entendu les motifs de notre chatellain « et autre député du dit S. Albin, appuyés de l'intercession de « leur seigneur M^r le gouverneur de Neuchatel, (Mr de Vallier) « nostre bien aymé vassal. »

Les paroissiens désiraient un autre curé, mais ils durent se soumettre : le Conseil condamne ceux de S.-Aubin avec menaces et les oblige à recevoir le curé élu. 27 mai 1611. (*Arch. cant. Rathserb.* 25.)

1614-1624. **D. Jacques Mossus**, de Grangettes.

1624-1659. **D. Jean Castella**, de Broc. Il avait fait avec distinction ses études de philosophie et de théologie à Avignon; c'était un homme distingué par sa piété, son zèle et sa charité. L'embellissement de l'église, la beauté et la décence des cérémonies, la bonne exécution du chant attiraient son attention et son zèle. C'est lui qui a construit le Laret dont il est parlé plus haut.

1659-1703. **D. Jacques Collaud**, de S.-Aubin, élu curé dans le mois de juillet 1659, doyen en 1670; ordonné prêtre vers 1644, il est mort à S.-Aubin le 4 décembre 1703, à l'âge de quatre-vingt-douze ans. En 1665, il quitta la cure et vint habiter le Laret avec D. Jacques Ramus.

1704-1713. **D. François Jomini**, de S.-Aubin. Il a toujours habité le Laret. Il est décédé le 9 mai 1713, à l'âge de cinquante-cinq ans.

1713-1743. **D. Boniface Collaud**, de S.-Aubin, décécé le 9 novembre 1753, à l'âge de cinquante-cinq ans. Après la mort de D. Jomini, le bénéfice resta vacant pendant quelque temps, les chapelains du Laret DD. Gardian et Verdon ayant refusé cette charge ainsi que D. Perriard, chapelain à Courmillens. D. Udalric Schorro fut élu, mais mal reçu à son arrivée, à cause des difficultés entre le Chapitre et la paroisse; il s'en retourna sans prendre possession du bénéfice. Enfin Boniface Collaud fut élu par le Chapitre, mais considéré comme vicaire du Chapitre et amovible *ad nutum*. Le 26 janvier 1715, le Conseil de Fribourg fit procéder à son installation.

1743-1753. **Pierre-Joseph Verdon**, de S.-Aubin, élu le 23 novembre; il mourut le 13 janvier 1753, âgé de soixante et onze ans.

1753-1767. **Charle-Boniface Raccaud**, de S.-Aubin; il est mort en 1767, à l'âge de quarante-trois ans. Il avait un frère, Albin Raccaud, mort chapelain à S.-Aubin le 23 mai 1756. Il avait beaucoup voyagé en France, en Espagne, en Italie.

1767-1773. **Jean-Joseph Quillet**, de S.-Aubin; il renonça au bénéfice de la cure quelque temps avant son décès arrivé le 9 mai 1773, à l'âge de soixante-quatre ans.

1773-1791. **Jacques Ramus**, de S.-Aubin, chapelain; il fut nommé curé et il est décédé le 16 juin 1791.

1791-1822. **Pierre-Joseph Schuler.** Sa famille est originaire d'Ueberstof, mais elle avait acheté la bourgeoisie de Fribourg. Il est décédé le 21 juillet 1822.

1822-1835. **Pierre-Jérôme Quillet,** de S.-Aubin, décédé le 14 mai 1835, à l'âge de soixante-treize ans.

1835-1840. **Nicolas Bossy,** de Fribourg.

1841-1857. **Romain Reynaud,** de Posat; il a quitté le 10 novembre 1857 pour se retirer à Farvagny, où il est mort,

1857. **Xavier-Julien Michaud,** de Villarepos, depuis le 21 novembre 1857; doyen depuis décembre 1895. Il est né le 27 juin 1828, ordonné à S.-Maurice le 18 décembre 1852, vicaire à S.-Martin, à Cressier-sur-Morat en 1854, à Assens en 1855. Curé depuis 42 ans. Chacun lui souhaite le jubilé sacerdotal et celui de curé. Il a fait beaucoup de bien dans la paroisse.

SAINT-MARTIN

Besencens, Bezencens, Bessencens. — Altitude : 884 et 874, *Fiaugères,* la ville du Bois-ès-Fiaugères et Fiougères 858, *La Rougève,* Rougeaigne, Rubra aqua 815, Pont 752, *Saint-Martin,* Saint-Martin de Vaud 840.

Patron : Saint Martin (11 novembre).

Statistique.

	NOMBRE		POPULATION DE RÉSIDENCE D'APRÈS L'ORIGINE				CONFESSION		LANGUE		
	De maisons habitées.	De ménages.	Bourgeois de la commune.	Bourgeois d'une autre commune.	Bourgeois d'un autre canton.	Etrangers.	Catholiques.	Protestants.	Français.	Allemands.	Total.
Besencens ...	27	37	132	27	1	1	161	—	161	—	161
Fiaugères....	50	59	220	54	—	—	274	—	273	—	274
La Rougève..	13	15	59	7	6	—	64	8	72	—	72
Pont.........	24	26	92	51	6	—	149	—	149	—	149
Saint-Martin.	76	86	367	50	3	1	418	3	420	1	421
Total de la paroisse.	190	223	870	189	16	2	1,066	11	1,075	1	1,076

	Nombre des contribuables.	Immeubles imposables.	Capitaux Titres.	Produit de l'impôt sur les fortunes.	Produit de l'impôt sur l'industrie.	Dépense pour l'assistance des pauvres.	Fonds des écoles.	Nombre d'enfants.
Besencens ...	65	300,981	59,214	873	12	1,620	13,198	37
Fiaugères....	117	486,682	287,552	1,901	25	1,016	14,824	39
La Rougève..	54	136,459	32,496	405	18	662	14,500	14
Pont.........	97	275,581	62,600	801	11	3	14,721	22
Saint-Martin.	185	428,338	183,468	1,468	77	779	15,057	44

Le nombre des naissances varie, entre 1640 et 1800, de 16 à 41, les décès de 8 à 20. En 1730, S.-Martin avait une population de 832 âmes dont 619 communiants; dans ce nombre, on comptait 46 âmes à l'étranger.

Dans le XVIIIe siècle, on rencontre beaucoup de personnes très âgées; en 1733, meurt Barthélemy Jaccoud à l'âge de 100 ans; en 1745, un Bossel, de Besencens, du même âge; un autre Bossel meurt, en 1779, à 93 ans; François Majeux, en 1778, à 93 ans; la même année, Pierre Dessobas, à 90 ans.

Les premiers habitants.

La contrée de S.-Martin fut habitée dès les temps les plus reculés; on y a trouvé des tombeaux des premiers âges. En 1886, des fouilles faites dans des tombes, près de S.-Martin, ont mis au jour trois lames de poignards, deux épingles et des haches en bronze. D'autres fouilles dans les localités voisines ont aussi révélé des objets intéressants.

La contrée, habitée déjà par les Romains, fit, sous le premier et le second royaume de Bourgogne, partie de cet Etat comme le pays de Vaud; mais son histoire est enveloppée de ténèbres jusqu'au moment où apparaissent les sires d'Oron.

Le château d'Oron, bâti au XIIe siècle, devint le siège d'une seigneurie de ce nom. Ses seigneurs furent d'abord les avoués ou vidommes de l'abbaye de S.-Maurice, qui possédait Oron par don de Sigismond, roi de Bourgogne. Les sires d'Oron descendaient d'Otton de Savoie, qui vint s'établir dans le pays de Vaud comme avoué de l'abbaye d'Agaune. D'avoués, ils devinrent insensiblement indépendants et seigneurs de la contrée; l'abbaye conserva cependant des droits seigneuriaux sur Oron-la-Ville et Viribroye.

Dès le XIIIe siècle, les sires d'Oron prêtèrent hommage à Pierre de Savoie pour leur maison forte et leur seigneurie; comme la plupart des seigneurs du pays de Vaud, ils acceptèrent la suzeraineté des comtes de Savoie.

Le règne des sires d'Oron finit vers le déclin du XIVe siècle; François Ier d'Oron fut le dernier de sa race. Il avait épousé en

1372 Marie de Gruyère, qui lui avait apporté une dot de 10,000 florins d'or.

Par testament du 16 avril 1383, François d'Oron, qui n'avait pas d'enfant, institua héritier de tous ses biens son beau-père Rodolphe IV, comte de Gruyère ; ses descendants posséderont la seigneurie d'Oron jusqu'à la conquête du pays de Vaud par les Bernois et à la ruine du comte Michel, le dernier comte de Gruyère.

La seigneurie d'Oron comprenait les villages et territoires d'Oron-le-Châtel, Chésalles, Bussigny, La Rogivue, Besencens, S.-Martin de Vaud, Ville du Bois-ès-Fiaugères, Champerroux, les Currat, Progens, le Crêt, Pont, Perey-Martin, Porsel, Villars, La Saubaz. Cette seigneurie, dit M. Pache, était l'un des grands fiefs du pays de Vaud et relevait directement de l'empire.

A côté des seigneurs d'Oron, vivaient encore quelques familles nobles, comme les Illens ; les ruines de leur château se voient encore à Pont, paroisse de S.-Martin, à une petite distance d'Oron. Les droits des nobles d'Illens dans la seigneurie d'Oron furent cédés par échange à l'abbaye de S.-Maurice, en 1317.

Après la conquête du pays de Vaud par les Bernois, en 1535, la seigneurie d'Oron fut revendiquée par Fribourg, trop faible pour résister à Berne qui la fit subhaster et ensuite vendre à M. Hans Steiger, de Berne. En 1556, ce dernier revendit ses droits à la ville de Berne, qui en forma un bailliage ; mais la partie catholique resta au canton de Fribourg et fit partie du bailliage de Rue.

La paroisse.

L'étendue de la paroisse de S.-Martin était considérable ; elle comprenait dans ses limites toute la seigneurie d'Oron (voir plus haut).

Il est difficile de préciser l'époque où fut construite la première église dédiée à S. Martin ; ce saint vivait au IVe siècle (316 et 400) ; son culte dans nos contrées n'a donc pas pu se propager avant le VIe ou le VIIe siècle. Une autre question est de savoir comment s'appelait primitivement la localité de S.-Martin, car il est évident qu'avant la construction d'une église dédiée à ce Saint, elle portait un autre nom, qui est aujourd'hui inconnu. Cette localité était habitée ; on n'aurait pas construit une église dans des lieux déserts.

Il paraît que la paroisse a conservé les mêmes limites jusqu'à la Réformation ; alors elle perdit Oron-le-Château, Bussigny, une partie de la Rogivue. Bouloz et Porsel furent détachés en 1640 pour former une nouvelle paroisse. Le Crêt obtint la même faveur en 1664. Enfin, Progens, avec la Verrerie, fut érigé en paroisse en 1888. Si la paroisse de S.-Martin a perdu une partie de son territoire, elle compte pourtant plus d'âmes que primitivement, la population ayant considérablement augmenté.

Les curés étaient élus par les seigneurs d'Oron jusqu'en 1528 ; à cette date, Jean d'Illens, châtelain de Rue, rend manifeste qu'en vertu de lettre d'institution de Sébastien de Montfaucon, évêque de Lausanne, la cure vacante par la mort de D. Philibert de Praroman, chanoine et curé, fut donnée à Aymon Guillioti. Le comte de Gruyère, Jean II, fit protester contre cette élection, qui lui appartenait et lui avait été donnée par le duc de Savoie. (*M. et D.* XXIII, p. 239.) Depuis cette époque, le gouvernement de Fribourg a nommé les curés de S.-Martin jusqu'à l'arrangement conclu entre Mgr Marilley et l'Etat pour la nomination aux bénéfices.

Le bénéfice du curé possédait un domaine de 25 à 30 poses (vendu en 1848), et une vigne de neuf ouvriers qui fut aussi aliénée. Cette vigne existait déjà en 1381 et elle appartenait à la chapelle de S.-Jean. Le bénéfice percevait en outre la dîme, la prémice, les novales, les corvées pour la culture du domaine, d'une valeur de 5 à 600 fr. anciens. Le curé avait de fortes charges : il devait garder un vicaire, le payer et le nourrir ; au XIVe siècle, il devait payer à l'Etat 100 L. pour la fête des Rois. Il devait célébrer, tous les vendredis, une messe à Porsel, fondée par Mamert Dévaud et sa femme.

En 1660, le curé de S.-Martin possédait encore une pose de terre à Bussigny, donnée pour un anniversaire.

L'église.

Jusqu'en 1453, on ne découvre rien sur l'église et son emplacement.

Les délégués de Mgr Saluces arrivèrent à S.-Martin pour visiter cette paroisse et son église, un mercredi, 3 octobre. Ils ne nous ont laissé aucune description de cet édifice ; mais les ordres donnés y suppléent quelque peu. L'église n'avait pas de tabernacle, la paroisse dut en établir un dans la muraille, du côté de l'Evangile, comme c'était l'usage dans le XVe siècle ; les Visiteurs prescrivirent un bahut pour retirer les ornements.

Le chœur était plus enfoncé que la nef ; on ordonna de l'exhausser d'un bon pied et de le paver avec de gros cailloux ou de le planchéier. Les fenêtres étaient sans vitres. Le mur de la sacristie n'était pas achevé, sans pavé, ni plancher, etc.

L'état de l'église nous donne une idée de l'ameublement et des ornements : pas de chandeliers à l'autel ; les Visiteurs se contentèrent d'en faire confectionner deux en bois peint ; l'encensoir n'avait pas de chaînette.

Il existait encore trois autels dans l'église : celui de Ste-Marie-Madeleine ; il n'était pas encore consacré, le curé y célébrait une messe chaque dimanche ; celui de la Ste-Vierge et celui de S.-Jean, qui avait été doté et fondé, disait-on, par Guillaume de Vuisternens. Leurs deux minces bénéfices furent toujours unis et occupés par un chapelain élu par l'Evêque.

Antoine Monod et Jacques Monney, syndics, réclamaient, en 1565, à Nicod et François Grandjean la somme de 74 florins, 6 gros et 6 deniers, montant d'une quête faite pour réparer l'église; les deux accusés devaient produire leurs comptes.

Les gens de S.-Martin se trouvaient, en 1584, dans de grands embarras ; ils étaient sans ressources et ils avaient des frais pour l'église qu'ils venaient de réparer ; ils devaient encore bâtir une maison pour loger un lépreux, le nourrir et l'habiller. Le 29 mai, ils s'adressèrent à MM. de Fribourg, afin que le droit sur l'entrée et la vente du vin dans la seigneurie leur fût abandonné. Fribourg leur céda pour dix ans l'umgelt, mais dans le territoire de S.-Martin seulement. (*Rathserb.* 18.)

En 1674, on enterrait encore dans l'église de S.-Martin ; il en résultait nécessairement de grands inconvénients. Le Conseil de paroisse fit un règlement de police pour les enterrements : « Considérant les grands et notables dégâts et inconvénients que causent dans cette église ceux qui en toute saison et à leur fantaisie, par quelque vanité ensevelissent les corps des morts dans l'intérieur... ont ordonné, vu le beau et spacieux cimetière qu'ils ont, où chaque famille a sa sépulture marquée, on payera à l'avenir deux florins et 6 gros pour se faire ensevelir dans l'église. » (*Arch. cant. not. Escuyer,* n° 2114.)

Vers ce temps, on fit un plancher dans l'église et d'autres réparations.

Voilà les seuls renseignements trouvés sur les anciennes églises. En 1859 et 1860, après de longues luttes, on prit enfin la résolution de bâtir une nouvelle église. M. Moullet, curé, y consacra sa vie : par ses conseils, ses courses, son énergie et une volonté inébranlable la maison de Dieu s'éleva insensiblement, et elle fut consacrée le 4 septembre 1862.

De mauvais matériaux employés lors de la construction causèrent des frais de réparation assez considérables ; mais la paroisse possède une belle et spacieuse église. Les dons volontaires, les charrois faits gratuitement, etc., allégèrent le fardeau que la paroisse s'imposait.

Depuis 1862, cette église est dotée d'une belle sonnerie et d'un orgue. Ainsi tout contribue à la gloire de Dieu et élève les âmes vers le Créateur.

La Réformation dans la paroisse de Saint-Martin.

La conservation de la foi catholique dans la seigneurie d'Oron, soit de la paroisse de S.-Martin telle qu'elle existait alors, est le fruit des convictions religieuses de la population et de l'énergie qu'apporta le comte Jean II de Gruyère, seigneur d'Oron.

« Depuis longtemps, dit M. Pache, la ville de Berne convoitait les terres du comte de Gruyère et même celles du duc de Savoie dans le pays de Vaud. Elle vit dans la Réformation religieuse un moyen de réaliser ses plans ambitieux, et travailla de tout son pouvoir à l'introduire même dans les terres hors de sa domination. »

Ce jugement sévère est aussi celui d'hommes sérieux guidés par l'amour de la vérité; il a même été soutenu, il y a quelques années, par un candidat au ministère pastoral, dans une thèse sur l'introduction de la Réforme dans le pays de Vaud.

Jean II succéda à son père dans les seigneuries d'Oron et de Palézieux, en 1514. Les finances des comtes de Gruyère mal gérées étaient un gouffre et la ruine de la maison était imminente. Après la conquête du pays de Vaud, en 1536, Mrs de Berne s'occupèrent de propager la Réforme et s'attribuèrent les droits de la Savoie comme prince suzerain des seigneuries que le comte de Gruyère possédait dans le pays de Vaud. Le 11 janvier 1637, le comte dut promettre à Mrs de Berne de se faire délier du serment de fidélité qu'il avait prêté au duc de Savoie et de venir, dans le terme d'un mois, à Berne, pour prêter hommage à LL. EE. Ce qui eut lieu le 17 mai 1537, laissant cependant la seigneurie d'Oron exempte d'hommage.

Le comte continuait à résister de tout son pouvoir à l'introduction de la Réforme dans ses terres ; mais il mécontenta naturellement Messieurs de Berne. Ils lui firent, comme on va le voir, de dures remontrances pour une défense qu'il avait publiée au sujet des nouvelles doctrines :

« Sommes estes advertis ces jours passés, les gentils hommes, « du Pays de Vaulx soyent esté assemblé à Lausanne, et ce à « cause de la foy, ou par adventure daultres pratiques. Et pour « ce que l'on dit que vous y étiez et qu'après la conclusion « d'icelle assemblée ayez faict en vostre seigneurie d'Oron un « çrye ou commandement que à tous ceulx qui seroient de la « foy lutherienne ou qui maintiendroient icelle foy, que l'on « leur dût leur donner trois estrapades de cordes, et puis apres « si ne soy veulent depourter de tieulle foy que l'on les doit « brûler, de quoy grandement nous merveillons, affectueu-« sement vous priant que ne vous veuilliez opposer à la verité « de sapience de Dieu, laquelle est nostre sauveur Jésus-Christ « à tous bons chrétiens acceptable, donné par la grace de Dieu « par sa saincte parolle laquelle ne veuilliez persequuter, ains « prier Dieu que soit de sa benigne grace de vous conduire « selon icelle pour parvenir à la vie éternelle la quelle Dieu « vous doint. » Du 5 janvier 1530. (Hisely, *Hist. de Gruy.*)

Jean de Gruyère put empêcher l'établissement de la Réforme

dans sa seigneurie d'Oron ; mais l'orage grondait autour de lui. Il faisait régulièrement célébrer la messe dans la chapelle d'Oron, il publia dans la seigneurie une défense d'embrasser la nouvelle doctrine ; « il voulait que ceux qui étaient sous sa juridiction eussent la même foi que lui, ou qu'ils devaient se retirer de ses terres. »

Berne était trop puissant et trop ambitieux pour s'arrêter dans le cours de ses conquêtes et l'établissement de la Réforme.

Le comte, voyant les progrès de la Réforme imposée par les armes, fit, dit-on, transporter la statue de S. Pancrace qui se trouvait dans l'église de Chatillens dans sa chapelle d'Oron; mais on venait à Oron de Lavaux, de Morges, de Rolle pour entendre la messe, se confesser et communier. Le gouverneur de Haut-Crêt s'en émut et il écrivit à Messieurs de Berne pour détruire cette superstition.

Le 25 juin 1639, Messieurs de Berne prirent un arrangement avec le comte et établirent un soi-disant mode de vivre pour l'exercice du culte, qui consistait à obliger les gens d'Oron-le-Château d'aller ouïr la parole de Dieu à Chatillens, de punir les défaillants. C'est la liberté que les Bernois laissèrent aux catholiques ; les amendes et la prison pour ceux qui ne voulaient pas de la nouvelle doctrine.

Le 12 janvier 1552, quatre arbitres furent choisis pour prononcer dans un différend entre Michel, comte de Gruyère, et Jean, bâtard de Gruyère, au sujet du fief de Pont et de S.-Martin de Vaud. Feu Jean de Gruyère, père dudit bâtard et seigneur de Pont et de S.-Martin, avait donné à son fils ces fiefs; celui-ci avait prêté hommage aux seigneurs de Fribourg comme seigneurs de Rue, et il entendait jouir paisiblement de ces biens que son père lui avait légués; mais le comte Michel s'y opposait, il voulait en jouir ou en disposer lui-même.

Les arbitres prononcèrent, les 12 et 14 janvier 1552, que ledit Jean de Gruyère pouvait jouir paisiblement de ces biens pendant sa vie, et même que ses héritiers en conserveraient la possession jusqu'à ce que Michel ou ses héritiers ayent payé 400 écus. Ils prononcèrent encore que les intérêts de ces fiefs, les lods exceptés, retardés depuis la date de la donation à ce jour, lui seraient payés intégralement.

L'avoyer et conseil de Fribourg fit sceller cet acte, le 14 janvier 1552.

C'est ainsi que la religion catholique a été conservée à Pont et S.-Martin par les seigneurs de Gruyère, sous la suzeraineté de Fribourg, qui était devenu seigneur de Rue par droit de conquête et prenait la place de la Savoie dans toute la châtellenie.

Plusieurs événements importants se passèrent dans la paroisse de S.-Martin à l'époque de la Réformation. Le premier, c'est le passage de Farel à S.-Martin et l'altercation qu'il eut avec le curé dans l'auberge de cette localité. Farel se trouvait à Aigle ; il fut appelé par le Conseil de Berne pour venir à Morat préparer la votation qui devait avoir lieu le 7 janvier, et soutenir le parti protestant. Farel quitta Aigle et vint coucher dans l'auberge de S.-Martin. Dans la soirée, maître Farel commença, avec son audace ordinaire et son impétuosité habituelle, à déclamer contre le Pape et l'Eglise catholique. Le curé, averti, ou entendant peut-être lui-même ces déclamations depuis sa cure, accourut avec son vicaire pour défendre son troupeau. Nous ne connaissons l'altercation du curé avec Farel que par la correspondance de l'Etat de Berne et sa réclamation adressée au comte Jean II, seigneur d'Oron ; nous ne possédons ni la réponse du comte à Berne, ni les raisons et preuves du curé. Farel était accompagné d'un commissionnaire ou héraut aux couleurs de Berne ; il se sentait protégé et appuyé, ce qui doublait son audace ; la lettre de Berne ne cite pas les discours haineux de Farel contre les catholiques et ses violentes déclamations ; les injures les plus grossières lui étaient familières ; nous n'avons qu'une relation, qui était naturellement toute à l'avantage de Farel. Le curé apporta aussi un zèle ardent à défendre la Religion attaquée, en présence de ses paroissiens accourus dans l'auberge.

Voici la lettre de Berne :

Le Conseil de Berne au comte de Gruyère.

De Berne, 30 janvier 1530.

(*Minute originale, arch. de Berne.*)

ILLUSTRE, MAGNIFIQUE SEIGNEUR,

Ces jours passés, avons receuz vostre lettre, en la quelle

faicte mention que ne croyé point que personne soy sceuz plaindre (lisez : ait eu lieu de se plaindre) que à aulcuns de nous soubgects parlans de la vraye foy christienne, en vous pays, soit faict déplaisir, et que cella vous déplairoit grandement. Or est chose véritable que, jeudi dernièrement passé (27 janvier 1530), maistre Guilliame Farel, prescheur d'Allie, passant par vous pays et loge [a] nt une nuyt a sainct Martin de Vaulx, accompaignié d'ung de nous héraulx pourtant nous armes, vint domp Aymo, vicaire du dict lieux, et avecque luy deux aultres prestres. Le quel domp Aymo assally le dict Farel à maulvaises et injurieuses parolles, et le cuida gite atout (avec) ung pot, et aussy frapper nostre héraulx, disant le dict Farel estre hérétique, ung diable, et rière les armes que le dict héraulx pourtoit estre ung diable. Les quelles injures et violences estimons a nous estre faictes.

A ceste cause, en vigeur de la bourgeoysie et sèrement que nous avez faict, vous tres-acertes admonestons, que le dict domp Aymo veillies chastoyer et painir en sourte que nous cognoissons qu'estes affectioné de observer la dicte bourgeoysie et de garder nostre honneur comme le vostre. Aultrement serions constraincts d'y mettre ordre de nous-mesmes. Pour autant y advisés, et aussy y mettre remède, que cy-après nous soubgects et serviteurs soyent seurs en vous pays, autant que désirées que sayons vostres bons amys, voisins et combourgeoys.

Ilz a aussy en *Rogemont* ung curé ou vicaire nommé domp Anthoine, (c'est D. Ant. Bornet, vicaire de Château-d'Oex) le quel sur le jour S. Anthoine dernièrement passé (17 janv.) contre nous et le dict *Farel* a dict parolles infames. Vous plaise de vous enquester, et en faire punition necessaire comme vouldriés que fiss [i] ons pour vous en cas semblable. Sur ces deux point vostre response. Autant priant Dieu que [a] vous et à nous doint sa grâce d'entendre sa saincte parolle, pour vivre selonn icelle! Datum dimenche peneultima januarii, anno etc. XXX.

Suscription : *A Illustre, Magnifique Seigneur Jehan, comte de Gruyère, nostre tres honoré combourgeoy.*

(*Correspondance des Réformateurs,* t. II.)

Il paraît qu'un faux rapport fut adressé à l'Etat de Fribourg sur certaines vexations de la part des protestants. Jacques Budella, bailli de Rue, chargé de faire une enquête sur ces événements, répond, le 13 octobre 1553, « que c'est à tort qu'on leur a rapporté qu'à Palexieux, on avait arraché l'hostie des mains du prêtre qui disait la messe. Malgré ses recherches, il n'a rien appris de semblable. »

Le curé de S.-Martin de Vaud se plaint de l'imposition de 100 Livres qu'on lui impose annuellement pour subvenir aux frais des Rois, à Fribourg. Les rentes du bénéfice ont souffert par la perte de plusieurs paroissiens d'Oron, qui ont apostasié. (*Arch. cant. af. de Rue,* 343.)

Un autre fait, arrivé en 1563, doit être attribué à l'abus des boissons alcooliques et non aux affaires religieuses entre les différents cultes.

Dans le mois de juillet 1563, le curé François Genilloud dépose une plainte près du châtelain de Rue, contre François Favre, de Pont, qui avait fait du tapage dans l'église pendant que lui et le vicaire chantaient les vêpres, usant de paroles injurieuses à l'adresse du curé, « troublant l'office, méprisant Dieu, et que nonobstant toutes remonstrances à lui faites par le curé et par ses officiers, ne voulut obéir. » Favre fut puni et banni pour ce fait et d'autres injures adressées à ses voisins.

Il paraît que plusieurs personnes d'Oron et des localités qui avaient embrassé la Réforme étaient restées catholiques; il se fit à S.-Martin, dans le XVIe siècle, par exemple en 1569, 1570, etc., des mariages catholiques, « en face de nostre sainte mère l'Eglise », entre personnes de ces localités et des personnes de localités restées catholiques.

Vers 1772, une fille de treize ans, de Puilly, quitta ses parents pour embrasser la religion catholique; elle est morte à S.-Martin, le 7 septembre 1772.

Les écoles.

Je n'ai pu découvrir l'origine des écoles publiques dans cette paroisse; elles furent d'abord paroissiales, et plus tard devinrent communales. En 1716, la paroisse fait un accord pour l'établissement d'un maître d'école, apparemment pour les enfants de la paroisse.

Aujourd'hui 6 écoles sont établies pour 200 enfants. Les capitaux du fonds des écoles s'élèvent à 72,300 fr.

Voici l'état des écoles en 1798 :

La paroisse de S.-Martin avait 4 écoles, soit : 1° à S.-Martin, pour ce village et Besencens, avec 50 enfants ; 2° à Pont, pour 16 enfants ; 3° à Fiaugères, pour 30 enfants ; et 4° à Progens.

Les régents enseignaient la lecture, l'écriture, la religion, l'orthographe et le calcul.

L'école durait de la fin de septembre à la S.-Jean (24 juin).

Le régent de S.-Martin enseignait à S.-Martin et à Pont ; et celui de Progens, à Fiaugères et à Progens.

Le régent de S.-Martin, Antoine Monney, était menuisier et il enseignait depuis quatorze ans.

Il existait une fondation pour l'école, dont la rente s'élevait à 40 Liv. (60 fr.). Chaque régent percevait encore de chaque ménage un quarteron de grain, et ceux qui ne semaient pas payaient 7 batz.

Il n'existait aucune maison d'école ; elle se faisait tantôt dans une maison, tantôt dans une autre.

Hommes distingués.

La famille *Esseiva* a donné au pays plusieurs prêtres distingués.

Jean Esseiva, décédé le 14 décembre 1856, âgé de soixante-treize ans. Il se distingua pendant ses études en Allemagne. Rentré, il enseigna comme professeur au collège de Fribourg, il fut ensuite administrateur des biens de cet établissement jusqu'en 1848. Dans ses moments de loisirs, il s'est occupé du patois fribourgeois. Il a laissé des manuscrits précieux sur cette matière.

Jean-Pierre Esseiva, directeur à Montorge, prêtre depuis 1801.

Jacques Esseiva, chapelain à Semsales de 1772 à 1810.

Jacques-Pierre, né en 1772.

Joseph était professeur de théologie en 1810.

Pierre-Louis, professeur au collège, de 1771 à 1778. Il a publié : *Rudimenta arithmetica* (Fribourg 1777) ; *Rudimenta arithmetica et albegebra et geometrica* (3 vol. 1787); *Rudimenta latinæ grammatices* (Fribourg 1772); *Rudimenta architecturæ civilis et gnomonicæ solaris* (Fribourg 1783).

Jean Esseiva, fils de Pierre-Joseph, jésuite en 1844, professeur à Estavayer en 1847, à Avignon ensuite; il partit pour l'Amérique, d'où il fut envoyé aux Indes comme aumônier de troupes à Bombay.

Joseph, jésuite, né en 1814, professeur au collège. Après avoir passé quelques années à Genève, en France, il fut envoyé en Angleterre.

La famille *Currat* a donné plusieurs membres à l'Eglise :

Claude, doyen à Echallens, décédé en 1815; Nicolas, curé d'Autigny; Léonard, ancien professeur au collège, chancelier de l'Evêché.

Jaccoud Jean-Baptiste, professeur de philosophie et recteur du collège, professeur de droit naturel et d'économie politique à l'Université de Fribourg, auteur de *Elementa philosophiæ theoreticæ et practicæ* (Fribourg 1887).

Jaccoud Léon, curé de Villaz-St-Pierre. Jaccoud Jean (dom Arsène), religieux à la Chartreuse de Sélignac.

Braillard Jean-Joseph, curé de Léchelles.

Molleyres Lucien, vicaire à Lausanne.

Monney, commandant. Sous Napoléon Ier, il fit la campagne de Russie et se distingua dans plusieurs circonstances. Rentré dans sa patrie, il dut la quitter en 1848; il est mort à Besançon. On lit son épitaphe au cimetière des Chaprex :

> *Ci gît le commandant Monney,*
> *Qui pendant 40 ans servit la France.*
> *Les malheurs de sa patrie l'ont amené là.*
> *Pauvre exilé, que cette terre étrangère te soit légère !*

Faits divers.

L'église possède une relique de la vraie croix de Notre-Seigneur, sauvée en 1793 par Claude Gobet, suisse au Grand-Saint-Jean-de-Lyon;

Les reliques de S. Placide, martyr, trouvées au cimetière de S.-Cyriaque *in agro verrano*, avec un vase qui porte encore l'empreinte de son sang.

Anciens statuts.

Comme étude de mœurs, il est curieux de suivre le mouvement d'une population dans ses lois et statuts. La paroisse de S.-Martin possédait aussi des statuts depuis longtemps, mais ils étaient tombés en désuétude et divers abus s'étaient glissés dans les rouages de l'administration paroissiale. Dans une assemblée tenue en 1729, on les rétablit ; ils sont intéressants.

Le Conseil paroissial était composé de douze prud'hommes qui prêtaient serment de bien administrer, de suivre les anciennes coutumes, et ils géraient aussi les fonds du Rosaire, du Vicariat, etc.

« Ils devaient veiller et s'informer, chacun dans son lieu et commune, de la conduite d'un chacun, de leurs comportements sur leurs devoirs de chrétien, si chacun assiste aux offices divins, instructions et catéchismes, si les pères et mères ont soin d'instruire leurs enfants et de les envoyer aux écoles. »

Ils avaient la police de l'église ; ils mettaient les curés en possession du bénéfice « suivant l'arrêt souverain, demandant qu'il prêtât serment convenable pour le maintien des droits des paroissiens, de toutes bonnes usances, sans introduction d'aucune nouveauté, le tout en présence du sgr. bailli. »

En temps de sécheresse ou de pluie prolongée, ils allaient avertir le curé de faire des prières, etc.

Ils devaient veiller à l'ordre des offices et les faire commencer à l'heure convenable. Le dimanche des Rameaux, le curé devait distribuer une branche de palmier à chaque conseiller.

A la mort d'un curé, ils prévenaient la Cour épiscopale et l'avoyer. Ils marchaient les premiers aux processions, à la distribution du pain bénit ; ils portaient des cierges devant le grand crucifix aux processions solennelles.

Ils offraient les vins d'honneur au bailli à sa première visite à S.-Martin, aux prédicateurs le jour du patron, de la dédicace et de la Pentecôte.

« Au sujet de la présentation des trois prêtres prétendants à la nomination et bénéfice de la cure, l'ordre et pratique d'y procéder est comme sensuit. Le gouverneur paroissial par ordre du Conseil fait publier dans l'église que tout chef de famille et maître de maison doit assister à une grand'messe... pour demander les lumières du S.-Esprit et pour procéder à la présentation suivant les droits des paroissiens. Le Conseil et les paroissiens s'assemblent sur le cimetière ; le gouverneur fait faire un rond et mettre chacun en ordre, puis, étant accompagné d'un ou deux notaires du lieu... on compte les voix... et les fait réduire par écrit... si le tumulte du peuple ou trop grande affluence intervient, on se retire dans l'église et à part pour compter les voix. Après quoi on fait rapport tant es prêtres mis en présentation qu'aux paroissiens... deux délégués vont présenter au Sénat les trois candidats... » — 20 octobre 1729. (*Rathserb.* 31.)

Vicaires de S.-Martin, établis en 1693.

1534-1639. D. **Pierre Dey**.
1649. **Ducret.**
1660. D. **Jacques Demotros,** et **Claude Demotros,** vicaire en 1672, frère du curé de S.-Martin.
1664-1666. D. **François Bérard.**
1672-1674. D. **Claude Demotros**, de Broc, élu curé.
1693. A. **Claude Brolliet,** de Semsales.
Entre 1695 et 1710 :
Jacques Escuyer, d'Orsonnens.
Brueret, de Joagne (France).
Pierre Pillonel, de Vallon.
Joseph Jolion, de Massonens.
Joseph Debieux, d'Orsonnens.
Jacques Pittel, de la Mollietas.
Pierre Charrière, de Cerniat.
1712-1713. D. **François-Pierre Berthoud,** vicaire.
1715-1720. D. **François Bourret**, du Crêt.
1731. D. **Joseph-André Meuwly,** de Corminbœuf.
1734-1736-1740. D. **Nicolas Dupuis**, de Villars-le-Terroir, décédé à S.-Martin, le 26 avril 1740.
1740-1752. D. **Blaise Clerc,** de Vuisternens-devant-Romont, vicaire pendant douze ans, élu curé.
1752-1756. C. **Louis Gobet.**

1757-1758. **Jean-Baptiste de la Tenna**, vicaire.

1757. **D. Pierre-Nicolas Dutoit**, de Villars-le-Terroir, élu curé le 6 juin 1757.

1757. **D. Jean Delatenna.**

1761. **D. Crausaz**, vicaire.

1762. **Pierre Aubry.**

1765-1759. **D. Jacques Scybos**, de Treyvaux, desservant depuis la mort de D. Dutoit.

1766. **D. Python.**

1773. **D. Claude Guisolan.**

1775-1776. **Bressan.** Il est mort à Romont en 1777.

1780-1789. **D. Antoine Chappuis.**

1791. **D. Tinguely.**

1792-1797. **D. Joseph Delley**, de Delley.

1797. **D. Jenny.**

1798. **D. Gilliard**, vicaire.

1800. **Gremaud**, vicaire.

1801-1804. **Perrosset**, ensuite chapelain à Cressier.

1807-1808. **D. Pierre-Joseph Bæriswyl**, de Praroman.

1808-1810. **D. Jean-Baptiste Progin**, de Fribourg, curé à Sales.

1811. **D. B. Bourdilloud.**

1812. **D. Dosson**, de Fetigny.

1814. **Ignace Perroud**, vicaire.

1818. **D. Scherly**, de La-Roche.

1821-1822. **D. Jean Roch**, de Savoie.

1823. **D. Pierre-Joseph Gachet**, de Gruyères.

1824-1825. **D. François-Xavier Mottet**, de Corpataux.

1826-1827. **D. Joseph Caille**, de Romanens.

1829-1831. **D. Maurice Reime**, mort en 1837.

1832-1833. **D. Joseph Viviand.**

1833-1835. **D. Michel Rivollet**, nommé curé de Phoney.

1835-1836. **D. Pierre Challamel.**

1836-1838. **D. Georges Vuilleret**, de Romont.

1841. **D. François-Michel Dougoud**, de Torny.

1843-1844. **D. Pierre-Joseph Joye.**

1845. **D. Antoine Sansonnens**, ensuite à Estavayer-le-Lac.

1846. **D. Pierre Caillat.**

1847. **D. Charles Christ.**

1848. **D. Louis-Pierre Gremaud,** d'Echarlens.
1849. **D. Joseph-François Carrard.**
1850. **D. Pierre Savoy.**
1851-1852. **D. Joseph-Antoine Grimm.**
1852. **D. Bosson.**
1853-1854. **D. François-Xavier Michaud,** de Villarepos.
1854-1857. **D. Joseph Fracheboud.**

Curés de Saint-Martin.

1170. **Pierre** (*Petrus sacerdos*) (voir *M.* et *D.*, vol. XII, p. 34). Il paraît comme témoin dans l'acte de donation de la dîme de Chatillens donnée au monastère de Hautcrêt, par Fhorencus de Saint-Martin et son frère Manengodus. La donation fut approuvée par Alois, femme de Phorencus, et son fils Pierre, et Pontra, femme de Manengodus. L'acte rédigé à S.-Martin par un religieux de Hautcrêt, en 1170.

1218, **V.** *Sacerdos de Sancto Martino* (V. prêtre ou curé de S.-Martin). (*M.* et *D.*, XII, p. 56.)

1258. **Pierre,** curé de S.-Martin (*M.* et *D.*, XII, p. 286). Il place son sceau à l'acte par lequel Girod de Mossel et ses enfants reconnaissent tenir des terres du couvent de Hautcrêt. Ce curé appartient probablement à la famille de Villaz-S.-Pierre : par un acte de 1297, sous les sceaux de Guillaume de Villaz, prieur de Villars-les-Moines, et de Pierre, curé de S.-Martin, Girard de Villaz, dit de Cudrey, lègue à la Fille-Dieu pour son anniversaire ce qu'il possède à Villaz et à Cudrey.

1306-1313. **Wilhelmus,** curé. (*Arch. de Rue, du clergé de Romont,* qui le cite en 1327.)

Avant 1343, **Guillaume,** de Vuisternens, curé (docteur).

1343-1351. **Girard Tactret** ou **Tartot,** curé (*grosse*) ; il était aussi chapelain de l'autel de la sainte Vierge, où il fut remplacé par le chapelain Jordan Jacquier.

1354-1356. **Humbert,** de Bossonens, curé.

1385. **Guillaume Cécilier,** curé.

1391. **Jehannes Plangini,** curé.

Jacques de Bugnin, alias **Borraller** ou **Borrelly,** curé. Cette famille, fixée à Lausanne, était probablement originaire de Bugnin. Jacques fut d'abord clerc de l'église de Lausanne et ensuite curé de S.-Martin, en 1466, où il demeura pendant quelques années. Son testament, fait en 1476, qui est conservé aux archives de Lausanne, nous apprend qu'il avait des propriétés à Lausanne et aux environs, à Orbe et à Jougne; au moment où il faisait ses dispositions de dernières volontés, il se préparait à partir pour Rome, et il parle de l'éventualité de son entrée dans un monastère. Il entra effectivement au monastère de Hautcrêt; c'est là qu'il composa, en 1480, *le congiéprins du siècle seculier,* que les auteurs de la *Bibliotheca Cisterciensis* qualifient d'ouvrage remarquable, *insigne opusculum.*

L'auteur commence son œuvre ainsi :

Qui savoir veult dont est le parsonnage
De Losanne fut une fois natif
Jacques est dit de Bugnin de bon aage
Qui jadis fut assez momatif
De Sainct Martin de Vaulx appeltatif
Il fut curé et d'autres benefices
A possédez sans estre accusatif
Et aussi de plusieurs dignes offices.

Plus loin le poète s'excuse de son style :

Aux entendans et maistres de facteur
Praticiens dart imaginative
Lacteur commet la métrificature
A corriger sellestoit defective
Car du dicteur la langue nutritive
Partir premier du pays de Savoye
Ne meprisez pourtant sa traditive
Car elle peut porter confort et joye.

Enfin nous connaissons jusqu'au jour où le poète mit la dernière main à son œuvre :

De la veille du benoist Saint Martin
L'an mil estant quatre cens et octante
Dedans juillet fut parfaicte la fin
De cest euvre a plusieurs ignorante
Par ung prieur converty en sauvage
Tenant propos selon le temps courant
En la forest de tamy cest ouvrage
Fut accomply layde Dieu concurrant.

(FAVEY, *Supplément. Haut-Crêt.*)

Ces vers jouirent d'une grande vogue; on en connaît cinq éditions différentes, dont deux à la Bibliothèque nationale à Paris.

Le curé fit son voyage à Rome après avoir fait son testament, et il revint à Haut-Crêt pour revêtir l'habit de Cîteaux; c'est après sa profession qu'il commença son œuvre poétique. L'année de sa mort n'est pas indiquée.

Il fut curé de S.-Martin de 1466 (*grosse*) jusqu'à son départ pour Rome vers 1476. A son retour, il ne rentra probablement pas dans sa cure.

C'est une illustration que M. Favey nous a fait connaître. Soyons reconnaissants.

1481. **Guido Vinter,** curé et habitué de la cathédrale de Lausanne.

1490. **Nicod Morier,** vicaire.

1490. **François Michaud,** vicaire.

1502. **Pierre Cuydeti,** vicaire à S.-Martin. Il écrit le testament d'Antoine de Gruyère, seigneur d'Aigremont, fait à Mauborget (*in malo Borgeto*), aujourd'hui paroisse du Crêt, le 18 mai 1502. Le seigneur Antoine possédait le Mauborget et il y résidait lorsqu'il y fit son testament. Cette petite localité était alors dans la paroisse de S.-Martin. (*M.* et *D.*, XXIII, p. 178.)

1506. **Jean Gaillardi,** curé. (*Man. à la Biblioth. de Lausanne, institution aux bénéfices.*)

1515-1528. **Philibert de Praroman,** curé et chanoine de Lausanne; il mourut en 1528. Après sa mort, l'Evêque nomma Aymon Guilloti curé de S.-Martin. Jean, comte de Gruyère et seigneur d'Oron, qui avait la garde de cette cure en cas de vacance, envoya son représentant Humbert Bally à S.-Martin, protester contre cette collation faite sans son consentement. (*M.* et *D.*, XXIII, p. 239.)

1528-1542. **Aymon Guillioti,** curé et chapelain à Lausanne. Le 1er avril 1534, Claude Denisat, curé d'Arconciel, Aymon Guillioti, curé de S.-Martin, et Jean Moreti, curé de Berchiez, achètent au nom des chapelains de la cathédrale 1/2 pose de vigne. Aymon Guilloti lutta pour la conservation de la foi à S.-Martin ; la paroisse lui doit de la reconnaissance. (Voir *Réformation.*)

1542-1555. **Loys Velet** ou **Volet,** curé. En 1538, il était à Promasens ; il fut nommé curé de S.-Martin par le gouvernement de Fribourg, mais avec la condition de payer chaque année, à Noël, 100 livres pour les frais de la fête des Rois à Fribourg. (*Compte des trés. Fontaine,* vol. XXIII.) Ce curé vécut aussi dans les temps pleins de difficultés de la Réforme ; il est resté inébranlable dans la foi de ses pères. Il est probablement mort en 1557, date de la nomination de son successeur.

1557-1570 ou 1574. **François Genillod,** de Bulle, curé, nommé par le Conseil de Fribourg.

1574-1594. **François Pittet,** curé, élu comme le précédent par l'Etat. Il eut des difficultés avec ses paroissiens en 1579 ; la paroisse avait fait blanchir l'église et il s'était offert, disait-on, à contribuer à cette dépense, mais il niait ces faits. L'affaire fut portée devant l'avoyer à Fribourg, qui le condamna à payer les 20 florins que la paroisse réclamait (*Arch. cent. Rathserb.,* 15), 24 septembre 1579.

1595-1596. **Denis Dardin,** curé; **Pierre Fagne** fut son vicaire. (Cottet, notaire.)

1596-1602. **François Clerc,** curé. (Perriard, notaire.) Il est originaire de Vuisternens-devant-Romont. Par acte du 17 février 1602, il reconnaît devoir à Guillaume Meille, gouverneur de la paroisse de S.-Martin, le prix d'un calice d'argent « par accord et ordonnances sur ce faite par Nos souverains Seigneurs et Princes de Fribourg. » Il avait déjà quitté S.-Martin en 1602. Il eut aussi des difficultés avec la paroisse pour des réparations du chœur et à cause du vicaire qu'il ne voulait pas garder à ses frais.

1601-1606. **Jean Palléon,** curé, originaire d'Estavayer-le-Lac. En 1601, étant déjà curé, il acheta deux chars de vin de Gamaliel de Tavel.

1607. **Nicod Vautheyr** (Vauthey). J'ignore l'époque de son départ ou de sa mort. **Pierre Gillier** ou **Gillet** fut son vicaire.

1615. **Jacques Philipona,** curé. (Ropraz, not.)

1620-1626. **François Vionnet,** curé, décédé le 9 avril 1626.

1626-1640. **Antoine Morel,** curé, d'Estavayer-le-Gibloux, décédé à S.-Martin le 29 octobre 1640.

1640-1649. **Jean-Georges Perriard,** curé, décédé le 22 mai 1649.

1649-1695. **Claude Dematraz,** de Broc, curé, décédé le 30 novembre 1695.

1695-1710. **Etienne Beaufrère,** de Cerniat, curé, mort le 9 mai 1710.

1710-1729. **Benoît Perrotet,** de Domdidier, mort le 5 avril 1729.

1729-1754. **Pierre Dupaquier,** curé-doyen, originaire de Sales, décédé le 13 décembre 1754.

1755-1757. **Blaise Clerc,** de Vuisternens, vicaire pendant quinze ans, curé pendant deux ans, décédé le 27 mai 1757.

1757-1766. **Pierre-Nicolas Dutoit,** de Villars-le-Terroir, décédé le 13 février 1766.

1766-1779. **François Vaulbourg,** de Besencens ; il fit une partie de ses études à Paris. En 1779, il renonça au bénéfice moyennant une pension de trois louis d'or, un sac de froment, deux d'avoine, et, s'il devenait impotent, le curé devait le nourrir. (Voir *Chavannes-les-Forts.*)

1779-1813. **François-Nicolas Dutoit,** de Villars-le-Terroir, décédé le 12 mars 1813, âgé de soixante-sept ans, curé et doyen.

1813-1840. **Jean-Baptiste Dosson,** de Fétigny, curé. Il a quitté S.-Martin en 1840 et fut nommé curé de Fétigny ; il était frère de l'abbé d'Hauterive du même nom.

1840-1855. **Pierre Corboud,** d'Estavayer.

1855-1871. **Jean-Joseph Moullet,** de Torny, décédé le 15 mai 1871 ; il fut pendant plusieurs années jésuite. L'église a été construite sous sa direction.

1871. **Alexandre-Joseph Cadre,** d'Estavayer-le-Lac, né le 12 mai 1842, ordonné le 24 février 1866, vicaire à Châtel-S.-Denis, curé à Rueyres-les-Prés en 1868, à Gletterens en 1869, à S.-Martin en 1871.

SAINT-SYLVESTRE

Saint-Sylvestre, Sanct-Sylvester.

Patron : S. Sylvestre (31 décembre).

Altitude : Eglise 889 (le recensement de 1888 porte 849). Auf der Büchli 815, Fschupru 792, Muschels 790.

Statistique 1888.

NOMBRE		ORIGINE				CONFESSION		LANGUE		
De maisons.	De ménages.	Bourgeois de la commune.	Bourgeois d'une autre commune.	Bourgeois d'un autre canton.	Etrangers.	Catholiques.	Protestants.	Français.	Allemands.	Total de la population.
96	122	402	162	25	2	578	17	27	568	584

Nombre des contribuables, 175.
Immeubles imposables, 731,327 fr.
Capitaux, 44,202 fr.
Produit de l'impôt des fortunes, 1,817 fr.
Impôt sur l'industrie, 1,896,75 fr.
Dépenses pour l'assistance des pauvres, 1,877 fr.
Fonds d'école, 14,596 fr.
Nombre d'élèves, 57.

Cette paroisse, détachée de Chevrilles et antérieurement de Marly, se trouve séparée du district allemand par la Gérine. On y arrive aujourd'hui par une bonne route et un pont sur la rivière. L'église, placée sur un monticule, domine toute la contrée et l'on jouit de là d'une vue très belle et très étendue. Les maisons ne sont pas groupées en village, mais éparses du pied de la montagne au sommet. La contrée est très intéressante sous le rapport géologique. Elle s'appelait primitivement Balsingen.

Saint-Sylvestre ou Balsingen, est cité dans des actes entre les années 1146 à 1173. Le territoire appartenait en partie aux ducs de Zœringen, recteurs de la Bourgogne transjurane, et en partie aux comtes de Neuchâtel, seigneurs d'Arconciel. Les Zœringen donnèrent à la ville qu'ils venaient de fonder la forêt du Burgerwald ; les seconds abandonnèrent au couvent d'Hauterive le bas de la montagne jusqu'à la Gérine.

Le nom de Balsingen, ou Balsingin, est le nom de la localité avant l'établissement d'une chapelle dédiée à S. Sylvestre ; le nom de S.-Sylvestre est donc antérieur à la donation de Rodolphe d'Arconciel. N'est-ce pas un indice qu'un culte païen existait au sommet du monticule de Balsingen et que l'Eglise, ou le curé de Marly, y fit établir un édifice religieux dédié à S. Sylvestre, pour détourner les populations des environs du culte païen et les amener à rendre à Dieu seul le culte d'adoration et les hommages qui en découlent ?

Il est impossible d'expliquer la signification du mot Balsingen ; les noms, par leur transformation et prononciation en différentes langues ou langage populaire, ont souvent trop changé de forme pour qu'on puisse en découvrir l'étymologie.

Entre les années 1146 et 1148, Rodolphe d'Arconciel donna au monastère d'Hauterive tout ce qu'il possédait au territoire de S.-Sylvestre, ou de Balsingen, à l'exception d'une rente de 8 deniers, dite du manteau (*mantellum*, rente destinée à l'entretien des remparts ou des fortifications). Il lui donna encore des droits royaux et tout ce qu'il pourrait défricher et cultiver. Les témoins de cet acte furent Jean, prêtre de Marly, Pierre Dioscophorus et Jean major d'Arconciel, soit gouverneur. (*Arch. d'Hauterive, lib. donat.*, p. 46.)

Cette donation ayant été contestée, les mêmes témoins affirmèrent avec serment la vérité du premier acte, qui fut confirmé en présence de plusieurs seigneurs, vers 1173. (*Arch. soc. d'hist.*, vol. VI, p. 77.)

Le pape Innocent III, en prenant sous sa protection le couvent d'Hauterive, par bulle du 25 juin 1198, confirma à cette abbaye la possession de la grange de S.-Sylvestre et de toutes ses appartenances. (*Haut.*, tir. III, n° 5 *Bullaire*.)

Berthold, seigneur de Neuchâtel, fait connaître, en 1240, à l'avoyer de Fribourg, qu'il avait confirmé au couvent d'Hauterive tout ce que lui et ses prédécesseurs lui avaient donné. (*Bull.*, p. 59.) Six ans après cet acte, le même seigneur, après avoir entendu des témoins, déclare, le 25 avril 1246, que le mont sur lequel était construite la chapelle de S.-Sylvestre appartenait à Hauterive, et qu'on l'avait dépouillé injustement de cette possession ; il affirme que la chapelle avait été bâtie par un religieux convers d'Hauterive, et, qu'ensuite de réclamations faites autrefois par l'abbé Hugue de Jegistorf, il avait déjà ordonné la restitution de cette chapelle et d'un chemin contigu ; mais il déclare maintenant que l'abbé et son couvent sont propriétaires réels du mont. (*Arch. d'Haut.*, 2 rep. sup. n° 18. *Bull. d'Hauterive* ou *Col. dipl.*, p. 63.)

Quel était le ravisseur des biens d'Hauterive? Berthold ne prononce pas le nom du coupable, mais il faut probablement le chercher dans son entourage. Le curé de Marly s'était aussi injustement emparé de la chapelle. Berthold, en 1246, le condamne à la restituer; mais il paraît qu'il résista à cette injonction, car nous voyons qu'en 1263 cette affaire fut remise à un arbitrage composé d'ecclésiastiques, qui condamnèrent de nouveau le curé de Marly, l'obligèrent d'abandonner la chapelle et de la rendre au monastère d'Hauterive. (*Id.*, rep. n° 28.)

L'arbitre fut l'abbé de Mont-Marie, et l'acte fut rédigé par D. Jean Murie, moine à Hautcrêt (*Id.*), 1263.

Dans le mois de mai 1337, Itha, veuve de Pierre Zegelly, de Fribourg, fit un don de 4 livres de rente à la confrérie du S.-Esprit; cette rente se prélevait sur une propriété d'Hauterive, près de la chapelle de S.-Sylvestre, paroisse de Marly, dans la vallée de Scherlion (Chevrilles). (*Arch. de l'hôpital.*)

Il est presque certain que, dès l'origine, cette chapelle devint un lieu de pèlerinage très fréquenté, et que les gens s'y rendaient de tous les environs ; des rassemblements nombreux s'y formaient quelquefois et se terminaient par des rixes, des batteries et des assassinats. C'est à la suite d'un rassemblement, sous prétexte de pèlerinage, qu'un certain Burinus Angster fut gravement blessé par les frères Notz et Turlin, de Gougisberg; ils furent condamnés, en 1398, à de fortes amendes que J. de Pont, vicaire de Marly, fut chargé de retirer en présence de

Jean Favre, curé de Marly, de Pierre de Berwerschen, curé de Gougisberg, et de Nicolas d'Ependes, prêtre. Fait le 8 juin 1398. (*Arch. cant. not.* n° 12, p. 194.)

L'année 1217, le couvent d'Hauterive fit un accord avec le chevalier Berthold de Dirlaret au sujet de la dîme de S.-Sylvestre. (*M.* et *D.*, XIX, p. 198.)

Les luttes ne finiront pas, mais elles prendront une autre forme ; les difficultés éclateront entre les différents villages et le curé de Marly. Le curé Gilles, de Bennewyl, luttait pour obtenir le casuel, les aumônes et les offrandes que les fidèles apportaient à S.-Sylvestre pour la bâtisse et le luminaire de la chapelle. Le curé et les paroissiens ne pouvant arriver à une entente, l'avoyer de Fribourg intervint et prononça la sentence suivante, le 16 juillet 1472 : « 1° Les gouverneurs d'église ont le devoir de veiller à l'entretien de la chapelle, de la lampe, et de faire les réparations nécessaires, avec le conseil du curé ou de son vicaire. Ils pourront dans ce but quêter en dehors de la chapelle. 2° Les dons, aumônes, qui ne seront pas donnés pour la bâtisse (pour la fabrique) et le luminaire, appartiendront au curé de Marly. « (*Arch. de S.-Nic. Marly,* n° 25.)

Pendant le XVI° siècle, la question des offrandes continuera de troubler la contrée et d'entretenir la division entre le curé et les gens de S.-Sylvestre et de Chevrilles. Ceux-ci voulurent se séparer de Marly qui fit naturellement opposition. En 1530, S.-Sylvestre et Chevrilles refusaient de contribuer aux réparations de l'église de Marly, vu qu'ils avaient deux autres églises à réparer et à conserver.

Sous date du 30 décembre 1592, D. Pierre Schneuwly, Vicaire général de l'évêché de Lausanne, ordonna aux fidèles de S.-Sylvestre qui, sous prétexte d'un impôt pour la bâtisse de la chapelle, avaient en partie soustrait l'argent des offrandes appartenant au curé de Marly, de restituer la moitié de cet argent, sans délai, et de donner l'autre moitié au sacristain. (*Arch. de S.-Nic. Marly.*)

La sentence du Vicaire général fut confirmée par le Conseil de Fribourg, mais avec une légère modification en faveur du sacristain. (*Manuel.,* 11 janv. 1593.) Le conflit ne fut pas terminé. Le 11 janvier 1595, les parties furent renvoyées devant le Vicaire général et le conseiller Krumenstoll, qui ne parvinrent pas à clore les débats. La paroisse de Marly était trop étendue, le curé avec un vicaire ne suffisait pas à l'administration des sacrements; elle comprenait toute la paroisse de Marly actuelle avec celles de Chevrilles et de S.-Sylvestre; une séparation devenait nécessaire pour mettre fin à tous les débats et plaintes du curé et des paroissiens. Le Vicaire général prononça la séparation, le 18 mai 1630, et, le 10 juin de la même année, le Conseil souverain porta le décret suivant :

« L'Avoyer et Conseil... savoir faisons que jusqu'à présent le curé de Marly a administré le service divin de l'église de Chevrilles et du quartier d'en haut du côté du Cousimberg et du Burgerwald (S.-Sylvestre); qu'il a pareillement desservi l'église supérieure de S.-Sylvestre; que dans ce but il a dû entretenir et payer un vicaire ou primissaire spécial, qui a fait son possible; mais qui a souvent dû être changé, ce qui a causé des embarras; que l'Etat ne peut pas permettre plus longtemps dans une paroisse aussi étendue, composée de maisons et de villages disséminés à tel point que des personnes malades peuvent être privées des sacrements et les enfants du baptême. Les fidèles de Chevrilles nous ont fait la demande de séparation en se fondant surtout sur ce que le nombre des paroissiens qui ressortiront de l'église de Chevrilles sera une fois plus grand que celui des paroissiens qui continueront à dépendre de Marly, que quelques-unes de leurs localités sont distantes de trois lieues de l'église de Marly, ce qui est défendu par les canons de l'Eglise. Aussi les fidèles de Chevrilles nous ont-ils demandé pour l'honneur de Dieu et l'amélioration du service divin de leur venir en aide pour l'établissement d'une cure particulière pour leur grande église filiale; nous avons sur leurs pressantes prières délégué quelques-uns de nous pour en conférer avec M. le Vicaire général et après examen fait et malgré l'opposition du Grand et du Petit Marly, nous avons autorisé ceux de Chevrilles à aller de l'avant de telle manière que d'après l'avis du Vic. général et de notre délégation, la partie supérieure qui, au reste, a toujours eu une église et un service divin à Chevrilles soit affranchie de tout devoir envers l'église paroissiale de Marly; aura son culte à Chevrilles, paiera à son nouveau curé un revenu annuel de 100 écus bons à prendre sur les anciennes fondations, sans le casuel; entretiendra les deux églises de Chevrilles et de S.-Sylvestre sans contribution de la part de ceux de Marly. Le nouveau curé aura part aux revenus communs, pâturages, bois, comme les autres communiers. On lui acquittera les charrois, les corvées de charrue et autres, les naissants, les prémices, les novales et autres devoirs. Par contre le curé acquittera non seulement les anciennes fondations de Chevrilles et de S.-Sylvestre, mais encore tous les autres devoirs pastoraux. Donné le 10 juin 1630. » (*Arch. cant. Rathserb.*)

La séparation ne fit pas disparaître l'esprit de chicane; on dirait que ce démon avait établi son siège dans la montagne sans cependant abandonner la plaine.

L'entretien des deux églises de Chevrilles et de S.-Sylvestre et de deux prêtres, l'un à Chevrilles et l'autre à S.-Sylvestre, devint le prétexte de nouvelles difficultés. Le 13 décembre 1668, les délégués des trois quartiers de Chevrilles, Neuhaus, Tinterin, se plaignent au Conseil de Fribourg des troubles que l'établissement d'un chapelain à S.-Sylvestre cause entre eux et le quartier de S.-Sylvestre, et demandent le maintien de la situation antérieure. Les délégués de S.-Sylvestre répondent que l'établissement d'un chapelain a été trouvé nécessaire par Mgr Strambin.

Messieurs du Conseil trouvent aussi que la présence d'un prêtre à S.-Sylvestre est nécessaire et établissent une commission qui, d'entente avec l'Evêque, cherchera les moyens d'établir définitivement un bénéficier à S.-Sylvestre. (*Man.*)

Le 16 mai 1669, les trois quartiers inférieurs insistent de nouveau auprès du Conseil contre l'établissement d'un chapelain. Les délégués du quartier de Muschels, où se trouve la chapelle, demandent communication du mémoire des autres quartiers pour y répondre. Toutes ces demandes sont renvoyées à la commission établie antérieurement pour terminer les difficultés. (*Man.*, n° 220.)

En décembre 1669, les délégués des trois quartiers inférieurs de Chevrilles représentent au Conseil de Fribourg les inconvénients de l'institution d'un chapelain à S.-Sylvestre, et demandent, en vertu de leurs actes et d'un ancien usage, de leur laisser l'argent des offrandes de la fête de S.-Sylvestre. Les délégués du quartier de Muschels objectent qu'ils ont été cités trop tard, qu'ils n'ont pas demandé le chapelain, mais que c'est Mgr l'Evêque lui-même qui en a trouvé l'institution nécessaire dans sa visite pastorale; c'est du reste à Sa Grandeur qu'appartient l'adjudication de l'argent des offrandes. Le Conseil, sous date du 30 décembre 1669, ne veut rien savoir des anciens actes invoqués par les instants; par conséquent, l'argent des offrandes sera perçu et distribué par le Baumeister élu par les quatre quartiers, comme cela a été usité jusqu'à présent et reconnu par la commission. Pour le cas où le quartier de Muschels ait quelque chose à réclamer, il pourra comparaître après le 20 janvier. (*Man.*)

La paix ne fut pas rétablie, malgré les efforts de l'Evêque et du Conseil; celui-ci porta une longue sentence, le 19 juin 1670; elle devait résoudre toutes les difficultés, ramener la tranquillité dans la contrée et préparer une ère nouvelle.

Sentence du Conseil de Fribourg, du 19 *juin* 1670.

« Nous l'Avoyer et Conseil faisons savoir que dans le long procès survenu entre les trois quartiers de Chevrilles, Tinterin et Neuhaus d'une part, et celui de Muschels d'autre part, au sujet de l'érection de la chapellenie de S.-Sylvestre, nous avons prononcé et sentencié :

« 1° Le chapelain se contentera du traitement et des revenus qu'il possède actuellement et qui pourrait être augmenté par la suite des temps par des personnes pieuses et généreuses et des offrandes qui seront faites à la chapelle de S.-Sylvestre, selon ce qui est déclaré çi bas, sans que ni les quartiers inférieurs ni le supérieur n'ayent rien à réclamer. Mais si on ne pouvait trouver aucun prêtre qui voulût se contenter de ces revenus, la chapellenie sera supprimée et on rétablira le sacristain qui existait autrefois à teneur des lettres de 1641 (institution canonique de la paroisse de Chevrilles) et de 1496.

« 2° Au cas où la dite chapellenie puisse subsister, les jurés du quartier de Muschels rempliront envers le curé et la paroisse de Chevrilles tous les devoirs contenus dans l'acte du 10 mai 1641 séparant Chevrilles de Marly, et le curé exercera perpétuellement tous les autres droits que lui confère le dit acte, sous réserve qu'il ne percevra que le tiers de la viande qui sera à l'avenir donnée en offrande à S.-Sylvestre et qu'il renoncera à toute autre offrande.

« 3° La dîme de fabrique (Burrzchenden), tous les autres casuels et revenus que la paroisse perçoit et percevra à l'avenir serviront à l'entretien de l'église et de la cure et au paiement des différents frais imposés par ordre du gouvernement à la paroisse. Si ces rentes ne suffisaient pas, les quatre quartiers supporteront leur quote-part comme anciennement.

« 4° Le quartier de Muschels aura seul droit aux revenus de la chapelle de S.-Sylvestre, qui appartiendront à la fabrique de cette chapelle ; ce revenu servira à son entretien.

« 5° Le quartier de Muschels supportera sa part des dettes de la paroisse envers l'hôpital de S.-Jacques, la cure de Marly et les autres dettes qui pourraient se trouver.

« 6° Les revenus des trois dernières années de la chapelle de S.-Sylvestre serviront à construire la maison du chapelain ; si cela ne suffit pas, les trois quartiers inférieurs paieront la moitié de la différence et le quartier de Muschels l'autre moitié ; mais pour les constructions et les réparations futures, elles seront supportées entièrement par Muschels, soit le quartier supérieur. Bien entendu que ce qui appartient à la chapellenie lui restera en toute propriété. Ce quartier aura seul le droit de nommer le baumeister et le gouverneur d'église de S.-Sylvestre aussi longtemps que la chapellenie existera.

« En ce qui concerne les griefs du chapelain de S.-Sylvestre envers le curé de Chevrilles en matière ecclésiastique, on les renvoie au juge ecclésiastique ; mais ce qui touche au petit bien qui appartient à toute la paroisse et dont jouissaient les sacristains de S.-Sylvestre, ce sera le chapelain qui en jouira aussi longtemps que la chapellenie existera. Donné le 19 juin 1670. » (*Man.*, n° 221, p. 303 ; et *Rathserkantnusbuch*, n° 30.)

Les difficultés et procès surgiront maintenant entre Chevrilles et S.-Sylvestre. L'intérêt matériel sera ordinairement le mobile, la cause de ces démêlés ; le curé de Chevrilles portait envie au pèlerinage de S. Sylvestre et voyait de mauvais œil l'établissement d'un chapelain dans cette localité, croyant que c'était une entrave à son église ; aussi il cherchait à empêcher tout ce qui pouvait favoriser la chapelle de S.-Sylvestre.

Dans le mois de juillet 1702, le R. P. Joseph, Cordelier, fut appelé par le chapelain pour prêcher; le curé, qui ne permettait pas les grand'messes et les sermons à S.-Sylvestre, l'interrompit au milieu du sermon, au scandale du public. Le Conseil de Fribourg trouvait que, pour éviter ces troubles, il vaudrait mieux que la chapellenie de S.-Sylvestre fût totalement séparée de Chevrilles; il nomma une commission composée des MM. Fivaz, Maillardoz, Féguely et Montenach pour conférer avec l'Evêque et obtenir promptement cette séparation. (*Man.*, 253.) Monseigneur admit la nécessité d'une séparation et promulgua un mandement pour déterminer la manière de l'opérer. Dans le mois d'août, le Conseil adhéra pleinement aux prescriptions et ordres de l'Evêque et les fit publier officiellement dans les trois quartiers inférieurs. Dans le mois de décembre de la même année, une opposition se manifesta; le conseiller Vonderweid s'en fit l'organe. Il affirma que cette question avait déjà été agitée trente-deux ans auparavant, qu'elle avait été liquidée par Mgr Strambin sous l'approbation du Conseil et que la séparation avait été éventuellement prononcée, pourvu qu'elle ne fût pas préjudiciable aux opposants. Vonderweid considère les quelques membres de cette commission comme intéressés dans cette affaire et incapables de la juger. La division dans le Conseil arrêta le projet de séparation jusqu'en 1777.

L'église de Chevrilles était devenue insuffisante, on prévoyait une forte dépense pour la paroisse, obligée de construire une nouvelle église. Pour éviter des frais, S.-Sylvestre renouvela la demande de séparation des trois autres quartiers. Les tiraillements durèrent pendant dix ans, et de nombreuses commissions, chargées d'amener la paix, reconnurent l'inutilité de leurs efforts. L'Avoyer et Conseil décrétèrent, le 25 février 1788, que la séparation ne pouvant s'effectuer, la construction et l'entretien de l'église, de la cure et de leurs dépendances doivent incomber aux trois quartiers inférieurs, au moyen du produit de la dite *Baustoch* et *Bechetzend* et des donations; mais, au cas d'une construction totale, ces produits ne suffiront pas, ce qui manquera sera payé, les quatre cinquième par les quartiers inférieurs, et un cinquième par Muschel, ou S.-Sylvestre. (*Rathserb.* 35.)

La séparation, qu'on demandait depuis si longtemps, fut

enfin accordée en 1859, et S.-Sylvestre fut érigé en paroisse sous diverses conditions. (*Reg. des arrêtés,* n° 62.)

Le R. P. Mauron, afin de propager dans sa patrie le culte de *Notre-Dame du Perpétuel-Secours*, fit faire par un habile peintre une copie de l'image ou tableau miraculeux, retrouvé à Rome, qu'il envoya à l'église de S.-Sylvestre en 1873. Il fut bénit et exposé à la vénération des fidèles, le 3 août 1873, par M. Cosandey, supérieur du Séminaire. Le P. Mauron obtint du Souverain Pontife et à perpétuité une indulgence plénière pour le 24 mai, jour où l'Eglise célèbre la fête de Notre-Dame de Bon-Secours, et le dimanche suivant.

La chapelle.

Il est probable qu'un oratoire, ou petite chapelle, fut construit au sommet du monticule avant 1173, car l'acte de cession fait à Hauterive, entre 1146-1173, prouve que la localité s'appelait Balsingen ou S.-Sylvestre.

Un frère du monastère d'Hauterive construisit une chapelle dédiée à saint Sylvestre. L'année de cette bâtisse n'est pas donnée, et aucune description ne nous fait connaître les dimensions de l'édifice. C'était la seconde chapelle qui favorisa le culte rendu à saint Sylvestre. Elle était certainement bien modeste, mais elle attira bientôt des pèlerins des environs et devint célèbre dans la contrée. L'établissement d'ermites et de béguines favorisa aussi le pèlerinage, qui remonte au moins au XIIIe siècle.

Une nouvelle chapelle fut construite, en 1488, ou du moins l'ancienne réparée et agrandie ; le Conseil de Fribourg donna une gratification de 20 Livres à ceux de Marly pour la bâtisse de la chapelle de S.-Sylvestre. (*Comptes des trés.*, 172.)

La paroisse fit des réparations à la chapelle vers 1577 ; Messieurs du Conseil accordèrent 4 plantes de la forêt du Burgerwald pour les réparations de l'église de S.-Sylvestre. C'est à cette occasion que la commune de S.- Sylvestre, s'étant emparée des offrandes dues au curé de Marly, fut condamnée à la restitution par le Vicaire général Schneuwly.

Le 11 janvier 1593, le Conseil confirma la sentence du Vicaire général, et, le 26 juillet, il accorda encore 6 plantes de bois pour la construction de l'église S.-Sylvestre. Il est difficile de déterminer s'il s'agissait de bâtir une nouvelle chapelle ou de réparer l'ancienne. Le clocher fut construit en 1606; le Conseil de Fribourg accorda pour cette bâtisse 7 à 8 plantes. (*Man.*, n° 157.) La toiture de la chapelle fut refaite en 1679 ; le Conseil accorde encore 30 plantes de sapin.

La commune de S.-Sylvestre a été séparée de la paroisse de Chevrilles en 1859, et érigée en paroisse ; ce changement obligea les nouveaux paroissiens à construire une nouvelle église plus spacieuse que l'ancienne. Elle a été consacrée le 3 juin 1866, et l'anniversaire de la dédicace fixé au cinquième dimanche après Pâques.

C'est ainsi qu'au milieu de tant de luttes S.-Sylvestre s'est développé. Cette localité possède maintenant une jolie église ; le culte du vrai Dieu a remplacé celui des idoles, la superstition a disparu.

Les reclus et recluses de S.-Sylvestre.

Les documents des XVe et XVIe siècles parlent fréquemment de reclus et recluses dans différentes localités du canton où les pèlerins accouraient ; c'étaient simplement des ermites, vivant seuls près d'une chapelle, ou d'un oratoire public. Ces reclus ou recluses vivaient d'aumônes que le peuple leur apportait et menaient une vie très édifiante ; mais on rencontre aussi quelques abus.

La chapelle de S.-Sylvestre eut des ermites des deux sexes, dès le commencement du XVe siècle. La première est une sœur Anna, dont Jean de Duens était tuteur. Elle avait prêté de l'argent à noble Barthélemy de Grenilles, qui ne rendait pas cette somme. Son tuteur fit expédier un monitoire avec menace d'excommunication pour l'obliger à payer. Ce monitoire fut publié dans les églises de Treyvaux et d'Arconciel.

Barthélemy promit de tout rembourser ; c'était en 1408. (*Arch. cant. not.* N° 35.)

Quelques années après, l'ermitage était occupé par une ermite Migna. Une plainte fut portée contre elle en Cour de Lausanne par le curé de Marly ; il disait qu'elle s'était installée dans l'ermitage de S.-Sylvestre, dit reclusage, sans autorisation du curé et quasi clandestinement. L'official de Lausanne porta une sentence qui l'obligeait à quitter immédiatement l'ermitage.

L'abbé d'Hauterive, au nom de son couvent qui avait fondé la chapelle de l'ermitage, réclama contre cette sentence, le 13 janvier 1430. L'abbé questionna onze prud'hommes des environs et entendit leurs dépositions. Tous déclarèrent, et sous la foi du serment, que le prédit ermitage existait depuis très longtemps et qu'il avait été fondé par Hauterive; que l'ermite, ou recluse Migna, vivait d'aumônes et menait une vie exemplaire, qu'elle n'était nullement à charge à l'église de Marly et ne lui causait aucun tort; au curé ils déclarèrent encore que, étant très éloignés de l'église paroissiale et privés de tout culte divin dans cette chapelle, les continuelles prières de Migna leur étaient très utiles. Pendant les orages, elle sonnait la cloche de la chapelle et priait nuit et jour pour détourner les malignes influences des puissances aériennes et des démons. Les témoins déclarèrent, enfin, que l'ermite Migna avait été installée dans cet ermitage par le prédécesseur du curé actuel.

Sur ces informations, l'official de Lausanne cita les parties et leur assigna un jour pour terminer cette difficulté, mais sans succès. Enfin, au nom de l'Evêque, il pria l'abbé de lui faire connaître les droits de son couvent sur cet ermitage. (*Arch. d'Haut.* 2 *supl.*)

La difficulté ne fut pas terminée; elle apparaît de nouveau, en 1439. Le curé de Marly se plaint de ce que l'abbé a placé dans la chapelle de S.-Sylvestre, paroisse de Marly, une béguine qui, au lieu de lui rendre compte des offrandes, les gardait et les employait à son usage, faisait des quêtes dans le voisinage sans son consentement et à son préjudice.

L'abbé niait ces faits. On convint enfin de tout remettre à l'arbitrage d'Antoine de Prés, chantre et Vicaire général de Jean de Prangins, évêque de Lausanne. Il prononça, le 18 mars 1438 (1439), la sentence suivante, signée par Humbert de Fluvio, notaire : « 1° La prédite béguine, ou recluse, pourra rester au prédit lieu pendant sa vie, mais sa servante quittera avant la Pentecôte; la béguine doit promettre par serment de rendre un compte fidèle des offrandes faites par les fidèles et de les passer au curé. 2° Le curé et ses successeurs auront seuls le droit de placer à S.-Sylvestre des béguines. 3° Les offrandes faites au dit lieu seront destinées au luminaire et à la lampe de la chapelle, le surplus reviendra au curé. » (*Arch. de S.-Nicolas. Marly*, n° 13.)

Tout ce conflit était soulevé à l'occasion de la béguine Migna par le curé de Marly, Dufour. Pour nous, et à quatre sièles de distance, c'était une tempête dans un verre d'eau qui dura dix ans.

En 1453, l'ermitage est occupé par l'ermite Hugues ; l'Etat lui fait des aumônes.

En 1466, nous trouvons de nouveau une ermite, c'est Jeannette Kurtzman. Le curé de Marly, Julien de Bennenwyl, lui permet de rester dans l'ermitage pendant toute sa vie ; mais les épargnes qu'elle fera resteront à la chapelle. Si des plaintes contre elles étaient portées par les paroissiens, le curé pourra l'éloigner. 2 août 1466. (*Arch. cant. not.* N° 34.)

Jacob Ferwer se fait ermite à S.-Sylvestre ; l'Etat lui fait don de 4 1/2 aunes de drap. (Juin 1473.)

En 1494, Heintz von Hus, ermite à S.-Sylvestre, fit un petit héritage de l'enfant de sa sœur, provenant de Pierre Kremen, lépreux à Bourguillon.

Depuis ce moment, je ne rencontre aucun document sur cet ermitage ; il existait encore pendant une partie du XVIe siècle.

Illustrations.

Mgr *Cosandey* est né, en 1818, à la Scheur, près de S.-Sylvestre, mais sa famille est originaire du hameau Halten, commune de S.-Ours, paroisse de Tavel. Ses études commencées à S.-Sylvestre, chez les PP. Rédemptoristes, furent terminées au collège Germanique à Rome, où il obtint les grades de docteur en philosophie et en théologie ; ordonné prêtre le 18 décembre 1841, il rentra dans sa patrie et fut nommé vicaire à Guin, chanoine de S.-Nicolas en 1843, supérieur du Séminaire en 1858, évêque de Lausanne en 1879 ; il est décédé à Fribourg le 5 octobre 1883. — Voir *Le sacre et la réception de Mgr Cosandey, évêque de Lausanne* (Fribourg), 1880 ; *Seine Gnaden Dr Christoph Cosandey, Bischof von Lausanne ;* von

F. X. Spicher. Pfarer Dekan in Heitenried (Fribourg 1883); *Etrennes fribourgeoises,* 1883.

Le R[me] P. *Nicolas Mauron* est originaire de S.-Sylvestre. Il est né le 7 janvier 1818. On vit de bonne heure se révéler en lui ces belles qualités du cœur et de l'esprit qui, dans les vues de la Providence, devaient le conduire au poste distingué qu'il occupa. Il fit ses études au Collège de Fribourg; vers la fin de ses études philosophiques, il entra dans la Congrégation des Rédemptoristes ; c'était en 1836, à l'âge de dix-huit ans. Après avoir achevé ses études avec grand succès, il fut successivement chargé d'enseigner la philosophie et la théologie. Il donna dès lors des preuves de l'étendue et de la solidité de son esprit. En 1847, lors des événements du Sonderbund, il était à Fribourg préfet des scolastiques. Obligé de quitter la Suisse pour suivre sa vocation, il se retira à Contamine-sur-Arve, en Savoie, où il exerça les mêmes fonctions. Peu après, les études ayant été transférées provisoirement dans une autre province, le P. Mauron fut envoyé dans le département du Bas-Rhin et, six mois après, il était nommé supérieur de Laudser (Haut-Rhin). En 1851, il est nommé provincial. Le 2 mai 1855, il est élu général de toute la Congrégation. Ce fut le premier général des provinces transalpines, et, par décision du S.-Siège, le général se fixa à Rome ; jusque-là, il résidait à Naples. Il est décédé à Rome le 13 juillet 1894.

Faits divers.

Un dom Georges Montenach avait légué au bénéfice de S.-Sylvestre 20 écus pour l'application de 12 messes, soit une rente de 72 fr. à prélever sur le domaine et propriété de Tscherlou. Cette rente n'était plus payée par le détenteur de la propriété, M. Jean de Montenach ; le gouvernement, se fondant sur un acte du 28 août 1733, invita, en 1858, M. de Montenach à payer cette rente depuis 1851 ; il reconnut la dette.

Par acte du 31 janvier 1860, notarié Marro et Folly, M. Jean-Baptiste-François-Joseph Montenach, feu le lieutenant-colonel et préfet Claude-Joseph-Nicolas-Raymond-Ignace Montenach, de Fribourg, 1er lieutenant au 1er régiment des cuirassiers au service d'Autriche, domicilié en Hongrie, représenté par Joseph

Stœcklin, notaire, vend à M. Jean Weber de Riedholz, négociant et aubergiste à l'Etoile à Soleure, le domaine de Tscherlou, dans la commune de S.-Sylvestre et au district de la Sarine, dans la commune de Bonnefontaine, art. 400 à 403. Ces immeubles sont vendus tels que M. Jean de Montenach les a possédés ensuite du partage de famille stipulé en date du 29 octobre 1855, et qu'ils avaient appartenu à l'ancien majorat de la famille de Montenach avec tous les droits, charges, redevances et servitudes dont il est ou peut être grevé, notamment avec une redevance annuelle de 72 fr. 46, en faveur de la chapellenie de S.-Sylvestre; les messes seront appliquées en faveur de la famille de Montenach et elle conservera son droit de présentation.

Voici encore un document sur cette affaire :

« Nous, Claude-Antoine Duding, par la grâce..... faisons savoir que l'an 1722 et le 29 mars, à l'instance de la commune de Muschels, dans la paroisse de Chevrilles, noble François de Fivaz, conseiller et major, Georges de Montenach, conseiller, Claude de Montenach, des Soixante, usufruitiers de la substitution de Montenach à Tscherlou, de concert avec François-Pierre Æby, nous ayant supplié de bien vouloir pourvoir des choses nécessaires et requises la chapelle érigée sous le vocable de S.-Sylvestre dans la paroisse de Chevrilles; et nous ayant promis au nom de la commune de maintenir et de faire payer par les possesseurs de la substitution Montenach à Tscherlou les 20 écus de rente annuelle fondée par feu dom Georges de Montenach en faveur du chapelain canoniquement institué. La commune de Muschels abandonnera au chapelain la jouissance du pré dit Bennenatton, situé derrière la chapelle, dans le marais de Pfiffer, et contenant environ trois poses ; la jouissance du grand pré dit Pfiffermatten contenant six poses. La commune de Muschels entretiendra l'église, soit la chapelle, ses appartenances, la maison du chapelain, etc. Nous confirmons le tout et permettons qu'un chapelain desserve cette chapelle, présenté par les possesseurs de la substitution.

« Donné à Fribourg, 28 août 1733. (Sceau de l'Evêque.)

Claude-Ant., *évêque de Laus.*

Franç.-Rodolphe Vuilleret, *secrétaire.* »

La cure de S.-Sylvestre a été incendiée dans la nuit du 27 au 28 septembre 1853.

Le 12 décembre 1746, la commune demande l'autorisation de vendre près de l'église des bougies, des images, de la cire et de l'eau-de-vie; le Conseil de Fribourg la lui accorde, en excluant toutefois l'eau-de-vie. (*Man.*, p. 370.)

Etablissement d'un chapelain.

L'opposition de Chevrilles et des autres communes tombée, les autorités compétentes décidèrent l'établissement d'un prêtre ou chapelain à S.-Sylvestre. Vers 1666, M. Buntschu fut établi comme premier chapelain. Le bénéfice n'était pas considérable ; il consistait en offrandes, dons, dîmes, jouissance des biens communaux. Le gouvernement avait donné, le 12 juin 1673, 2 poses de terre attenantes à celles qui avaient déjà été concédées, plus 3 poses de marais près de la gîte de l'hôpital.

En 1798, le bénéfice possédait 14 poses de terre, et les propriétés de la substitution Techtermann payaient une rente de 72 fr. pour la célébration de 12 messes.

Chapelains de Saint-Sylvestre.

D. **Ulrich Buntschu,** élu vers 1666 ; il quitta ce poste en 1672.

NN. **Kœnig,** de Fribourg.

NN. **Meister,** de Fribourg.

1677. **Gaspard Thomas** de Fribourg. Le 21 avril 1679, le grand soutier fait relation au sujet de M.Thomas. On lui donne jusqu'à la S.-Michel pour quitter la cure. Il sera remplacé par un prêtre allemand.

1679. **Ully Kolly,** chapelain.

1686. **Georges-Joseph Pfeil,** de Fribourg ; il fut ensuite curé et doyen à Praroman.

1686. **François Ignace Perret,** de Fribourg. Plus tard il occupa la cure de Cormondes.

1701. **Pierre Æby,** de Marly, mort à S.-Sylvestre et enterré à Chevrilles.

1721. **Jean-Guillaume Stebler.** Il résigna le bénéfice en 1731, et alla comme curé diriger la paroisse de Planfayon.

1731. **François Kolly**, de Praroman.

1732. **Pierre Piller,** de Fribourg. En 1741, il fut nommé curé de S.-Jean à Fribourg.

1742. D. **Innocent-Théodoric Kœnig,** de Fribourg, qui fut nommé curé de Heitenried, puis de Guin, où il est mort.

1745. D. **Jean-Baptiste-Barthélemy Buschman,** de Fribourg, ensuite curé de Chevrilles.

1746. D. **François-Josse Picaud,** élu prémissaire à Saint-Antoine, où il est mort.

1750. D. **François-Guillaume-Augustin Neundlist,** du canton de Soleure. Vers la fin de l'année 1752, il a été nommé curé de Plasselb.

1755. D. **Bruno Helffer,** de Fribourg; en 1767, il fut élu curé de Paroman, ensuite doyen.

1767. **Benoît Gross,** de Bœchlisbrunnen, paroisse de Tavel.

1805. **Joseph Studer,** du canton de Soleure.

1809. **Christophore Fontana,** de la paroisse de Dirlaret. Un accord entre lui et la commune fixait son bénéfice à 512 livres, accord ratifié par deux évêques, Guisolan et Ienny.

1818. **Jean-Albert-Marie Biedvywyki,** polonais, de la congrégation de S. Alphonse de Liguori.

Vigne, français, chapelain pendant un an.

1821. **Joseph Spicher,** d'Ueberstorf.

Du 10 mai 1826 au 1er février 1840, le bénéfice fut desservi par les Rédemptoristes.

1840. **Herman Vogel,** de Zurich. Il embrassa la religion catholique et fit ses études à Soleure. Ordonné prêtre, il fut placé comme pro-curé à Bellegarde, puis vicaire à Neuchâtel pendant un an ; après avoir exercé le saint ministère à S.-Sylvestre, il fut nommé curé de Planfayon. Enfin, il quitta ce poste pour entrer dans l'Ordre de S.-Benoît à Muri-Gries, où il est mort.

1846. **Pierre Neuhaus,** de Dirlaret, décédé le 19 novembre 1858.

Curés de Saint-Sylvestre.

1859. **Pierre-Conrard Sturny**, de Nidermonten, né le 25 novembre 1833, ordonné le 18 juin 1859, premier curé de S.-Sylvestre en 1862. Il fut nommé curé de Dirlaret en 1881, doyen en 1889. Malade pendant plusieurs années, M. Sturny s'est retiré chez son frère curé de Planfayon. En 1896, il a refusé une nouvelle élection à la cure de Dirlaret, et il est allé diriger l'établissement de la Gauglera où il est mort le 31 décembre 1899.

1881. **Jean-Joseph Stritt**, d'Engertswyl, Tavel, né le 7 mars 1851, ordonné le 21 juillet 1868, vicaire à la Chaux-de-Fonds, à Guin et à S.-Jean, curé de Heitenried en 1889.

1889. **François-Xavier Zengerling**, nommé chapelain de Cormondes en 1890, et curé la même année.

1890. **Humbert-Jean-Daniel Weber**, de Tavel, né le 30 novembre 1835, ordonné le 24 juillet 1864, vicaire à Siviriez, chapelain à Cormondes en 1866, desservant le bénéfice de Wallenbuch de 1872 à 1884. M. Weber fut nommé curé de S.-Sylvestre en 1890. Dieu bénit son zèle et son dévouement.

SALES

Sales. — Altitude : 829, clos à Capillon 844.
Maules, Nautes, Maulé, Motla. — Altitude : 893.
Romanens, Romanin. — Altitude : 918, le Signal 949.
Rueyres-Treyfayes (ce nom n'a pas varié). — Altitude : 843, Treyfayes 873.

Patron : Saint Etienne, 26 décembre.

Statistique.

	NOMBRE		ORIGINE				CONFESSION		LANGUE		
	De maisons habitées.	De ménages.	Bourgeois de la commune.	Bourgeois d'une autre commune	Bourgeois d'un autre canton.	Etrangers.	Catholiques.	Protestants.	Français.	Allemands.	Total de la population.
Sales.......	75	92	268	176	11	1	454	2	448	8	456
Maules.....	37	53	143	39	20	—	185	17	186	16	202
Romanens..	64	69	224	67	19	—	301	9	298	12	310
Rueyres....	36	43	167	80	1	2	250	—	245	3	250
Total de la paroisse.	212	257	802	202	51	3	1,190	28	1,177	39	1,218

Statistique de la fortune imposable.

	Nombre des contribuables.	Immeubles imposables.	Capitaux, titres.	Produit de l'impôt.	Impôt sur le commerce et l'industrie.	Assistances des pauvres.	Fonds des écoles, 1896.
		Fr.	Fr.	Fr.	Fr.	Fr.	
Maules.....	111	577,634	89,645	1,564	87	550	14,823 (1 école).
Romanens..	116	598,061	50,305	1,517	79	1,827	15,972 (1 »
Rueyres....	91	439,293	131,932	1,351	19	876	14,111 (1 »
Sales.......	184	820,638	256,290	2,578	59	5,775	15,639 (2 »

Etymologie.

M. Chabloz, dans les recherches sur l'étymologie des noms *Sales, Sala, Salette,* etc., donnés à beaucoup de localités de la Suisse française et de la Bourgogne, les explique de la manière suivante. On sait que, du temps des Romains et des Gallo-Romains, une des formes de la propriété rurale était la manse, qui était de deux sortes : la manse seigneuriale et la manse tributaire; à cette dernière était attachée une habitation spéciale appelée *cella, cellula,* à laquelle se trouvaient annexées les diverses dépendances nécessaires à la culture de l'époque (*Musée neuch.,* vol. XXXIII, nov. 1896). Il trouve là l'origine des noms *Sales, Salaz,* etc.

M. Fournier, dans la *Topographie du département des Vosges,* admet cette étymologie; il ajoute même que les moines venus dans les Vosges installèrent nombre de *cellæ,* dont le nom est resté à la propriété ou au village. M. Godet fait observer que le nom *Sales* peut aussi provenir de *Salix,* Salices, saules, osiers.

L'étymologie de Romanens est certainement latine et rappelle le séjour des Romains dans la contrée, où ils ont laissé des vestiges de leur passage.

Depuis l'époque romaine jusqu'au XIIIe siècle, il n'y a rien de certain sur Sales et les villages qui forment cette paroisse. A cette époque, Maules appartenait à Antoine de La Tour, seigneur d'Illens, tandis que les de Blonay avaient Sales et Vaulruz. Jacques Champion, qui avait épousé Guillermette de Blonay, acheta cette seigneurie, le 10 mai 1377; puis, dix-sept ans plus tard, Maules pour 1,479 florins.

Sous les Champion, la seigneurie de Vaulruz comprenait Vaulruz, Sales, Maules et Romanens. Elle fut vendue à l'Etat de Fribourg pour 5,000 écus, en 1538.

En 1327, les habitants de Sales, de Romanens, de Maules, des Buchieilles et de Rueyres avaient toujours usé du droit de couper, dans les Joux-Noires, les bois nécessaires pour l'affouage, les constructions et les réparations de leurs granges et de leurs maisons; mais, vers 1318 et 1319, les châtelains de Rue et de Vaulruz nièrent ce droit et en refusèrent la jouissance aux paroissiens de Sales. Noble Guillaume de Blonay, chevalier, et sa dame Mermette s'adressèrent au duc de Savoie et lui montrèrent, de la part de leurs gens, censiers et fermiers de la paroisse de Sales, la détresse où ils se trouvaient à la suite de ce refus. Louis de Savoie reconnut leurs droits, dans le mois de janvier 1327, et leur en délivra des lettres patentes qui furent confirmées par le duc Amédée, le 12 mai 1378.

En 1437, les frères Jean, Guillaume et François Champion avaient requis, comme venant des de Blonay, la reconnaissance de ce qui suit : 1. Une propriété à Sales et la dîme de ce village; 2. le pré de l'étang, la joux du veneur de Sales; 3. la joux de Maules, le vidomat de Vaulruz; 4. la juridiction de Sales et l'avouerie de cette église; 5. des redevances à Sales pour 10 sols. Les de Blonay réclamaient toutes ces propriétés et tous ces droits, par voie juridique. Ce procès fut jugé à Ripaille par le duc de Savoie, qui déclara que Jean de Blonay aurait la pêche de l'étang pendant trois ans, mais le pré resterait aux Champion, ainsi que la forêt de Maules, qui leur avait été vendue par Antoine de La Tour, en 1394; la seigneurie de Sales appartiendrait aussi aux Champion, en vertu de l'acte de vente du 15 janvier 1382, ainsi que la juridiction, vu que Pierre Champion l'avait achetée de Nicolas Blonay et de Jean, son fils, le 10 avril 1372; enfin, l'avouerie de l'église appartiendrait aux de Blonay, parce que cette église ne se trouvait point dans la partie de Sales vendue aux Champion.

Jean de Gruyères, baron d'Aubonne, seigneur de Montsalvens, d'Oron, Palézieux, Corbières, etc., et ses fils Jean et Jacques de Gruyères, avec le consentement d'Huguette de Menthon, femme du dit baron, vendirent à Jeanne de Colombier, veuve d'Antoine d'Estavayer, et à François Champion, seigneur de Vaulruz, tout ce qu'ils possédaient en propriétés, rentes, dîmes à Sales et à Vaulruz, à savoir : la grange de Sales avec le grand clos et le pré contigu; un autre pré situé devant le village, appelé le Praz novi ; un troisième, dit le pré de l'étang, avec le droit de pêche à cet étang; enfin, la part de la dîme dans tout le territoire de Treyfayes, de Rueyres, de la Buchieille, de Romanens, de Maules, des Molettes, des Carris, de la Sionge, à laquelle dîme les nobles Mayor d'Avenches, les curés de Sales et de Vaulruz et l'abbaye de Marsens avaient aussi leur part. Cette dîme se levait sur les céréales, blé, orges, lentilles, lin, chanvre, pois. Dans cette vente étaient compris trois muids de froment, cinq d'avoine que le curé payait annuellement au propriétaire, et la garde de l'église avec ses émoluments. Le tout fut cédé aux acquéreurs pour le prix de 4,700 florins d'or. (*M. et D.,* vol. XXIII, p. 197.)

La Paroisse.

Aucune pièce ne parle de l'origine de la paroisse, ni de la date où elle a commencé à appartenir au Saint-Bernard; cependant on peut affirmer que les droits de cette maison hospitalière ne sont pas postérieurs au XIIIe siècle.

Après la conquête du pays de Vaud par les Bernois, en 1535, les possessions du Saint-Bernard dans le canton de Fribourg ne furent pas respectées. Le bénéfice avait déjà été fortement imposé, en 1528, en faveur de D. Jean Charanton, qui avait obtenu de la cour de Rome une pension de 6 ducats d'or à prélever sur le rentier de la cure de Sales. Le 28 février 1528, il reconnaît avoir reçu fidèlement sa pension du curé Girard; l'acte fut fait, à Vevey, en présence de l'abbé de Hautecrêt et de Nicolas Vincent, abbé de Marsens.

D. Jean Charanton était prêtre, et appartenait au diocèse de Lausanne; mais on ignore à quel titre il avait obtenu cette pension.

Le conseil de Fribourg permet au curé de Sales, en vertu de sa prééminence, d'avoir un sceau avec l'effigie de saint Etienne, patron de la paroisse, et de s'en servir pour sceller les actes. (*Arch. cant.*)

Le Saint-Bernard, dès le milieu du XVIe siècle, réclame contre les vexations dont il est victime, et veut obliger les bénéficiers de Sales à lui payer annuellement certains fermages ou rentes. Il paraît que les curés recoururent à l'Etat de Fribourg, qui, le 5 avril 1588, prit un arrêté dont voici la conclusion :

« Nous l'Advoyer et Conseil..... nous consydérons que le droit de patronage qu'avons aux bénéfices prédits nous attribue l'authorité d'en pouvoir disposer à notre bon plaisir, et que la jouissance qu'avons permise à la dite mayson de S. Bernard du revenu tel que jusques à présent elle a perçu, procède de grâce singulière et spéciale et ce si long temps que nous plait, nous avons pour cette et autres considérations advisé et ordonné que les dits recteurs d'iceux bénéfices soient tenus payer et satisfaire à la dite bonne mayson S. Bernard le revenu tel que par ces années précédentes a esté payé et ce pour l'année dernière passée avecq les revenus des autres. A condition toutes foys que là où il y aura restauration d'édifice, ou bien misère, tempeste ou autre ouvaille, la dite bonne mayson y doive avoir tout bon esgard, ainsy que porte notre sentence première. Nous réservons d'en pouvoir à l'advenir disposer autrement, ainsy que notre droit de patronage et supériorité le permettra et bon nous semblera... »

La cure de Sales donnée au Chapitre de St-Nicolas.

Après de longs débats avec le St-Bernard et le gouvernement du Valais, celui de Fribourg finit par incorporer la cure de Sales au chapitre de St-Nicolas; ce qui fut confirmé par l'Autorité apostolique. Depuis cette date, le gouvernement intervint plusieurs fois pour divers motifs. L'Evêque confirma les enfants de la paroisse de Sales à Bulle, en 1637. La commune de Rueyres-Treyfayes refusa de contribuer aux frais, parce qu'elle était du bailliage de Romont et qu'elle avait déjà contribué aux frais de la visite de Vuisternens. Le Petit Conseil l'obligea de contribuer encore aux frais de la visite de Bulle.

La dîme était une source de débats et de difficultés; elle se divisait entre le curé, le gouvernement et le seigneur de Treyfayes. On ferait des volumes avec les mémoires, procès et papiers sur cette question. Tout cela n'est d'aucun intérêt pour l'histoire de la paroisse; aussi je n'en parlerai pas; je préfère citer un document bien intéressant relatif à l'installation du curé Deschoux.

« Le 6 octobre 1660, le Prévôt de St-Nicolas, accompagné du « chantre D. Chervet et du curé D. Smidt, étant assemblés dans « l'église de Sales, après le divin office, pour mettre en posses- « sion canonique et formelle de bénéfice D. François Deschoux, « en présence de Pierre Pittet, gouverneur, de Pierre Chablex, « d'Antoine Pasquier, lieutenant, de Jacques Gobet, banneret,

« et de plusieurs autres, et étant assis devant le grand autel, « revêtu du surplis et de la chape, demanda aux préposés de « la paroisse s'ils avaient quelques observations à produire. « Ils sortirent de l'église avec le curé de Vaulruz D. Claude « Gleyros, pour se concerter. Etant rentrés, le gouverneur, au « nom de la paroisse, demanda : « que le curé ou son vicaire « enseignât la lecture aux enfants de la paroisse; qu'il fût « chargé de sonner les « *Ave* » le matin, à midi et le soir; de « maintenir les cordes des cloches; de faire l'eau bénite à « haute voix les dimanches et fêtes accoutumées; de distribuer « le pain bénit ou le faire distribuer par son vicaire; d'aller « chercher les défunts dans les maisons dans toute l'étendue « de la paroisse; de laisser le chemin libre entre le cimetière « et le jardin de la cure du côté du nord. Ni aussi de le voir « aspirer, ni luy, ni son vicaire, aux chapelles de Rueyres et « de Bonne-Fontaine de Vaulruz, étant curé de dite paroisse, « et particulièrement qu'il ne réclamât pas la dîme des nais- « sants. »

« Le curé ne voulut s'astreindre à faire l'école, à enseigner à « lire par obligation, mais seulement par bonne volonté; ce « qui fut aussi approuvé par le Prévôt; il accepta les autres « articles; pour le pain bénit, il posa la réserve des dimanches « et fêtes où le curé et le vicaire seraient occupés à entendre « les confessions. Le curé accepta encore différentes charges, « pendant qu'il serait curé de Sales, comme celle d'avoir tou- « jours un vicaire, de sonner la messe les jours ouvriers, de « fournir l'huile de la lampe pendant les offices divins; mais « les paroissiens donneront pour le ressat à Pâques un crutzer « par confession et 40 batz pour le droit des naissants.

« Le curé fit ensuite la profession de foi, et il fut établi et « installé curé de Sales, en présence des curés de Vaulruz, « d'Autigny, etc. » (*Arch. de Sales.*)

Une autre difficulté, celle-ci plus grave, surgit à l'occasion du représentant de Fribourg dans la contrée.

Le Bailli de Vaulruz n'avait pas les sympathies de ses subordonnés. Le jour de son départ, le bailliage crut pouvoir manifester sa joie. A Vaulruz, la jeunesse carillonna; à son passage à Sales, même répétition. Ce signe de joie, trop expansive et déplacée sans doute, déplut souverainement à MM. seigneurs de Fribourg, fut même regardé comme un acte de haute trahison. Les deux curés de Sales et de Vaulruz, quoique innocents — la jeunesse était coupable — furent frappés par l'Etat, exilés à perpétuité. Le curé de Sales est mort en Valais.

L'Eglise.

Avant 1453, on ne sait rien de l'église de Sales, sinon qu'elle existait. A cette date, les délégués de Mgr Saluces la visitèrent, et ils nous en donnent une idée : le toit s'effondrait en partie; à l'intérieur la terre nue avec des inégalités de terrain dans la nef, le chœur et la sacristie; les fenêtres généralement dépourvues de vitres; un trou au toit qui permettait de pénétrer dans l'église. Elle était apparemment très petite; la population, à cette époque, ne s'élevait qu'à 215 âmes environ. Les visiteurs ordonnèrent de placer à la sacristie une fenêtre pour établir un courant d'air, et un bahut élevé au-dessus du sol pour les ornements; ce qui prouverait qu'elle était construite dans un lieu bien humide. Quatre murs noircis, sans plafond ni plancher, sur lesquels reposaient une charpente et un toit de grossières « ancelles », voilà la demeure de Dieu parmi les hommes. — Elle était presque aussi pauvre que l'étable de Bethléem. — L'ameublement n'était pas plus riche que l'édifice : pas de tabernacle, aucune relique, les chaînettes de l'encensoir brisées, etc.

Entre les années 1453 et 1550, Sales construisit une nouvelle église, qui servit au culte jusqu'à l'église actuelle, bâtie en 1640.

La convention entre la paroisse et le maçon Pierre Vinter, bourgeois de Fribourg, pour la constrution de l'église actuelle, nous apprend qu'on prit pour modèle celle de Treyvaux, en lui donnant 20 pieds de plus en longueur, et 7 en largeur. Les murailles, avec 1 pied de plus d'épaisseur depuis les fondements, devaient avoir la même hauteur que celles de Treyvaux; 3 portes au fond, 9 fenêtres; les voûtes en tout semblables à celles de l'église de Semsales ou de Treyvaux. M. le curé est laissé libre de commander la sacristie comme il lui plaira, à la condition toutefois qu'elle soit voûtée.

Le maçon devait faire la chaux, découvrir les pierres à la

Trême, à Semsales, ou dans les environs; mais la paroisse devait faire tous les charrois, fournir les manœuvres pour creuser les fours à chaux et préparer le bois. Vinter promet d'achever la maçonnerie dans l'espace de 2 ans, pour le prix de 1,030 écus (2,900 fr.) et les bonnes mains. La paroisse devait encore fournir au maçon une ou deux chambres avec les lits, le linge et les couvertures de lits. — Le 11 décembre 1635.

Le maçon ne commença pas les travaux dans l'été de 1636. Les ouvriers envoyés pour aider à lever les pierres étaient sans ouvrage; les matériaux ne seraient pas prêts pour être transportés pendant l'hiver; le charpentier avait préparé les bois nécessaires, etc. Les paroissiens irrités de ce retard, qui pouvait leur causer quelque préjudice, s'adressèrent à MM. du Conseil privé à Fribourg, demandèrent même à résilier le contrat. Ces Messieurs, dans leur réponse, leur conseillèrent de patienter, d'avoir confiance en Vinter, qui était un entrepreneur expert et consciencieux. La paroisse suivit ce conseil, et s'en trouva bien. L'église, 7 ans plus tard, était achevée. Mgr Wattenville, accompagné de l'abbé d'Hauterive, Dumont, la consacra le 9 juin 1642. Le maître-autel fut dédié à saint Etienne, patron; le second, au saint Rosaire; le troisième, à saint Antoine. La dédicace fut fixée au second dimanche de juin.

Frantz et Jean Reyff, père et fils, du grand Conseil de Fribourg, peintres et sculpteurs, furent chargés du maître-autel, qui devait avoir 20 pieds de long sur 14 de large. Ils acceptèrent encore de sculpter un grand Christ pour le placer à l'arc de l'église, et une porte en fer pour le tabernacle, le tout pour le prix de 1,800 florins (1,275 fr.).

Cet autel a été remplacé par un autre en marbre, consacré le 2 septembre 1838.

Le Vén. Chapitre de St-Nicolas, le 10 juin 1639, accorda un quart de pose de terrain du bénéfice pour agrandir le cimetière, et un vitrail pour la nouvelle église, qu'on a vendu, il y a quelques années.

L'église possède un calice du XVe siècle, une lampe en argent qui provient, dit-on, de Lausanne. Une chasuble en velours attire l'attention des connaisseurs.

Les cloches.

A Sales comme partout ailleurs dans le canton de Fribourg, on a tenu à avoir une belle sonnerie : la grande cloche est du poids de 55 1/2 quintaux; la seconde de 39; la troisième de 28, la quatrième de 9. La grande surtout a un son plein, doux, très moelleux.

Inventaire de 1664.

Les archives de Sales renferment plusieurs inventaires de l'argenterie et des ornements de l'église; ils ne sont pas très anciens, mais intéressants. Les ornements sacrés sont plus nombreux de siècle en siècle et les sacristies mieux entretenues.

« Le saint-ciboire en argent doré, sa garniture au-dessus « pour la fête-Dieu, avecq une croix au-dessus d'argent doré. » — La monstrance fut achetée après 1664, voilà pourquoi elle ne figure pas dans cet inventaire. — « 4 calices, une grande « croix d'argent doré, pour les processions ; un reliquaire « avecq le pied d'argent et deux chandelliers d'argent assez « beaux. Des burettes en argent et 8 chandelliers de leton « (cuivre) grands ou petits. Deux chappes, l'une de velours et « l'autre de soie, et une autre rayée. Une belle chasuble à roses « et fleurs avecq une croix de passement ou galons d'or ; une « autre de velours rouge avecq une croix et crucifix ; une de « satin rouge avecq une croix et crucifix argentés ; une autre « chasuble rouge avecq une croix bleue, Notre-Dame au mi- « lieu ; 8 autres chasubles, dont une noire avecq une croix « rouge ; 4 grands surplis et un petit ; 5 aubes ; 9 amicts. Plus « de 28 linceuls ou nappes et le palie (dais) rouge. 7 tiales a « main de fil recouvrées et 9 autres à carron ; 6 serviettes ou « panemin. 7 devants d'autel, l'un en velours rouge, un autre « de peau ossellé et doré, où est l'image de Notre-Dame.

« Une tasse de bois avec les bords et le pied d'argent. » — Cette tasse servait autrefois de ciboire ; les exemplaires en sont très rares. Celle de Sales servait, en 1742, pour donner une gorgée de vin après la communion de Pâques ; cette pratique était alors générale.

Fondations.

La vigne fut donnée au bénéfice, le 16 janvier 1484, par Aymonet Papoux de Sales ; elle comprenait alors trois particules de vigne à Chardonne, et le curé devait célébrer chaque vendredi une messe pour le fondateur. L'acte fut rédigé par le notaire Oberson et muni du sceau du vice-châtelain de Romont, Bertrand Paccod. Les curés de Sales disent encore annuellement un certain nombre de messes pour cette vigne. Ainsi, il y a passé quatre siècles que la volonté du fondateur est scrupuleusement exécutée. (*Arch. de S.-Nicolas.*)

En 1411, Jeannette, femme de Mermet Gros Mongnet (Monnet), lègue 20 sols à la Confrérie du Saint-Esprit.

François Dupaquier donne à la cure, en 1601, 20 écus bons, afin que le curé chante chaque dimanche un *Salve* et un *Libera me* sur sa tombe.

En 1618, Claude, Pierre et Nicod Paquier, frères, André, François, fils de feu Pierre Dupasquier, de Maules, comme cohéritiers de feu D. Guigo Dupaquier, de la paroisse de Sales, donnent à l'église paroissiale : « deux chandeliers d'argent, un « pied de chandelier d'argent, deux chanettes d'argent (deux « burettes) ; une paix d'argent doré, massive et taillée. Ung « dernier d'une chappe avec les deux bandes de devant brodé « en fil d'or et d'argent. Une croix de chasuble avec le « devant d'icelle avec un crucifix brodé en soie et d'autres ornements.

« Et est faite la présente donation pour bon respect et à l'in- « tention du salut des âmes de nos prédécesseurs. » (*Arch. de Sales.*)

Claude Pasquier donne, en 1650, plus de mille francs aux pauvres. C'est probablement le même qui, quelques années auparavant, a fondé le chant des vêpres des morts. La rente était de 20 francs.

Le 6 décembre 1649, François Pasquier fonde un *Libera me* à chanter chaque dimanche. Claudine, fille de Jacques Savary, par testament du 12 février 1776, lègue 400 écus (600 fr.) à l'église de Sales pour ornements ; 100 écus en faveur de la fondation pour les souliers et les bas des pauvres de la commune de Sales.

Confrérie du Saint-Esprit. — Cette association de charité, qui existait déjà dans le XIVe siècle, reçut des dons nombreux. Le jour de la Pentecôte, elle faisait distribuer du pain aux pauvres de la paroisse et des environs. Les abus s'y glissèrent insensiblement ; pour y remédier, on décida de distribuer, au lieu de pain, 7 centimes à chaque pauvre. Le Conseil de paroisse, en 1704, écrivit au Petit-Conseil : « Vu les abus qui s'en suivent « par le grand nombre d'étrangers qui arrivent et logent dans « les granges, la paroisse demande d'appliquer ces rentes aux « seuls pauvres de la paroisse. » Cette juste demande fut exaucée ; dès lors, le Conseil commença à donner à chaque pauvre de la paroisse 75 centimes.

Fondation d'une mission pour les paroisses de Vaulruz, Sales et Vuadens, 1787. — A la suite de la mission donnée par M. Rigolet, missionnaire de Sainte-Colombe de Vienne en Dauphiné, les trois paroisses de Vaulruz, Sales et Vuadens adressèrent à Mgr de Lentzbourg la pétition que voici : « La « paroisse de Vaulruz, ayant vu le bien et l'utilité des mis- « sions... souhaiterait perpétuer une pareille bonne œuvre en « appliquant 200 écus (dons faits pendant la mission) pour la « fondation d'une mission qui se donnerait alternativement « tous les dix ans dans ces paroisses. » Sales, ne voulant pas se lier pour une mission à époque déterminée, se retira en 1788.

Personnages distingués.

Antoine Vonderweid, de Maules, primitivement Dupaquier, du Paquier, en latin *a Pascua,* fut admis dans la bourgeoisie de Fribourg en 1608. Dans sa jeunesse, il fit plusieurs voyages en Italie, en France, etc. Il étudia les sciences sacrées ; ordonné prêtre, il fut reçu docteur en théologie et en droit-canon, et nommé protonotaire apostolique. En 1597, le Petit-Conseil le présenta pour une stalle à S.-Nicolas. Mgr Doroz le nomma Vicaire général en remplacement de M. Werro, qui avait renoncé à cette dignité, en 1601. Le Grand-Vicaire Vonderweid s'est occupé activement du Concordat. Nommé Abbé par les religieux d'Hauterive, le 19 octobre 1609, il reçut la bénédiction à Cîteaux, le 25 novembre. Antoine Vonderweid est mort dans le mois de mars 1614.

Guigo *a Pascua,* Gui du Paquier, était chapelain à Lausanne en 1527 ; il possédait les chapelles de S.-Jérôme, de S.-Claude et de S.-Barthélemy, autels dans l'intérieur du cloître de la cathédrale. Il était originaire de Maules, où il est venu mourir après que la réforme l'eut chassé de Lausanne. (*M. et D.* XXXVI.)

La paroisse de Sales a donné à l'Eglise un grand nombre de prêtres et de religieux. Dans les temps modernes, Pittet, de Romanens, curé de Montet ; son neveu, le P. Faustin, capucin, et une petite-nièce religieuse ; Caille, de Romanens, curé de Farvagny, avait deux frères dans la milice sacrée, et une nièce religieuse ; Caille, de Sales, curé de Cugy, cousin des précédents, avait aussi un frère religieux ; Laurent Frossard, de Romanens, Recteur du Collège Saint-Michel, qui a publié : *La lettre du Catéchisme du diocèse de Lausanne, expliquée par demandes et par réponses,* 2 volumes in-8°, Fribourg, 1896, 1897, a un frère prêtre, le doyen de Treyvaux ; un autre qui est mort jésuite, une sœur et une nièce religieuses ; le P. Monney, dit au régent, de Rueyres, capucin ; le P. Piller, de Sales, capucin.

Depuis nombre d'années, la paroisse n'avait plus de vocation religieuse ; le curé Porchel enseigna les principes à quelques jeunes gens ; plusieurs de ses élèves reçurent les ordres sacrés : Descloux, de Romanens, curé de Matran ; Joseph Paquier, de Sales, professeur au Collège, et son frère Placide, Recteur au Paquier ; Pierre Paquier, de Maules, missionnaire en Corée.

Le bénéfice.

Une enquête, faite en 1612, faisait monter le bénéfice à 800 florins, le florin à 60 cent. ; de plus, une petite vigne, quelques offrandes ; l'amodiation des terres, de la prémice et de la dîme du chanvre produisait 55 écus, les cens directs 17. Mais le curé payait 50 écus au Chapitre de S.-Nicolas. Au S.-Bernard, lorsqu'il était patron, 12 sacs de blé.

En 1798, le curé jouissait d'un domaine de	L.	B.
33 poses	769	8
1/2 pose de vigne à Carseau	160	
Intérêts des fondations	267	
Les cens et lauds	23	
Les dîmes et novales	827	6
Les naissants	16	
Les prémices	64	
	2,127	4

Mais il payait au Chapitre de S.-Nicolas une firme de 150 liv., et il devait payer et entretenir un vicaire (*Arch. cantonales*). Dans le XVIIe siècle, le curé jouissait d'un grand nombre de droits d'un très petit rapport, comme les corvées, le ressat à Pâques, etc.

Faits divers.

En 1555, un homme de Sales ayant épousé une fille mineure sans le consentement de son tuteur et de son frère, mais avec celui de la mère seulement, est condamné à une amende de 100 liv., et la mère à une autre de 20 liv. (*Fontaine, Comptes*, 261.)

En 1556, le Conseil souverain cède à la paroisse de Sales la gabelle, ungelt, droit sur la vente des vins.

Au commencement du XVIIIe siècle, un fléau s'abattit sur la paroisse ; la vermine, apparemment les chenilles, dévorait tout, champs, prés, jardins. Les paroissiens prirent alors l'engagement de faire des fêtes de saint Garin, de saint Théodule, de Magnus et de sainte Brigitte, des jours fériés, et de sonner tous les samedis soirs le couvre-feu, c'est-à-dire la cessation du travail, et de réciter pendant ce temps cinq *Pater* et cinq *Ave*.

Ces fêtes de dévotion furent approuvées par l'Evêque à l'occasion de la visite pastorale, en 1719. Mais, vers 1740, elles n'étaient plus observées par la généralité des paroissiens, puisque les autorités prièrent l'Evêque d'imposer une amende aux transgresseurs du vœu émis en 1699.

Un curé a laissé une note sur le serment civique prêté à la nouvelle Constitution helvétique. L'Evêque, pour calmer les esprits, avait donné un mandement pour expliquer certaines réserves à faire. Le dimanche, 19 août 1798, à sept heures du matin, toute la paroisse de Sales était convoquée en assemblée primaire devant l'*Assurance,* auberge de la localité, par le citoyen André Caille pour prêter le serment civique. « Après « avoir écouté toutes les lectures et la formule du jurement. « Alors le curé pour lui et ses paroissiens a dit à haute voix : « Pour autant que le mandement de Mgr l'Evêque sera con- « firmé et accompli dans tout son contenu. L'agent André « Caille répondit : Oui. Sur quoi le curé élevant en l'air le dit « mandement ouvert, tous dirent : Nous le jurons. En foi de « quoi fait à Sales, 20 août 1798. »

CORMINBŒUF, *curé.*

Le Vicariat.

Dans une requête adressée au Conseil souverain, en 1772, la paroisse cite le fait qu'en 1618 le curé de Sales, sur les réclamations des paroissiens, fut astreint par une sentence de l'official à garder un vicaire. Voici le passage cité :

« Le dit Sgr. curé sera dorénavant entenu et obligé d'entre- « tenir un vicaire ou altarien docte, capable et exemplaire, qui « soit de l'Ordinaire approuvé, aux fins que non seulement « rien ne manque à l'administration des Saints Sacrements, « ains aussi qu'en futur complaintes ne soient ouïes par ceux « qui disent ne pouvoir faire leur salut auprès de leur curé. »

En 1658, le curé Bergman refuse de se soumettre à cette prétendue obligation, parce que l'érection du bénéfice de Sales n'en parle pas, et qu'aucune donation postérieure n'a été faite pour le vicariat. De son côté, la paroisse insiste, s'adresse à la cour épiscopale, qui condamne le curé à garder un vicaire autre que le chapelain de Rueyres. Le chapitre de Saint-Nicolas intervient dans le conflit, pour la défense du curé ; l'official accepte la protestation du chapitre ainsi qu'une nouvelle demande de la paroisse de Sales. L'évêque, parfaitement renseigné, porte une sentence favorable au curé. Mais les commis de la paroisse ne se soumettent pas à cet arrêt ; ils reviennent à la charge et s'adressent à l'Etat, qui renvoie les instants à l'Evêché.

Enfin, pour terminer cette affaire, Mgr J. N. de Montenach,

lors de la visite pastorale à Vaulruz en 1773, porte la sentence suivante :

« Après avoir donné une scrupuleuse attention à l'examen de « ces divers motifs, et surtout ayant mûrement réfléchi sur la « proposition de D. Joseph Corminbœuf, moderne curé de Sales, « tendante à s'obliger à perpétuité, moyennant l'agrément du « V. chapitre de Saint-Nicolas, de garder leurs vicaires, l'un « pour desservir la chapelle de Maules, et l'autre pour Sales et « Romanens, pourvu qu'on lui concède toutes les rentes et « avantages attachés à la chapelle de Maules et que la paroisse « de Sales ajoute annuellement à la rente de son bénéfice la « somme de 5 louis d'or neufs ; et ayant remarqué en particulier « que la réunion des fondations de Maules à la cure de Sales « serait un acheminement assuré à une prompte fin de tous ces « différents.

« Toujours guidé par un esprit de paix et concorde, avons « trouvé bon de faire et d'ordonner :

« La susdite réunion de la façon cy-après tenorisée ainsi que « de notre autorité ordinaire nous la faisons et ordonnons par « les présentes.

« Décidé par les raisons rapportées et par l'offre du R. curé « de Sales, nous jugeons et sentencions qu'à l'avenir le curé de « Sales et tous ses successeurs seront tenus d'avoir dans leur « presbytère, soit maison curiale, deux vicaires aux fins que « dessus, le tout avec les clauses, conditions et avantages « suivants. Le curé de Sales et ses successeurs percevront « tous les revenus annexés à la chapelle de Maules, ainsi que « les perçoit aujourd'hui M. le desservant Progin, c'est-à-dire « qu'il retirera les censes de la prédite chapelle, qu'il aura le « droit de jeter sur le commun un certain nombre de bêtes, et « la portion annuelle de bois, comme un autre communier de « Maules, ainsi que la commune de Maules s'était engagé « envers le dit M. Progin ; et pour cela le R. curé sera tenu de « faire fidèlement acquitter par un de ses vicaires, qui sera « vicaire de Maules, toutes les fondations aux jours fixés, d'y « faire dire la messe toutes les fêtes et dimanches et remplir « toutes les autres fonctions qu'exige son ministère. (Bien « entendu que le prêtre qui sera désigné par le R. curé pour « être vicaire de Maules, sera tenu de faire à la réquisition et

« volonté de M. le curé les mêmes fonctions dans le reste de la « paroisse qu'il doit faire à Maules.) Et si contre toute attente « le curé négligeait les prédits devoirs envers la commune de « Maules, celle-ci sera fondée à nous demander notre agrément « pour faire accomplir par un autre ecclésiastique les fondations « faites dans sa chapelle. Nous voulons ensuite qu'il soit remis « au curé un rentier exact et une note spécifique de toutes les « pieuses fondations faites à la susmentionnée chapelle. Que « les obligations et titres restent rière la commune, qui en « rendra chaque année compte à M. le curé ; que si l'on vient à « rembourser des capitaux, on ne les replace point sans l'avis « de M. le curé, afin d'invigiler d'autant mieux à leur sureté. « L'honorable paroisse de Sales payera annuellement au curé « pour l'entretien d'un second vicaire, qui dise les messes « matinales à Sales les fêtes et dimanches et y exerce de même « que dans le reste de la paroisse les autres fonctions ecclésias- « tiques, la somme de 5 louis d'or neufs; dont quatre seront, « pour de bonnes considérations et en vertu de la permission « que nous avons accordée, pris sur les argents des confrairies « érigées dans l'église paroissiale de Sales, sans pouvoir « cependant toucher à leurs capitaux ; le cinquième louis sera « livré annuellement par la dite V. paroisse, au lieu et en place « de la dîme des naissants que les reconnaissances donnent à « M. le curé ; de sorte qu'aussi longtemps que le louis se « payera, la paroisse sera délivrée de cette obligation passive et « le curé ne pourra demander autre chose pour son droit des « naissants.

« Finalement nous cassons et annulons toutes sentences « contraires à la présente, que nous pourrions avoir données « relativement à la chapelle de Maules et au vicariat de Sales. « Voulons et entendons que celle-ci soit la seule stable et « permanente, qu'elle serve de règle pour la suite à tous les « curés et à la paroisse de Sales, et qu'enfin toutes difficultés « soient terminées et prévenues pour toujours... »

« Donné dans notre visite pastorale à Vaulruz, le 22 juin 1773, « en présence des commis, les srs banneret Seydoux, Jacques « Seydoux, Jean-Joseph Python, pour Sales ; les srs lieutenant « Pittel, Joseph Frossard, pour Romanens; les srs Pierre Joseph « Paquier, gouverneur, Louis Paquier, Pierre Oberson, Pierre

« Joseph Paquier, pour Maules ; les s[rs] Claude Monney, gouver« neur, Joseph Equey, Jacques Thorimbert, pour Rueires. »

L'Avoyer et Conseil de Fribourg approuvent cet arrangement, le 19 juillet 1773. (*Arch. de Sales.*)

Maules.

Depuis quelques années, Maules nourrissait le projet de construire une chapelle. Le 14 octobre 1666, l'Etat concéda à cet effet une place prise sur le terrain communal. Quatre ans plus tard, en 1670, M. le curé de Sales, Fragnière, muni d'une délégation de l'évêque, bénit cette chapelle dédiée à S.-Joseph et à la sainte Famille.

Comme l'Eglise ne permet pas l'érection de chapelle ou d'autel sans fondation, dès la pose de la première pierre huit messes furent fondées à Maules ; plusieurs autres suivirent, mais toujours avec la condition que les messes seraient acquittées par le curé ou par le chapelain, si la commune arrivait à obtenir un prêtre résidant.

Vers 1690 et 1700, Maules payait au curé 9 écus pour 24 messes, 3 frcs pour la messe de François Ecoffey, et 2 frcs pour celle de Claude Ecoffey, etc.

Par testament du 29 janvier 1700, Françoise, fille d'Antoine Michel, donna la moitié de sa fortune à la chapelle avec obligation de dire plusieurs messes, et l'autre moitié aux pauvres de Maules. La part de la chapelle s'éleva à 309 écus. Joseph Paquier légua aussi un capital de 640 écus.

L'évêque Claude Antoine, dans sa visite du 22 juin 1735, ordonna que ces messes fussent célébrées par le curé, mais avec une rétribution de 12 batz par messe. La commune de Maules, à l'occasion de cette visite, avait demandé les dimanches et fêtes une messe matinale. Mgr répondit : « Si la com« mune désire une messe matinière les dimanches et fêtes, elle « pourra convenir avec le curé, sans notre approbation, pour « obtenir un second vicaire qui célèbrera ces messes. » (*Ex lib. Visit.* 1735, fol. 264.) Il paraît qu'aucun accord ne s'était fait ; car, en 1770, les habitants de Maules, s'appuyant sur les nombreuses fondations, supplièrent Mgr de Montenach de leur accorder la messe matinale. Ils s'adressèrent même à M. le curé

Repond pour desservir la chapelle. Celui-ci ayant refusé, Mgr permit d'établir un chapelain à Maules, « qui avait déjà eu un « prêtre pendant quelque temps », mais à la condition expresse de lui fournir un logement convenable avec un jardin, le bois nécessaire et les autres accessoires d'un communier. L'évêque se réserva le droit de patronage sur la présentation de deux ecclésiastiques par la commune.

M. Progin, de Vaulruz, était alors chapelain à Sorens avec un bénéfice de 330 frcs. Son frère et sa belle-sœur, qui habitaient les Molettes, moururent, laissant quatre petits enfants orphelins. Avec la permission de l'évêque, M. Progin quitta Sorens et vint s'établir aux Molettes pour élever cette famille et diriger les travaux de la campagne. La commune de Maules s'adressa à lui ; lui offrit 14 louis pour la messe matinale les dimanches et fêtes et pour l'application de 175 messes. M. Progin accepta ces propositions. De 1773 à 1805, année de sa mort, cet ecclésiastique se rendit régulièrement des Molettes pour célébrer les messes de Maules. M. Progin était un excellent prêtre, un homme de prière et très charitable.

La fondation d'Antoine Michel, à Paris, avait été faite pour établir un chapelain à Maules ; mais les curés de Sales s'opposaient à l'établissement d'un prêtre dans cette localité — MM. Repond et Corminbœuf surtout se sont distingués par des mémoires nombreux, longs et diffus. — Le 19 juillet 1773, Monseigneur écrivait au curé de Sales : « Comme je viens « d'apprendre que vous menacez de fermer la chapelle de « Mollé, c'est ce que je ne vous conseillerais pas de faire... « Dans le temps que l'on travaille à finir ces tracasseries, vous « allez embrouiller le tout. C'est une grâce spéciale que l'on « vous accorde d'avoir l'alternative pendant l'espace de deux « mois jusqu'à ce que je puisse vous procurer un vicaire pour « Sales. Ainsi tâchez de convenir avec M. Progin. »

JOSEPH NICOLAS, *év.*

Mgr de Montenach mit fin à ces difficultés par un règlement qui déterminait la position du chapelain de Maules, soit de M. Progin des Molettes. Ce règlement dura jusqu'à la mort de M. Progin, 1805. Depuis cette date, les messes furent célébrées par le curé de Sales ou son vicaire.

« Joseph Nicolas de Montenach, évêque...

« 1° Nous voulons et ordonnons que M. Progin vivant en la « maison paternelle de Molettes, ainsi que M. Corminbœuf y a « consenti, perçoive douze louis d'or des argents des fondations « de la chapelle de Maules, et qu'en conséquence il soit tenu « d'acquitter, à raison de 12 1/2 batz toutes les messes qui ont « été fondées jusqu'ici ; mais les nouvelles fondations devront « être à la charge du curé. 2° M. le curé sera tenu de fournir les « hosties pour les communions des fidèles à Maules et pour la « célébration des messes du vicaire (M. Progin second vicaire), « mais celui-ci fournira le vin. 3° Le curé retirera le reste des « argents, après les douze louis, nommément les 14 écus des « fondations qui lui ont été adjugés dans le projet d'établisse- « ment d'un chapelain : il jouira du droit de communage et le « vicaire célébrera les 12 messes annexées à ce droit. 4° Le curé « remettra au vicaire les honoraires des messes qui seront « données à Maules. 5° Cet arrangement restera stable et « M. Progin ne pourra être éloigné de ce vicariat, etc. »

Donné le 16 novembre 1773.

Le bénéfice de la chapelle subit, en 1768, une perte de 231 frcs. En 1845, il possédait une rente de 360 frcs, chargée de nombreuses messes à appliquer.

Gui, Guigo, fils de François du Paquier, de Mollens, Maules, est nommé, en 1500, chapelain de l'autel de Notre-Dame dans l'église de Gruyères.

Chapelle de Rueyres.

La chapelle de Rueyres, d'après une note trouvée dans les archives, fut construite par Pierre Python, prieur de Semsales, de 1602 à 1644. Le répertoire des archives de St-Nicolas cite un décret du gouvernement sur la fondation de D. Python, mais il ne parle pas de la construction de la chapelle. Voici un passage de ce décret : « Nous l'avoyer... ayant feu Domp Pierre « Python, jadis prieur de Semsales, en son testament ordonné « que la fondation qu'il aurait faite de 1,100 écus pour la cha- « pelle de Rueyres, fondée en l'honneur de St-Pierre, St-Félix, « St-Loup, et intention que perpétuellement et toutes les

« semaines soyent célébrées en icelle trois messes à l'honneur « des dits saints et que la commune en aye diligente inspection « et charge. Afin que sa dite intention soit exactement observée « ... et deferrant à la commune par cela collation et jus-patro- « natus... les commis ayant représenté qu'ils acceptaient ces « conditions suppliaient LL. EE. de confirmer et ratifier cette « bonne intention du défunt en son entier contenu, comme « l'avait déjà fait le Vicaire général. Messeigneurs l'approu- « vèrent aux conditions suivantes : les droits du curé de Sales « sont maintenus et réservés; que la commune ne s'appro- « priera ni participera en quoi que ce soit aux rentes données, « ou qui se donneront à l'avenir à la chapelle; elle sera obligée « perpétuellement de maintenir la dite chapelle en bon état. « 26 janvier 1645. »

Dans une demande adressée à la même autorité, il est dit que D. Python mit pour condition que la commune lui donnerait le terrain pour bâtir la chapelle et ferait les charrois nécessaires, mais que tous les autres frais seraient à la charge du fondateur. Cette chapelle fut consacrée par Mgr Doros, le 17 avril 1603, année de la consécration de la chapelle de St-Prothais à Vaulruz. Le patronage de la chapelle de Rueyres fut abandonné à la commune, selon la promesse du rév. défunt.

La commune, après avoir obtenu de l'autorité religieuse et de l'autorité civile l'approbation et la confirmation du testament, nomme chapelain D. Jacques Python, neveu du fondateur; mais il se refuse à célébrer les messes ordonnées par son oncle; d'autres prêtres s'en chargent momentanément. Un an après, D. Jacques Python promet de venir habiter Rueyres, d'y célébrer les messes fondées et d'instruire la jeunesse. Cependant le Conseil d'Etat, dans le mois de février 1654, porte un nouveau décret contre D. Jacques Python, qui ne célébrait pas les messes comme il l'avait promis. Il paraît que D. Jacques Python occupait un autre bénéfice et qu'il ne résidait pas à Rueyres : la commune n'avait pas encore d'habitation pour loger le chapelain.

D. Gabriel Esseiva, curé de Grangettes, légua la somme de 800 écus à la chapelle de Rueyres pour y faire célébrer chaque semaine deux messes, si la chapelle était érigée en paroisse;

mais, si cette condition n'était pas remplie, ces deux messes devaient être célébrées dans la chapelle avec un honoraire de 70 c, et le reste de la rente, avec le revenu du moulin de Mouna et des autres propriétés qu'il y possédait, serait distribué aux pauvres des communes de Rueyres et de Treyfayes. Ces deux communes s'adressèrent aux différentes autorités pour obtenir l'érection d'une nouvelle paroisse, conformément au désir du curé Esseiva. L'avoyer, dans sa réponse, déclare que l'honoraire des messes est de 70 c, et que le reste doit être distribué aux pauvres. Quant aux prés et au moulin de Mouna, ils seront vendus, le produit capitalisé et la rente distribuée aux pauvres, « en exécution des dernières volontés du défunt. » 17 mai 1686.

Le R. chapelain Perroud demanda à l'autorité ecclésiastique la permission de chanter les vêpres les dimanches et fêtes, dans la chapelle de Rueyres. La commune lui offrait 8 écus (24 fr.).

J. Pierre de Reynold, recteur de l'église de Notre-Dame, vicaire et commissaire général avec D. Rappold, pendant la vacance du siège épiscopal, accorda cette faveur surtout pour la consolation des vieillards, des infirmes et des enfants; mais il excepta les jours suivants : le premier dimanche de chaque mois, les fêtes de Noël, de l'Epiphanie, de la Circoncision, de la Résurrection, de l'Ascension, de la Pentecôte, de la Fête-Dieu, de la Conception, de la Nativité, de la Purification, de l'Annonciation, de l'Assomption, du Patron, de la Dédicace de l'église, de la Toussaint et de la commémoration des fidèles trépassés. Le chapelain, ajoute-t-il encore, fera toujours, après les vêpres, le catéchisme pendant une demi-heure. Donné à Fribourg le 5 juin 1686. Cette permission fut apparemment accordée pour arrêter le mécontentement produit par le refus d'ériger la chapelle en église paroissiale. Mais si Rueyres se calme à cette bonne nouvelle, le chapitre de St-Nicolas s'en émeut; le prévôt propose même de solliciter le bras séculier pour obliger les gens de Rueyres d'assister aux vêpres à Sales. Le chapitre se faisait l'écho des récriminations du curé de Sales.

Antoine Preny, de Morteau, à la suite des guerres de Bourgogne, venu enfant à Rueyres et retiré chez les Blanchard, donna par testament :

100 écus, pour le chant des vêpres fêtes et dimanches;

10 écus, pour un anniversaire chanté;

10 écus aux pauvres, et 15 centimes à chaque pauvre qui assistera à son enterrement, 24 mai 1702, date de sa mort.

Marie Blanchard, de Treyfayes, fait aussi un don généreux à la chapelle et aux pauvres, en 1703.

Le 30 mars 1755, D. Pittet, chapelain, établit la confrérie de Notre-Dame Auxiliatrice, dite des suffrages, avec les permissions et autorisations nécessaires.

A son origine, le bénéfice de la chapelle de Rueyres se réduisait à la rente de 3,000 fr. avec obligation d'appliquer trois messes par semaine; la commune ajoutait une petite rente pour l'école.

Le chapelain jouissait, en 1798, de 8 poses de terre, produisant................................ 119 fr. anciens;
intérêt des capitaux.................. 113 fr. anciens;
de la commune....................... 63 fr. anciens;

Total .... 295 fr. anciens.

Seigneurie de Treyfayes.

Le hameau de Treyfayes, paroisse de Vuisternens, formait une ancienne seigneurie qui, dans le XVe siècle, appartenait à la famille Esseivati, Esseiva. Le seigneur Esseiva la vendit à Charles Alex, qui fit racheter par ses paysans les corvées et autres redevances. Josse Vonderweid l'acheta de Simon Alex. Marguerite, fille de Josse, par son mariage l'apporta dans la famille de Gottrau. L'époux de Marguerite Jean-Christophe de Gottrau la laissa à son fils François-Pierre, seigneur de Billens, d'Hennens, de Treyfayes et chevalier de St-Lazare. Il fut exilé, en 1763, parce qu'il voulut lever des troupes pour une puissance étrangère avec laquelle il n'existait pas de capitulation. Ce François-Pierre de Gottrau, très original, se considérant comme souverain, avait fait élever un gibet dans sa seigneurie; sa maison de Fribourg, placée devant l'église de Notre-Dame, était remplie d'armes. (Voir le travail de M. Daguet : Gottrau-Treyfayes, ou les francs-maçons de 1763.)

La commune de Treyfayes, en 1663, demanda la séparation de la paroisse de Vuisternens. Voici les motifs allégués : les mauvais chemins pour se rendre à l'église paroissiale ; les ponts sur la rivière souvent enlevés; la contribution aux frais du culte à Rueyres et à Vuisternens. Mgr Strambin admit la supplique, et sépara Treyfayes de Vuisternens pour l'annexer à la paroisse de Sales, 14 novembre 1663.

Chapelains de Rueyres-Treyfayes.

1654. **Jacques Python,** neveu du fondateur.
1655. **D. Pierre Perroud,** de Berlens.
1699. **Feuillez** ou **Feully.**
1700. **Nicolas Tinna.**
1718. **Pittet,** des Glanes.
1732. **Claude-Joseph Majeux.**
1750. **Jacques Chablex.**
1752. **Claude-Joseph Pittet,** de La-Joux.
1793. **Castella.**
1799. **Jean-Paul Maradan.**
1810. **Jean-Baptiste Mathey.**
1817. **Jean-François Paris,** de Bulle.
1841. **Pancrace-Xavier Davet.**
1846. **Pierre-Joseph Dewarrat.**
De 1851 à 1859, vacat.
1859. **Georges Sugnoux,** de Billens.
1870. **François-Pierre Caille,** de Sales.
1873. **Daniel-Joseph Carrard.**
1886. **Alphonse Bugnon.**
1888. **Pierre-Joseph Savoy.**
1892. **Jean Bezel,** d'Hermance.

Vicaires de Sales.

1618. Un vicaire.
1624. **Christophe Sudan,** de Bulle.
1646. **François Moura.**
1651. **Pierre Tercier,** de Vuadens.
1659. **François Bérard.**
1667. **Noé Maudonnet.**
1672. **Claude Botterin.**

1676. **Jean Macheret.**
1679. **Jacques Bifrare.**
1685. **Joseph Tache.**
1686. **Joseph Gachet.**
1687. **Pierre Perroud.**
1688. **Jacques Clerc.**
Lacune.
1743. **Claude Python.**
1751. **Jean Marthe.**
Dutoit, d'Echallens, fut vicaire de Sales lorsque son frère était curé de cette paroisse.
1759. **Nicolas Dousse,** de Treyvaux.
1762. **Hubert-Charles Grognuz.**
1763. **Pierre Demoret.**
1764. **Dominique-Laurent Lehman.**
1766. **Jean Buchman.**
1768. **Joseph Gremaud.**
1768. **Antoine Berguin.**
1769. **Nicolas Perroset,** de Landeron.
1773. **Terrapon.**
1774. **Beaud.**
1774. **Louis Grand,** de Romont.
1772-1805. **François-Ignace Progin,** desservant Maules depuis les Molettes.
1781. **Claude Savary**
1787. **Chappuis,** d'Ependes.
1787. **Antoine Moret,** de Romont.
1789. **Jean-Joseph Wicky.**
1792. **Jean-Joseph Auderset.**
1800. **Paquier.**
1803. **Antoine Regnault.**
1804. **Jean-Baptiste Gremaud.**
1811. **Joseph Æbischer.**
1812. **François Joie.**
1814. **Moullet.**
1816. **Joie.**
1819. **Kolly.**
1820. **Jean-Laurent Dunand.**
1821. **Jean-Joseph Dessonnaz.**

1822. **Pierre Gazel.**
1824. **Nicolas Hayoz.**
1826. **Henri Boaney.**
1828. **Antoine Scyboz.**
1830. **Joseph Bardet.**
1833. **Jean-Baptiste Perritaz.**
Le **P. Serna**, de la Congrégation du S.-Rédempteur.
1836. **Etienne-Boniface Favre**, de Brétigny.
1836. **Jacques-Joseph Dewerrat.**
1838. **Daniel-Joseph Carrard.**
1841. **Joseph Fracheboud.**
1845. **Jean Charrot.**
1847. **Dom.-Jérôme Ruffieux**, religieux d'Hauterive.
1848. **Denis-Marcel Jonneret.**
1854. **François Dougoud.**
De 1848 à 1863, **R. P. Théodule Ruffieux**, chartreux, coadjuteur.
1871. **Jacques-Alexandre Grandjean.**
1872. **Joseph-Irénée Perroud.**
Le vicariat est vacant depuis 1873.

Curés de Sales.

1210. **Guillaume**, chanoine de S.-Bernard.
1300. **François** de Saint-Martin, chanoine de Mont-Joux.
1310. **Wilhelm**, chanoine de Mont-Joux.
1322. **Jean Christin**, chanoine. Sous l'administration de ce curé, Richard de Billens, donzel et châtelain de Vaulruz, fit enterrer dans le cimetière de Sales, sans prêtre et sans même prévenir le curé, un cadavre que le curé de Bulle réclamait. Le curé Christin lui intenta un procès et permit au curé de Bulle d'exhumer le cadavre. Le châtelain reconnut sa faute et prit un arrangement avec le curé de Sales en présence de Guillaume de Blonay, Girod de Billens, vicaire, 1er juin 1322.
1347. **Jean** de Font, chanoine. Il aurait déjà été curé de Sales en 1327 ; à cette date il est cité dans la fondation de la confrérie de l'Immaculée Conception à Romont.
1373. **Rodolphe** d'Arans ou d'Orons, chanoine.
1381. **Henri**, chanoine.

1416. **Jean Porterii.** Ce curé ne résidait pas ; son vicaire Guillaume de Sales desservait la paroisse.

1432. **Nicolas Claureti.**

1436. **Glaudius Perroche,** vicaire, chanoine. Il devait 10 flor. du Rhin à Jean Rigolet, de Fribourg, pour un cheval qu'il avait acheté et qu'il avait promis de payer à son retour de la foire de Genève.

1441. **Guillelmus Pouyat** (Poyalis), chanoine.

1447. **François Tuppin,** d'Estavayer-le-lac, vicaire.

1453. **Guillaume de Laviniaco,** chanoine.

1469. **Barthélemy Rosseti,** alias **Charroton.**

1479. **Aymo Frestan,** vicaire.

1480. **Pierre Clavelli,** chanoine.

1508. **Mayor,** d'Avenches.

1513. **Jean Gruyère,** de Fribourg. Il ne résidait pas à Sales, mais il était représenté par deux vicaires. Ce curé était très charitable ; dans son testament, daté du 30 mai 1526, il veut « qu'on cuyse ung muys de blé pour bailler aux pauvres et une « coppe de pey (pois) et demi bacon, et que l'on donnaye eis « pauvres personnes malades une foys à boere (à boire) du vin. » Sa mère, alors à Rome, fut son héritière.

1526. Nomination d'un chanoine du S.-Bernard à la cure de Sales, sans indication de nom.

1530. **Gigaud** (Gui) **Dupasquier.**

1532. **Girard Duding,** de Riaz.

1565. **Antoine Fracheboud.**

1574. **François Marguet.**

1578. **Claude Déglise,** vicaire.

1578. **Antoine Ramel,** de Mézières.

1602. **Nicolas Dupasquier,** de Maules, curé d'Ependes, demanda à changer son bénéfice avec le curé de Sales. Le 5 juillet de la même année, Nicolas Dupasquier, de Maules, arriva à Sales. C'est l'année suivante que cette cure fut incorporée au Chapitre de S.-Nicolas.

1621. **François Mœnnat,** de Romont. Ce curé établit le registre des Baptêmes.

1624. **Petrus de Pontibus** (Despont), de Vuadens.

1636. **Pierre Frossard,** de Romanens.

1641. **Pierre Gillierd,** de Vuippens.

1653. **Guillaume Bergman**, de la Bourgogne. Il a résigné son bénéfice en 1660. Le Chapitre obligea son successeur à lui payer une petite pension.

1660. **François Deschoux,** de Vuippens.

1670. **Pierre Fragnière**, de Praroman.

1703. **François Frossard**, de Romanens.

1707. **François-Pierre Dupasquier.**

1738. **Antoine-Joseph Curton,** de Romont.

1742. **Nicolas Dutoit,** d'Echallens. Ce curé a laissé le registre des baptêmes en mauvais état ; son successeur a rempli les lacunes.

1761. **Antoine-Joseph Repond,** de Fribourg, et de Villars-volard.

1762. **Ferdinand Gillert**, religieux d'Hauterive.

1763. **Antoine-Joseph Bruno Corminbœuf,** de Fribourg.

1810. **Jean-Baptiste Progin,** de Fribourg. M. Progin avait étudié la théologie en France, au moment où régnaient encore les principes rigides du jansénisme. De l'année 1829 à l'année 1835, il fit de fréquentes absences pour quêter en faveur de l'église catholique de Lausanne.

La paroisse de Sales était pénible et son climat rude pour M. Progin. Aussi il se retira vers 1841 dans la vie privée et donna sa démission de doyen et de curé de Sales. Il a publié en 1852 : *Le 2 novembre, visite au cimetière;* en 1854 : *Guide pour le jubilé universel.*

Voici les nombreux legs faits par M. Progin :

1° A Sales, pour y fonder une maison des pauvres. 4,000 fr.
2° Aux pauvres de Sales........................ 200 fr.
3° Aux pauvres de la paroisse où il mourra........ 200 fr.
son linge et ses vêtements.
4° Aux églises de Sales, de Genève et de Berne,
à chacune.. 500 fr.
5° A l'hôpital cantonal........................ 500 fr.
6° A la Gauglera................................. 500 fr.

1841. **Joseph-Antoine Vuilleret,** de Romont et de Fribourg. Exilé pendant le régime de 1848, il rentra à Sales dans le mois de février 1853. Le jour de l'anniversaire de sa mort, à la demande de son successeur, ses héritiers remirent 6,000 francs pour le fonds de l'orphelinat paroissial.

1848. **Jacques Sansonnens,** exilé de Belfaux.

1849. **Jean-Vincent Gremaud,** de Riaz. Le célèbre historien fribourgeois.

1873. **François-Joseph Porchel,** de Chénens. Vicaire à Bottens en 1871, à Vevey en 1872 et 1873.

1888. **Alphonse-Martin Bugnon,** de Macconnens. Ordonné le 25 juillet 1886, chapelain à Rueyres jusqu'au 1er septembre 1888.

SCHMITTEN

Schmitton, dans le XIIIe siècle, plus tard *Zerschmitten, Othmarswyl* dans le XVe.

Dans le temps jadis, un maréchal établit dans cette localité une forge, Scheide en allemand; c'est probablement dans ce mot que Schmitten trouve son étymologie : la forge aurait donné le nom au village.

Altitude : 640.

Patron : S. Joseph, patrocinium, approuvé par la Congrégation des Rites, le 18 décembre 1898. En 1884, Schmitten fut détaché de Guin et érigé en paroisse.

Chapelle.

Henri de Lanthen, Jacques Litzistorf, Hugue de Filistorf, etc., jurés de l'église de Guin, déclarèrent qu'une chapelle était nécessaire à Othmarswyl. Elle fut accordée, mais aux conditions suivantes : 1° les paroissiens de Guin n'imposeront jamais au curé l'obligation d'y célébrer la messe, excepté le jour anniversaire de la consécration de l'autel; 2° sans le consentement du curé, on ne pourra pas y fonder de messe les dimanches et fêtes; 3° toutes les oblations faites dans la chapelle appartiendront au curé; 4° on n'y établira jamais de fonts baptismaux; 5° les jurés ne feront pas bénir la chapelle, mais ils la laisseront comme elle est aujourd'hui; 6° elle sera conservée et réparée à perpétuité par les paroissiens, sans aucune charge pour le curé. 2 septembre 1412, signé : Monot, notaire, avec le sceau du vicariat de Fribourg. (*Arch. de Guin et de St-Nicolas.*)

Cet oratoire, qui n'a pas été bénit, mais dans lequel on pouvait célébrer la messe, avait un autel dédié à la Sainte-Croix, et consacré, dit-on, par un prélat étranger.

En 1431, quatre cardinaux, revenant du concile de Bâle, passèrent à Zerschmitten et prièrent dans l'oratoire de la Sainte-Croix; chaque cardinal accorda 100 jours d'indulgence aux fidèles qui viendraient y prier. L'Evêque, à la demande du chapelain Luft, confirma cette indulgence, y ajouta même 40 jours. (*Chron. Ræmy.*)

Une chapelle, plus vaste, fut construite en 1754; Mgr de Boccard la consacra le 28 octobre de la même année. Le premier chapelain résidant à Schmitten fut Christophe Roggo. Plus tard, cette localité eut un second prêtre qui faisait l'école.

Vers 1880, les autorités religieuses et civiles comprirent la nécessité d'ériger quelques villages en rectorat indépendant de la paroisse-mère. Une assemblée paroissiale, tenue en 1885, prononça, par 91 suffrages contre 1, la séparation de Schmitten de Guin. M. Helfer, chapelain, fut nommé curé de la nouvelle paroisse par Mgr Marilley.

D'après le décret du conseil d'Etat du 1er avril 1894, la paroisse de Schmitten comprend du territoire de la commune de Guin : 1° Le 2e quartier, moins *a*) la portion annexée à la paroisse de Saint-Antoine, comprenant le hameau de Menzishaus, désignée au cadastre de la commune de Guin, 2e quartier; *b*) la portion annexée à la paroisse de Tavel sur laquelle se trouvent les localités de Hohe Zelg, Wyler, Tützenberg, Spichermatte, Lanthmannsgut, et qui est mentionnée au cadastre de la commune de Guin, 2e quartier.

2° La portion du territoire de la commune de Bœsingen comprenant le hameau de Friesenheit et désignée au cadastre de dite commune.

3° La portion du territoire de la commune de Wünnewyl sur laquelle est située la gare de Schmitten, avec le groupe de bâtiments qui l'environnent et qui est mentionnée au cadastre de la commune de Wünnewyl.

4° La portion du territoire de la commune de Saint-Antoine, comprenant une partie du hameau de Burg et mentionnée au cadastre de dite commune.

Schmitten était érigé en paroisse et ses limites arrêtées, mais il fallait construire une cure, une maison d'école, une église assez vaste, procurer des cloches, des ornements, etc.; en un mot, il fallait tout créer et tout organiser. M. Helfer, premier curé, ne recula pas devant ce travail, se mit généreusement à l'œuvre et mena tout à bonne fin; c'est à son zèle pratique qu'on doit cette belle floraison qui s'est épanouie et dont Schmitten doit être fier.

L'église, construite d'après les plans de l'architecte Segesser, de Lucerne, est solide, spacieuse, pratique et digne dans son élégante simplicité. Mgr Deruaz l'a consacrée le 8 novembre 1898. La paroisse a conservé deux cloches de l'ancienne chapelle et en a procuré trois nouvelles, qui sont en acier; le mode de suspension est très simple et à imiter.

M. le curé Helfer allait mettre la dernière main à l'œuvre, jouir du fruit de son travail, lorsque la mort vint l'enlever à l'affection de ses paroissiens et de ses amis.

Chapelains de Schmitten.

1763-1770. **Christophe Roggo**.

1773-1790. **Albert-Ignace Sottas**.

1797. **François-Joseph Pfluger**, soleurois.

1809. **Schœffer.**

1819. **Père Bonaventure Stoll**, liguorien,

1827. **Père Germain Volgemuth**, liguorien.

1853. **Pierre Kaeser**, primissaire de 1839 à 1852, puis curé de Bœsingen.

1857. **Jacques Brulhart**, de Guin.

1858. **Père Grégoire Riedo**, primissaire.

1865. **Joseph Voulanthen.**

1867. **Joseph-Martin-Fridolin Spaeth.**

1869. **Jean-Baptiste Helfer**, chapelain, et curé depuis 1885.

Curés de Schmitten.

1885. **Jean-Baptiste Helfer**, né à Lanthen le 28 février 1831, élève de la Propagande, ordonné à Rome le 2 septembre 1860, décédé le 2 mars 1899, après une courte mais pénible maladie. M. Helfer était un prêtre intelligent, dévoué; il avait un talent particulier pour la poésie latine.

1899. **César-Alphonse Dollmann**, né le 11 septembre 1870, à Kœtzimgen, Haute-Alsace, ordonné à Fribourg le 3 avril 1897, vicaire à La Chaux-de-Fonds pendant deux ans, nommé curé de Schmitten le 5 mai 1899. *Ad multos annos!*

SEMSALES

Altitude : 869, Alpettes 1344, Au Signal 1416.
Patron : Saint Nicolas, évêque, 6 décembre.

Statistique.

Nombre de maisons habitées.	Nombre de ménages.	ORIGINE DE LA POPULATION				CONFESSION		LANGUE			Total.
		Bourgeois de la commune	Bourgeois d'une autre commune.	Bourgeois d'un autre canton.	Etrangers.	Catholiques.	Protestants.	Français.	Allemands.	Italiens.	
125	166	575	196	30	15	813	—	803	1	—	820

Nombre des contribuables	446
Immeubles imposables	2,298,536
Capitaux	547,105
Produit de l'impôt sur les fortunes	6,819
» » sur l'industrie	172
Dépenses pour l'assistance des pauvres	4,837
Fonds d'école pour 150 élèves	15,842

On ne peut donner la date précise de l'établissement du village et de la paroisse, car, avant 1177, la localité de Semsales n'est citée dans aucun document. Il faut procéder par induction pour approcher de la vérité. Le passage de Vaulruz à Vevey par La Joux-des-Ponts remonte certainement à une haute antiquité et, s'il n'a pas été fréquenté par les Romains, il leur est à peu près contemporain ; mais le chemin suivait primitivement un autre tracé ; il côtoyait la montagne, et était plus élevé que la route actuelle. Le pays était habité, et Semsales eut selon toute probabilité des habitants dès les premiers temps du christianisme.

Le Pape Alexandre III, qui occupa la chaire de S. Pierre de 1159 à 1181, prit, en 1177, l'hospice de S.-Nicolas du S.-Bernard ou de Montjoux sous sa protection spéciale et, à l'exemple de son prédécesseur Eugène III, confirma la possession de toutes les propriétés du couvent. Nous prenons, dit-il, cette maison sous la protection de S. Pierre et la nôtre avec tous ses biens, qu'ils proviennent des concessions des souverains pontifes, des largesses des rois et des princes ou des pieuses aumônes des fidèles. Suit l'énumération de 60 à 70 églises, prieurés ou paroisses, parmi lesquels se trouvent les cinq maisons que le S.-Bernard possédait dans le canton de Fribourg : Sales, Semsales, Avry, Farvagny et Sévaz. Le Pape prend ces maisons sous sa protection avec les églises, les propriétés, dépendances, novales, les dispenses de donner la dîme sur leurs possessions cultivées par eux ou à leurs frais, et défend sous des peines sévères de les troubler dans ces possessions. La bulle fut donnée à Venise, le 18 juin 1177. (*M. et D.*, vol. XXXIIII, p. 103, 104.) Alexandre III dit qu'il agit à l'exemple de son prédécesseur; ce qui laisse supposer que le Pape Eugène avait aussi donné une bulle et que la cella, septem Sales, Semsales, y était citée ; mais cette bulle n'existe plus dans nos archives.

Semsales vient de *septem sales ;* le mot *cella* indique évidemment un prieuré habité par plusieurs religieux.

En 1177, il existait donc à Semsales un prieuré, une paroisse et une église, voilà tout ce qu'on peut savoir.

Conon d'Estavayer, dans le pouillé du diocèse, fait en 1228, cite Semsales.

Vers cette époque, le prieuré possédait une petite pièce de terre à Vevey, tenue par Jacques Borgognion.

Sous l'épiscopat de Jean de Cossonay, de 1240 à 1273, une difficulté s'éleva entre lui et la maison de Montjoux au sujet des cures que ce monastère possédait dans le diocèse : Montjoux prétendait avoir le droit de pourvoir aux bénéfices sans aucune participation de l'Ordinaire ; l'Evêque, se basant sur le droit commun, affirmait que le couvent n'avait que la présentation et que la nomination lui appartenait. Deux Dominicains de Lausanne, choisis pour arbitres, décidèrent qu'à l'avenir, lorsque les cures seraient vacantes, le prévôt du

S.-Bernard présenterait un de ses chanoines et que l'Evêque serait tenu de l'accepter sans examen ; cependant le chanoine ainsi nommé pourrait être révoqué de son office par le prieur. La sentence fut portée à Lausanne, en 1269. (*Mem. VI,* p. 38.)

Dans le XIIIe siècle, une grande partie du terrain était livrée au libre parcours du bétail ; cet usage provenait de l'établissement des Burgondes dans notre patrie. Les limites des terrains à parcourir n'étaient pas toujours assez bien fixées, d'où des conflits fréquents entre les grands propriétaires, les communes et les maisons religieuses.

Une difficulté semblable existait entre les monastères d'Hauterive et de Hautcrêt. Il s'agissait du droit de parcours que les deux abbayes possédaient depuis la Broye aux montagnes de Semsales, et du droit d'acheter du foin dans cette dernière localité. Vers 1248, une sentence arbitrale détermina les deux points suivants : 1 Hautcrêt abandonnera au monastère d'Hauterive un chemin pour arriver à ses caves de Faverges et recevra en échange le droit d'acheter à l'avenir des pâturages et des foins dans tout le territoire de Semsales ; 2 une ligne sera tirée depuis la Broye près de Lucens au sommet du Moléson, Hauterive d'un côté de cette ligne de démarcation, et Hautcrêt de l'autre, aura le libre parcours pour le bétail sur toute cette étendue de terrain non clos et non cultivé.

Le prieur de Semsales était seigneur, et sa paroisse appartenait à la châtellenie de Rue depuis que cette seigneurie avait passé dans la maison de Savoie ; de là des contestations plus ou moins graves sur les droits et les devoirs.

En 1333, Nicolas de Pont, chanoine de Montjoux et recteur de la maison de Semsales, se plaignit à Louis de Savoie des vexations du châtelain de Rue. Le duc fit déterminer exactement les limites de la seigneurie, ou du prieuré et de la paroisse — ces limites seraient aujourd'hui difficiles à retrouver, à cause du changement des noms de localités, de rivières et de propriétaires ; — puis il déclara que, dans les limites de la seigneurie du prieuré, le prieur et ses successeurs, ses hommes, fermiers, tenanciers et leurs successeurs, jouiraient en plein droit des biens de leur église comme ils en avaient joui jusqu'à présent ; il déclara encore que le prieur, ses hommes et fermiers auraient droit aux forêts noires, au bois vert et sec pour l'affouage, les constructions, réparations, etc., ainsi qu'aux pâturages pour leurs bêtes, mais qu'ils ne pourraient vendre aucun de ces droits. Louis de Savoie retint pour lui et ses successeurs, dans toutes les limites de la paroisse et de la seigneurie, le pouvoir absolu et ce qui s'y rattache : le pouvoir du glaive, de la mutilation des membres, les châtiments corporels, l'enquête des criminels, avec l'avouerie et la garde. Le prieur pourrait aussi disposer des biens des condamnés.

Enfin il manda à son bailli de Vaud, au châtelain de Rue et à tous ses employés de ne jamais troubler le prieur de Semsales dans ses droits et privilèges. Donné le samedi après la chaire de S. Pierre, en février 1333. Le tout fut confirmé par le duc Amédée, à Thonon, le 30 avril 1426.

La même année, mais quelques mois plus tard, le 22 octobre, le duc Amédée fut appelé à trancher une nouvelle difficulté soulevée par les châtelains et les nobles bourgeois de Rue, qui voulaient astreindre le prieur, ses hommes tenanciers et fermiers à contribuer aux fortifications du château et de la ville. Il déclara, dans sa sentence, que tous les hommes du prieuré, sans qu'on puisse les inquiéter pour le présent, seraient tenus à l'avenir de contribuer aux fortifications de Rue.

Pierre IV de Gruyère, le 14 décembre 1349, donna au prieuré de Semsales la partie dite Entremont de la montagne de Tremettaz.

En 1493, le prieur et ses hommes de la seigneurie de Semsales décidèrent, pour éviter des difficultés et des procès, de faire le partage des montagnes de Noirmont et des Alpettes appartenant à toute la seigneurie. Antoine de Gruyère, seigneur d'Aigremont, et quelques hommes du voisinage firent ce partage par famille, après avoir fixé les limites des montagnes. Le prieur Guillaume de Montdragon se réserva, dans toutes ces montagnes, la jouissance du produit de chaque vache pendant un jour entier, comme en avaient joui ses prédécesseurs seigneurs et prieurs de Semsales. Il conserva encore le droit d'y mettre son cheval pendant la saison de l'alpage.

Dans le XVIe siècle, surgit une difficulté entre les communes de Semsales et de Vuadens. Il s'agissait de la jouissance des pâturages de la montagne dite des Alpettes de la Citaz. Les deux parties remirent leur différend à l'arbitrage de Pierre de

Belfort, bailli et gouverneur de Vaud, qui déclara que les hommes de Semsales seuls avaient droit à ces pâturages, et que, si ceux de Vuadens avaient quelque chose à réclamer, ils pouvaient le faire par la voie des tribunaux. Fait en présence de D. Pierre Morel, abbé de Hautcrêt, et des nobles seigneurs Louis Seigneux, Nicod de Prez, Bernard Musy, châtelain de Romont, Pierre Crausaz, seigneur de Combremont, Joseph Gonel, de Rue, 1519. (*Arch. de Semsales.*)

Le Saint-Bernard.

Nous trouvons, en 1177, le Grand-Saint-Bernard, connu aussi sous le nom de Montjoux, propriétaire et seigneur de l'étendue de la paroisse depuis le Raflour de Grattevache au sommet de la montagne. On ignore si l'abbé du monastère était venu lui-même fonder le prieuré et la paroisse avec le consentement d'un seigneur, ou si un prince puissant avait cédé cette contrée au Saint-Bernard pour s'y établir. Toutefois le prieur était seigneur et probablement souverain jusqu'en 1333; s'il n'existe aucun document à l'appui de cette assertion, l'acte cité plus haut, par lequel Louis de Savoie se réserve la haute justice, permet au moins de supposer qu'auparavant le prieur agissait en souverain ; à partir de cette date le duc lui laisse encore une partie de cette souveraineté. Les hommes de Semsales étaient taillables à merci, ou colons cultivant la terre du seigneur-prieur.

L'émancipation et la liberté furent accordées aux gens de Semsales à une époque très reculée. Le Saint-Bernard et ses prieurs ont été de grands bienfaiteurs de la paroisse ; ils donnèrent à ses habitants la jouissance des montagnes et des forêts contre une rente insignifiante : tranquilles, à l'abri des soucis et des révolutions, ils avaient l'affouage, le bois pour l'agriculture, pour les constructions et réparations, et leur bétail trouvait dans la montagne de gras pâturages.

Le Saint-Bernard exerçait depuis nombre de siècles la collation au bénéfice de Semsales, lorsqu'en 1543 il vit pour la première fois ses droits contestés par l'autorité civile, puis par le chapitre de Saint-Nicolas. L'Etat du Valais appuya les réclamations de l'abbé de Montjoux.

Le monastère du Saint-Bernard ne pouvait pas se laisser dépouiller de ses droits et d'un fief respecté par les ducs de Savoie, sans réclamer et demander la restitution d'un bien dont il avait joui de temps immémorial; mais le proverbe, comme on va le voir, se vérifiera encore : la raison du plus fort...

Depuis la conquête du pays de Vaud, l'Etat de Fribourg se considéra et agit comme successeur de la maison de Montjoux; il réunit, sans s'inquiéter des droits du prieur, la justice de Semsales à celle de Rue, par décret du 19 octobre 1537, enfin à celle de Châtel-Saint-Denis, par décret du 7 mars 1581. Fribourg disposa même du prieuré comme si sa propriété avait été reconnue ; il donna ce fief du Saint-Bernard à l'hôpital de Fribourg.

En 1556, l'hôpitallier, qui avait des propriétés dans la paroisse, vint à Fribourg avec une députation de Semsales, pour se plaindre de ce que le bailli de Rue avait exigé l'extradition d'un homme qui était en prison à Semsales, alors que les anciens titres du prieuré portent expressément le droit de haute juridiction. Messeigneurs répondirent que la juridiction civile avait été enlevée au prieur, en 1537, quand le chanoine de Montdragon vint demander la confirmation de ses droits comme prieur. (*Arch. de Frib.*) Ce prieur Claude de Montdragon n'était pas prêtre. C'est probablement lui qui abandonna les fidèles pendant une épidémie, lorsque le devoir et la conscience l'obligeaient de rester à son poste.

Le chapitre réclamait toujours le droit de collation et l'incorporation de la cure de Semsales à Saint-Nicolas. Les deux parties, en 1593, portent leur cause en cour de Rome. Rodolphe de Longetus, archevêque de Tarantaise, délégué par le Saint-Siège, tranche la difficulté en faveur du Saint-Bernard, et défend au chapitre de Saint-Nicolas, sous peine d'excommunication, de troubler à l'avenir le Prévôt du Saint-Bernard dans l'exercice de ses droits sur les bénéfices paroissiaux du diocèse de Lausanne. Cette sentence aurait dû mettre fin aux dissensions, mais il n'en fut rien. Le chapitre de Saint-Nicolas en appela au Pape. Après soixante ans de luttes, de volumineux mémoires, l'accord suivant fut conclu entre les parties : par transaction du 4 décembre 1602, et ensuite d'une sentence arbitrale du 19 août de la même année, le Prévôt et le chapitre de Montjoux cédèrent au chapitre de Saint-Nicolas tous leurs droits aux bénéfices de Semsales, Sévaz, Farvagny, Vuisternens-devant-Romont, Sales, Avry et de la chapelle de Saint-Pierre à Fribourg contre la somme de 1,550 ducatons. Le 20 mai 1603, sous leurs sceaux, l'évêque Hiltbrand, le chapitre de Sion et le conseil du Valais confirmèrent la transaction du 4 décembre précédent, et confessèrent avoir reçu au nom du couvent de Montjoux 1,600 écus. (*Arch. de Saint-Nicolas.*)

Après le Saint-Bernard, une nouvelle lutte, plus longue encore et fertile en incidents de tout genre, s'éleva entre le chapitre de Saint-Nicolas et l'hôpital et le gouvernement de Fribourg. A la mort du prieur Choflon, 1665, le chapitre réclama le droit de collation, conformément à l'accord fait avec le Prévôt du Saint-Bernard. Le petit conseil nomma une commission pour examiner les droits des deux parties. Elle déclara que depuis cent vingt ans ce droit avait été exercé par l'Etat de Fribourg, ainsi avant et après l'accord de 1602; que l'hôpital avait toujours perçu les lods de Semsales, et même que les prieurs ont reconnu tenir de l'Etat en faveur de l'hôpital les propriétés du prieuré, cela sans aucune contestation — « ensuite nous avons pourveu au dit prioré en conformité de « l'ancienne usance qui nous est dévolue comme susdit est — « Pour la coroboration de laquelle et de nostre possession si « légitime l'institution en ayant été faite par les solemnités et « formalités requises sur la présentation préalable qui nous a « été faite par l'hopitalier... » 10 décembre 1665.

Le grand conseil, quatre-vingts ans plus tard, porta le décret suivant :

« Ensuite des démarches et des offres du chapitre sous date « du 25e janvier 1746, et de l'intervention de notre hôpital « sous date du 8 février 1746, le grand conseil par un décret « du 8 mars 1746 adjugea au ven. chapitre le prieuré de « Semsales, avec la réserve des lods et rentes usitées en faveur « de l'hôpital de Fribourg, et de la confirmation des nouveaux « prieurs par l'avoyer et conseil de Fribourg. » (*Arch. cant. rep. de Saint-Nicolas.*)

Après ces longs débats une réflexion est permise. Le Saint-Bernard a été dépouillé de ses droits sans l'avoir précisément mérité. Ce monastère, il faut le reconnaître, a été grand, généreux et libéral pour la paroisse. Si la commune de Semsales n'a plus les millions que le Saint-Bernard lui a donnés en montagnes, forêts, ce n'est certes pas la faute des prieurs, et encore moins de la maison de Montjoux. Au lieu de faire fructifier ces dons si avantageux pour les familles et la commune, le produit des montagnes et des forêts avec celui des terres de la plaine s'est écoulé sur Vevey. — Le vignoble avait de l'attrait, malheureusement.

L'église.

La première église connue fut construite au-dessous de la Vilette, à côté du prieuré, au lieu dit au Tey ou au Tez. Un immense éboulement, selon la tradition, détruisit le village, l'église et le prieuré; ce qui est possible, car le mouvement de la terre végétale et de l'humus sur le calcaire peut causer de telles catastrophes.

Un autre éboulement, considérable aussi, arrivé dans les temps plus rapprochés, sans qu'on puisse fixer la date, enleva le prieuré, dont les fondements sont encore visibles aujourd'hui; mais l'église fut épargnée.

L'église de Semsales, certainement très ancienne, fut visitée par les délégués de Mgr de Saluces; à cette époque, 1453, elle n'était pas dans un meilleur état que les autres églises du diocèse : elle avait un seul autel, qui n'était pas consacré; la fenêtre du chœur et celles de la nef réclamaient le vitrier; pas de sacristie, pas de pavé, ni de plancher; pas de tabernacle ni de ciboire pour les hosties; la pyxide pour le viatique était en ivoire. Voilà une idée de l'église de Semsales, qui fut église paroissiale, et du prieuré depuis une époque très reculée jusqu'à la construction de l'église actuelle, 1630; l'inscription 1650 est la date de la consécration.

La position de l'ancienne église et du prieuré était mieux abritée, moins froide que le Semsales actuel. Une route, construite pour y arriver, montait près du Sauvage et se dirigeait par le sommet du village sur Châtel et Vevey. La population, qui craignait toujours les éboulements et les inondations de la Mortigue, descendit et vint s'établir dans la plaine.

Le 18 juin 1786, la foudre tomba sur le clocher et y mit le feu ; c'était un dimanche, pendant les vêpres ; mais les prompts secours parvinrent à l'éteindre, avant qu'il eût causé trop de dégâts.

L'église possède cinq cloches, dont quatre furent coulées en 1870.

En 1853, M. Zurcher, élève de Deschwanden, peignit les tableaux des autels.

Des dons nombreux permirent de placer sur la tribune un orgue à douze registres. La paroisse, en 1871, dépensa une somme de 3,000 fr. pour diverses réparations à l'église.

Le cimetière de Semsales renferme les dépouilles mortelles de plusieurs familles distinguées : le marquis Antoine-René-Marie Terrier de Monciel, décédé en 1831 ; le marquis Vernety de Vaucroze, décédé en 1834 ; plusieurs membres de la famille de Brémond ; Léon-Nicolas Quennec, officier de marine, chevalier de la Légion d'honneur, décédé en 1877. Ce dernier s'est rendu célèbre par ses voyages.

La cure.

Le prieuré, avec quelques cellules pour les chanoines, servit d'habitation pour les curés de Semsales pendant plusieurs siècles. A une époque très reculée, comme nous l'avons vu, il fut détruit par un éboulement de la montagne. On construisit un nouveau bâtiment plus bas, dans un pré de la Vilette, dont on aperçoit encore l'emplacement. Les curés se rendaient de là à l'église du prieuré jusqu'en 1650, puis à l'église actuelle de 1650 à 1789.

En 1778, la cure était inhabitable. Deux chanoines, délégués à Semsales par le Chapitre, déclarèrent qu'il était nécessaire de reconstruire la cure, l'habitation du fermier et deux chalets qui occasionneraient une dépense de 3,000 écus. Le Chapitre, qui ne pouvait fournir cette somme sans une diminution de ses revenus, proposa la vente d'un domaine et d'une montagne. Le Conseil d'Etat consulté renvoya le rapport au Chapitre.

Le 17 juillet 1782, J.-Nicolas-Victor Daguet fut nommé prieur, mais le Chapitre lui imposa l'obligation de fournir une caution pour les capitaux du bénéfice et d'habiter le prieuré pour l'empêcher de se détériorer davantage. Enfin, l'ancien domaine du prieuré fut vendu 16,000 écus, 38,000 fr., et on commença la construction de l'habitation du prieur-curé, qui fut terminée en 1789.

Bienfaiteurs.

M. Lombard, prêtre français réfugié à Semsales pendant la Révolution, a rendu de signalés services à la paroisse. Il a recueilli les anciens registres des baptêmes, des mariages et des décès ; il les a copiés à nouveau et établi des catalogues fort utiles. Un prieur avait négligé d'enregistrer nombre de naissances, etc. M. Lombard a mis de l'ordre partout et réparé les lacunes par de patientes recherches.

Joseph Perrin, dit à Ninaz, ancien syndic, décédé vers 1888, a donné 500 fr. pour un dais.

Nanette Pachoud a légué 100 fr. pour réparer la chapelle de Sainte-Anne, l'oratoire à côté de l'église.

Marie Bosson, de Riaz, née Gaudard, a laissé 2,000 fr. à la disposition du prieur, pour la sacristie.

Marie et Françoise Gothuey ont donné leur petite fortune pour doter l'école enfantine et pour l'église, 1889.

Par testament du 14 janvier 1897, Catherine Gothuey, des Jorettes, a donné à la commune la somme de 19,000 fr., avec 17 poses de terre, pour la fondation d'un orphelinat destiné à recueillir les enfants pauvres de Semsales. Elle a encore légué 100 fr. pour l'église.

Une fondation pour une fête des enfants le jour de Saint-Nicolas, commencée en 1876, est arrivée à un joli capital.

Faits divers.

En 1538, un calice fut volé ; le gouvernement de Fribourg obligea le prieur à le remplacer à ses frais. Un autre vol de vases sacrés, dans lequel un calice aux armes de Savoie disparut, fut commis dans ce siècle.

Le moulin et la scie de Semsales étaient dépendants du prieuré ; en 1469, ils furent donnés en location à la famille Drumont, plus tard aux Perrin.

Le clergé de Romont possédait l'auberge du Sauvage et une gîte de 30 poses, qui provenaient de la succession du prieur Jean Choflon. Le tout fut vendu, en 1670, à Bon Frossard, de Romanens, pour le prix de 950 écus petits.

Le cabaret de Semsales, propriété de l'hôpital de Fribourg, fut acheté par la commune pour 1,000 écus, à payer tous les 30 ans à titre de lods.

Un fait, qui donne une idée de l'esprit de l'époque, se passa en 1801. La commune fit déposer la pompe à incendie dans l'église; le prieur, au nom du respect dû au lieu saint, protesta, porta plainte à la préfecture de Châtel; le sous-préfet Pilloud donna 24 heures à la commune « pour retirer sa seringue. »

Le village de Semsales avait dans la montagne un ennemi redoutable et dangereux, qui le menaçait toujours, la Mortigue. En été et en temps de sécheresse, c'est réellement l'eau morte; mais elle devient très vivante, même furieuse et détruisant tout sur son passage, à la fonte des neiges et en temps d'orage. La commune, pour se défendre contre les débordements, se vit obligée de recourir au nouveau moyen de digues espacées et produisant des chutes d'eau de distance en distance; un subside de la Confédération permit de terminer un ouvrage aussi considérable et de mettre le village à l'abri de toute inondation.

Des abus intolérables, résultat de mœurs grossières, s'étaient glissés dans la paroisse. Le bailli de Forel voulut les réprimer; voici ce qu'il écrivit le 26 novembre 1736 : « Ayant appris avec « grand déplaisir le peu de ferveur chrétienne et même la tié- « deur scandaleuse de plusieurs jeunes gens de cette paroisse, « qui se manifeste trop par le culte indécent qu'ils rendent au « Tout-Puissant, en passant le temps de l'office divin sur le « cimetière et autour, quoique l'église soit assez vaste, en cau- « sant, badinant, sans faire attention aux cérémonies sacrées « qui s'accomplissent... »

Il imposa une amende de 4 florins à chaque contravention, soit pour chaque personne qui n'entrerait pas à l'église. Comme les abus, au lieu de diminuer, se généralisèrent, gagnèrent nombre de paroisses, le conseil d'Etat dut émettre un mandat souverain pour réprimer ces désordres.

Le bailli de Châtel écrivit encore, en 1765, à la paroisse de Semsales : « On pousse l'irréligion si loin que de prendre les « filles dans l'église pour les conduire au cabaret. » L'amende contre ces abus fut portée à 12 florins. (*Arch. de Semsales.*)

Le 26 mars 1830, Semsales fut encore éprouvé par un incendie qui, en quelques heures, réduisit en cendres 42 bâtiments ; l'église, la cure, l'oratoire de Sainte-Anne et le hameau de la Vilette furent préservés. On vit, à cette occasion, des prodiges de générosité ; mais le désastre se trouvait immense, la population, sans provisions et sans habillements, était dans une poignante consternation. Les dons en denrées arrivèrent abondants et de tout côté, la somme recueillie monta à 20,214 fr., dont un tiers au moins du canton de Vaud. Cependant plusieurs familles ne purent se relever qu'à grand' peine de ce coup foudroyant.

Prêtres français en résidence. Il y avait, à un moment donné, outre un certain nombre de laïques, au moins 54 prêtres réfugiés à Semsales sous la Terreur, et presque tous sans ressource. Ils appartenaient à 8 diocèses différents, à savoir : au diocèse d'Autun, de Genève, du Puy, de Bourges, de Besançon, de Chalon-sur-Saône, de Clermont et de Carpentras. Le prieur dut établir un ordre du jour pour célébrer les messes ; elles se disaient, sans interruption, de 5 heures du matin à midi et à trois autels simultanément.

Fondation du Vicariat et de la Chapellenie.

Les chanoines du Grand-Saint-Bernard, pour former un prieuré, étaient certainement 3 ou 4 membres réunis à Semsales, dont l'un exerçait les fonctions de curé ; si celui qui portait le titre de curé ne résidait pas, il était remplacé par des vicaires. Dans la visite pastorale de Saluces, en 1453, il n'est pas fait mention de chapelain ; il n'y avait alors, paraît-il, qu'un seul autel dans l'église : les autels ou chapelles de Saint-Jean et de Saint-Hilaire furent érigés postérieurement.

Les paroissiens, vers 1620, pour obliger le prieur à garder toujours un vicaire, adressèrent une pétition à l'Evêque, dont voici un passage : « ... Comme il se conste par l'institution et « coutume de temps immémorial par divers titres des années

« 1506, 1512, 1521, plus de l'année 1613. Et encore les prédé-« cesseurs du prieur ont continué la coutume comme il est « appart clairement par les reconnaissances du charitable « Grand hôpital, ayant iceux entretenus des vicaires de toute « mémoire d'homme, comme font voir par les noms que les « exposants produisent. Joint que jadis la chapelle de S. Jean-« Baptiste et de Saint-Hilaire, fondée en l'eglise, jouissoit des « terres et rentes, lesquelles le dit prieur retire et perçoit. »

Le prieur fit opposition. L'Evêque, malgré les nombreuses réclamations des paroissiens, reconnut les droits du prieur. Ils s'adressèrent alors, sous forme d'appel, à l'autorité civile, qui envoya des délégués pour examiner cette affaire et la terminer à l'amiable ; ce qui eut lieu, en réservant toutefois l'approbation des deux autorités.

1° Il fut reconnu que pour l'entretien d'un vicaire, les rentes devaient s'élever au moins à la somme de 60 écus, 180 fr., avec logis et jardin. Le prieur consentit à une contribution annuelle de 15 écus.

2° Une rente de 2 écus pour les messes des quatre-temps, plus 10 florins de la chapelle de Saint-Jean au futur vicaire.

3° Pour les messes du vendredi 6 écus, payés par le tronc ou par la paroisse.

4° Le prieur cédait toutes les oblations faites sur l'autel érigé par l'hôpital, le vin des messes, et les paroissiens fournissaient les linges et les ornements nécessaires.

5° Le prieur cédait encore les messes que les recteurs du Rosaire faisaient célébrer. La commune s'engagea à payer annuellement au vicaire 25 écus petits, avec une maison et un jardin, le bois de clôture et le bois à brûler, mais le vicaire devra nourrir ceux qui le prépareront. Enfin, l'hôpitallier promit un capital de 300 écus de la part de l'Etat, pour compléter la rente de 60 écus petits.

Voici maintenant les obligations et devoirs du chapelain ou vicaire : Il célébrera la messe matinale fêtes et dimanches, à 6 heures en été, et à 8 heures en hiver ; il devra résider dans le village et remplacer le prieur pour l'administration des sacrements, en cas d'absence et de maladie ; il dira chaque mercredi une messe pour les fondateurs de son bénéfice. Il fera l'école aux enfants une fois par jour, pour leur enseigner la lecture et l'écriture ; mais chaque enfant lui donnera un batz, 14 centimes par mois, les pauvres exceptés.

Les trois parties fondatrices se réservent de pouvoir présenter un prêtre à leurs Excellences, collatrices du prieuré au nom du grand hôpital, qui choisiront un des trois candidats. Fait le 30 juin 1669.

Le gouvernement approuva cet arrangement le 4 juillet 1669, et l'Evêque le 6 du même mois. (*L'Original aux archives de l'hôpital.*)

La commune, dans le siècle suivant, établit un régent, et le vicaire-chapelain fut déchargé de l'école; mais une autre difficulté surgit à cette occasion. La commission voulut prendre une chambre de la chapellenie pour en faire une salle d'école; le chapelain s'y opposa, recourut même à l'Evêque pour empêcher cette aliénation. Monseigneur cita les parties et obtint l'arrangement ci-après : le chapelain s'engagea à faire l'école, si on lui donnait annuellement 20 écus, prélevés sur la somme de 400 écus accordés pour l'école par la fondation de M. Rossier, et le batz de chaque enfant par mois. La commune accepta cette offre avantageuse. Fait le 16 novembre 1740. Claude, Evêque. (*Arch. de Semsales.*)

Le 27 juin 1840, Monseigneur Pierre Tobie écrivait au prieur : « On a attiré dernièrement mon attention sur l'état des revenus « de la chapellenie de Semsales, qui, me dit-on, depuis quelque « temps ont souffert une diminution sensible. On ne saurait « plus p. e. où trouver aujourd'hui une somme de 300 écus « donnée par l'hôpital à la commune pour faire partie des « revenus du chapelain. Une particule de terre en Villarzel, « mentionnée dans la note des messes, serait confondue dans « la propriété du prieuré. Une redevance de la confrérie du « S.-Esprit serait perçue en totalité par la commune, etc.

« Je sais bien que le traitement que fournit actuellement la « commune à M. le vicaire compense abondamment ce qu'il « peut retirer sur les rentes de la chapelle... mais il importe « que les revenus de la chapelle restent distincts... afin que je « puisse aviser aux moyens de reconnaître les droits et pro- « priétés de ce bénéfice. »

Le 30 mars 1866, le conseil communal fit la reconnaissance du bénéfice du chapelain-vicaire.

1° Le chapelain possède au centre du village une partie de la maison appelée Curette, avec un jardin de 17 perches et 55 pieds.

2° Sous le titre collectif de la Plan-Chollet, il possède, au clos Chambert, 116 perches, et, au même lieu, 277 perches ; à la confin des Praz, 59 perches.

3° En capitaux : une lettre de rente du capital de 31 fr. 88 c. ; une autre de 112 fr. 65 c., et 65 fr. 56 en espèces.

4° Les autres revenus du bénéfice de la chapelle sont :

a) 72 fr. et 60 c., qu'elle retire de la caisse de la confrérie du S.-Esprit pour les messes des mercredis ;

b) 15 fr. et 60 c. de la commune, provenant de 25 fr. pour 11 messes, dont les capitaux sont perdus, et 8 fr. 35 c. pour quatre autres messes à l'autel de S.-Jean, dont le capital est aussi perdu ;

c) de la confrérie du S.-Esprit, 5 fr. 80 c. pour les offices des quatre-temps ;

d) de la caisse des collectes des confrères défunts du Rosaire, 4 fr. pour la messe à l'autel du Rosaire.

Charges du bénéfice. Le chapelain doit

a) célébrer la messe matinale les dimanches et fêtes ;

b) demeurer à Semsales, remplacer le prieur s'il vient à s'absenter ;

c) acquitter toutes les messes fondées de son bénéfice, au nombre de 104 ;

d) entendre les confessions de ceux qui se présenteront à lui, prêcher 6 fois par an, et, s'il veut s'absenter, prévenir M. le prieur.

Un caissier des rentes de la chapelle est nommé par la commune ; on le charge de retirer tous les revenus de ce bénéfice, de remettre à M. le prieur, quand il n'y a pas de chapelain, 188 fr. pour les messes fondées de la chapelle, et de payer les impôts. 30 mars 1866.

Le conseil demande un dédommagement au Chapitre de S.-Nicolas pour la pièce de terre aux Villarzel, propriété de la chapelle, mais qui avait été vendue au nom et au profit du prieuré. Le Chapitre, par transaction du 26 août 1866, permet au prieur de prélever 300 fr. sur la caisse des revenus, et de rendre cette pièce de terre au bénéfice du chapelain.

Vicaires et chapelains.

Le vicariat a été fondé en 1665, et la chapelle en 1750.

1670. D. **Jean Jordan.**

1676. D. **Louis Ecoffey.**

1710. D. **Joseph Glasson,** de Bulle.

1716. D. **François-Sulpice Garçon,** de Cheiry.

17 ? D. **François-Joseph Charles.**

1725. D. **Joseph Quillet,** de Saint-Aubin.

1740. D. **Pierre Richard,** élu par le gouvernement sur la présentation du prieur, de l'hospitalier et de la commune.

1744. D. **Jean-Charles Dupaquier,** de Bulle.

1771. D. **Jacques Esseiva,** du Crêt.

1774. D. **Ant.-Joseph Monveillard.**

1787. D. **Jean-Pierre Barras,** de Broc.

1789. D. **Jacques Esseiva,** pour la seconde fois.

1817. D. **Kaltenbach.**

1819. D. **Georges Sugneaux,** de Billens.

1821. D. **Etienne Chablaix,** de Fribourg.

1823. D. **Antoine-Joseph Thorin,** de Villard-sous-Mont.

1825. D. **Jean-Baptiste Joye,** de Prez.

1828. D. **Antoine Kilchær,** de Fribourg, à sa mort chanoine de Saint-Nicolas.

1829. D. **Jean-Joseph Paradis,** de La Roche.

1831. D. **Valentin Dunoyer,** du canton de Genève.

1831. D. **Franç.-Xavier Aeby,** de Fribourg; voir vol. VI, page 353.

1833. D. **Georges Hessel.**

1833. D. **Joseph Blanc**; voir vol. II, p. 220.

1836. D. **Claude Corminbœuf,** de Ménières.

1837. D. **Jacques Marchon,** de Vuisternens-en-Ogoz.

1841. D. **Ignace Schinner.**

1844. D. **Aloyse Bosonet,** du Jura.

1846. D. **Joseph Overney,** de Dirlaret.

1882. D. **Aloyse-François-Nicolas-Joseph Laurent,** né à Aost le 24 août 1848.

1887. **Alexandre-Nicolas Rapo,** de Cheyres.

1891. P. J. **Clément Baudevin,** de Rueyres-Saint-Laurent.

Prieurs-curés de Semsales.

1170. D. **Pierre,** prêtre de Semsales.

1279. Frère **Rodolphe,** de Cressier, chanoine de Mont-Joux.

1303. Frère **Nicolas** de Pont. Le prieur était frère de Thomas et de Jean de Pont; il appartenait à cette famille.

1381. D. **Rodolphe.**

1418. Frère **Jacques Clément,** chanoine.

1441. D. **Guillaume,** de Lavigniaco.

1462. D. **Jacques Bonyvard,** chanoine.

1489. D. **Guillaume de Montdragon.**

1490. D. **Claude du Nant.**

1506. **Anselme Carrati.**

1529. D. **Rod. Robin,** chanoine. D'après Kuenlin, l'avoyer et conseil, à la mort de Robin, nommèrent Claude Patignier prieur de Semsales, à ces conditions : il célébrera personnellement le service divin; il aura un vicaire et il conservera la maison et les biens en bon état; il acquittera à l'hôpital 200 L. et en donnera autant au marguillier. Je suppose que ce nom Patignier était un sobriquet des Montdragon.

1534. D. **Claude de Montdragon.** Il n'était pas encore prêtre lorsqu'il prit possession du bénéfice. Malgré les nombreux avertissements, il ne résidait pas, et il ne recevait pas les ordres sacrés. Le service divin était négligé; l'église, le presbytère menaçaient ruine. Il se présenta à Fribourg devant le Conseil, le 8 octobre 1537; Messeigneurs lui fixèrent un laps de temps pour embrasser l'état ecclésiastique et s'établir dans la paroisse. Il se présenta de nouveau, le 19 octobre, pour demander la jouissance du bénéfice et l'exercice de la juridiction temporelle. Le Conseil lui accorda le bénéfice, mais le bailli de Rue fut revêtu de la juridiction temporelle. En 1538, de nouveaux délais lui sont accordés. Tout fut inutile. Pour ne pas priver la paroisse des offices divins, etc., le Conseil nomma D. Pierre Forney, vicaire de Semsales, sur le même pied que son prédécesseur; il fit séquestrer les revenus du prieur par le bailli de Rue, pour les employer aux réparations de l'église et du presbytère. Il fit encore séquestrer, le 20 octobre 1539, tous les biens du prieur, excepté les comestibles, et en donna la jouissance au vicaire Forney, et ensuite à l'Hôpital de Fribourg.

Claude de Montdragon appartenait à une illustre famille de la Savoie. Le prieur s'adressa au roi, pour obtenir protection contre le gouvernement. La famille royale s'intéressait vivement à lui, et le roi était heureux de profiter de cette occasion pour revendiquer les droits de ses sujets dans le pays de Vaud et de Fribourg, droits qu'il avait perdus en 1536. Un ambassadeur se présenta en son nom, le 20 août 1541, à Fribourg. Par déférence pour le roi, le Conseil voulut bien rendre le bénéfice au protonotaire Claude de Montdragon, pourvu qu'il fût ordonné; car il fit observer à l'ambassadeur qu'on n'accordait pas de bénéfice ecclésiastique aux personnes étrangères et non revêtues des ordres sacrés. Il se fit ordonner prêtre, et la cure de Semsales lui fut rendue, le 12 mai 1540. C'est sous lui que les prieurs perdirent la juridiction temporelle.

1537. D. **Pierre Forney.**

1550. **Rodolphe** ou **Rod Robin.**

1559. D. **Claude de Pettignier.** Il dut rebâtir la cure; on lui imposa un fermage de 200 flor. en faveur du grand Hôpital, et 20 flor. pour le sacristain de Saint-Nicolas.

1578. **François Genilloud.** Le Conseil de Fribourg l'avait déposé en 1579; mais le consistoire, présidé par le prévôt Schneuwly, le rétablit dans son bénéfice, parce qu'on ne lui avait pas permis de se justifier des accusations portées contre lui par les paysans.

1579. D. **Louis Gremaud,** nommé par le Chapitre de Saint-Nicolas; mais il devait obtenir la confirmation du Conseil. Le 15 juillet 1602, il fut congédié par arrêté du Conseil. M. Gremaud était un excellent prédicateur et aimé de ses paroissiens.

1602. D. **Pierre Python** (Picton), docteur en théologie. Par testament du 8 mars 1644, il légua 200 écus (600 fr.) à la chapelle de La Bonne-Fontaine à Vaulruz, avec la charge d'une messe par semaine; 300 flor. pour deux messes anniversaires à Semsales; 1,100 écus à la chapelle de Rueyres.

1612. D. **Jacques Masson,** vicaire.

1612. D. **Rollet Guay,** vicaire.

1639. D. **Josse-Pierre Dumont,** d'Autigny. Il était docteur en théologie, proton. apostolique et vicaire général du diocèse.

M. Python, dont j'ai parlé plus haut, parvenu à un âge très avancé, ne fonctionnait plus, M. Dumont fut coadjuteur, puis curé. Le 4 mars 1649, il renonça au bénéfice et demanda les chapelles de Saint-Claude, de Saint-André et de Saint-Nicolas à Attalens.

1649. D. **Jean Choflon,** de Romont. Le gouvernement lui permit de vendre une pièce de terre pour réparer les bâtiments et lui imposa une pension de 40 écus (120 fr.) en faveur du curé d'Echallens, M. Brocheraz ou Bezerra.

1666. D. **Martin-Othmar Huber.** Le gouvernement lui imposa les mêmes conditions qu'au précédent.

1706. D. **Jacques Fivaz,** de Fribourg, élu par le gouvernement. Le Chapitre de Saint-Nicolas produisit ses titres de droit à cette élection ; mais le gouvernement ne voulut pas les examiner. L'Evêque, après avoir consulté le Nonce, refusa à l'élu l'institution canonique et admit la protestation du Chapitre. Le conflit fut porté à Rome. Enfin, M. Fivaz fut installé avec l'approbation de Mgr de Montenach.

1749. D. **François-Pierre Rudaz,** de Fribourg, chanoine et scolarque de l'église catholique de Lausanne depuis 1769.

1769. D. **Jacques-Joseph-Chrystophore Cosandey,** de Fribourg. Il fut nommé par le Chapitre de Saint-Nicolas, qui lui imposa la construction, à ses frais, du chalet des Alpettes et la réparation des chalets de la grande Citaz, des Mollettes et du Villard. Il devait payer annuellement 50 écus et 19 batz à l'Hôpital de Fribourg pour cens directs, 15 écus au chapelain-vicaire et 5 écus et 15 batz aux coadjuteurs de Saint-Nicolas, ou un banquet à la justice de Semsales ; les cierges, le luminaire, les toits des bâtiments étaient à sa charge ; il payait encore au Chapitre de Saint-Nicolas un fermage de 300 écus.

1782. D. **Joseph-Nicolas-Barthélemy Daguet,** de Fribourg, élu par le Chapitre de Saint-Nicolas. Il dut conserver son office de coadjuteur jusqu'au 30 novembre.

1836. D. **Nicolas Hayoz,** de Fribourg.

1864. D. **Pierre-Alexandre Conus,** de Rue. Il a construit une chapelle dans la montagne et réparé l'église. Ce prêtre zélé dirige la paroisse depuis 35 ans.

SIVIRIEZ

Siviriez, Siveriez, Sylviriacum dans les anciens documents. Chavannes-les-Forts; ce nom vient du latin *cabana,* petite maison, *cabanæ fortes.*

Prez, ce nom n'a jamais varié dans les documents.

Le Saulgy, Saugy, Villaranon, Villarainon, Villaragnon.

Altitude : Siviriez, vers l'église, 778, Prez 768, Chavannes-les-Forts 787, Le Saulgy 845, Villaranon 793.

Patron : S. Sulpice.

Statistique.

	NOMBRE		POPULATION DE RÉSIDENCE D'APRÈS								
			l'origine,				la confession,		la langue.		
	Des maisons.	Des ménages.	Bourgeois de la commune.	Bourgeois d'une autre commune.	Bourgeois d'un autre canton.	Etrangers.	Catholiques.	Protestants.	Français.	Allemands.	Total.
Chavannes-les-Forts.......	65	75	271	66	23	1	349	12	346	15	261
Prez..........	67	72	266	57	31	—	349	5	347	7	354
Le Saulgy	14	15	38	35	—	1	74	—	73	1	74
Siviriez.......	87	103	282	170	13	7	470	2	470	2	472
Villaranon....	22	22	75	63	10	—	147	1	148	—	148
TOTAL........	255	289	932	391	77	9	1,389	20	1,384	25	1,409

Statistique de la fortune imposable.

	Nombre des contribuables.	Immeubles.	Capitaux, titres.	Produit de l'impôt.	Impôt sur le commerce.	Dépenses pour les pauvres.	Fonds d'école.	Nombre des écoles.
Chavannes-les-Forts	123	757,880	99,193	2,013	98	1,611	22,796	2
Prez	131	724,351	288,205	2,487	6	987	27,986	1
Le Saulgy..........	23	168,744	56,944	535	9	235	12,066	1
Siviriez	167	990,407	195,454	3,005	175	699	21,200	2
Villaranon	52	302,302	42,382	810	—	224	11,246	1

Siviriez.

Cette paroisse, traversée jadis par une route romaine, est de nos jours favorisée des meilleurs moyens de communications : le chemin de fer, la route de Fribourg-Lausanne.

Le climat de la contrée est froid, des vents assez violents y soufflent fréquemment, ce qu'explique l'altitude des villages. Autrefois la vallée de la Glane, qui commence à Prez, était souvent inondée : de là des marais, un air plus ou moins malsain; la correction de cette rivière a modifié le sol et amélioré le terrain.

Il n'est pas facile de donner une idée juste du pays dans les temps préhistoriques, de parler des Romains, des Burgondes et des nombreux seigneurs qui ont passé dans la contrée.

Vers le milieu du XIIe siècle vivaient Guibet et son frère Falco de Sivriei, Siviriez ; le premier donna au monastère d'Hauterive tout ce qu'il possédait à Chesales. (*Arch. soc. d'hist.,* VI.) D. Henri de Sivirico était prieur de Payerne, en 1370, et de Romainmôtier, la même année. Pierre de Syvirier était chevalier en 1373. (*M. et D.* XVII.) François de Sivirier vivait vers la fin du XVe siècle, ainsi que noble Jean.

Une autre famille, nombreuse, que nous retrouvons à Rue et dans les environs, tire son origine de Prez.

Le 23 mai 1260, Rodolphe, fils de Guillaume d'Ecublens, vendit à Pierre II de Savoie, pour le prix de 60 livres et deux muids de froment, tout ce qu'il possédait dans les villages de Villar Rabor, Villaraboud, Riefrens, Lieffrens, Somensier, Syvrie et Chabanne. (*Peter II,* vol. 4.) A cette date Pierre II de Savoie avait donc des propriétés à Siviriez et à Chavannes-les-Forts. Il est regrettable que ce document ne s'explique pas sur la nature et l'étendue de ces possessions.

Dans le XIIIe siècle, un différend s'éleva entre les monastères d'Hauterive et de Hautcrêt, au sujet de la jouissance des pâturages entre la Broye et le Moléson. La ligne de démarcation fixée par des arbitres, comme on l'a vu à l'article *Semsales,* partait de la Broye pour passer près de l'église de Courtilles, de là sur le village de Brenles, l'église de Siviriez, la chapelle de Chavannes, l'église de Lieffrens, la fontaine du village de Sommentier et le rocher du Moléson.

Le premier curé connu de la paroisse de Siviriez est D. Hogerius, qui paraît comme témoin vers le milieu du XIIe siècle. (*M. et D.* XII.)

La paroisse.

On ne peut arriver à fixer l'origine de la paroisse de Siviriez, à connaître ses fondateurs, ni à savoir si quelque église filiale est sortie de son sein. Depuis le XIIIe siècle, apparemment, ses limites n'ont pas été modifiées : de nos jours, comme alors, elle comprend les villages de Chavannes, de Prez, de Villaranon, du Saulgy et de Siviriez; au nord se trouve la paroisse de Billens; celles de Morlens et de S.-Martin, y compris Porsel et le Crêt, sont au sud; à l'orient, Villaraboud et Vuisternens, et le pays de Vaud, à l'occident.

Conon d'Estavayer affirme que cette paroisse existait déjà en 1228, et qu'elle faisait partie du décanat de Vevey; on sait d'ailleurs que, vers le milieu du XIIe siècle, Siviriez avait un prêtre résidant. Depuis cette date jusqu'au moment où le droit de collation passa au clergé de Romont — époque qui n'a pas laissé de documents — l'histoire de la paroisse ne présente pas de faits importants. On ignore le rôle de Siviriez dans les guerres qui éclatèrent dans la contrée entre les différents seigneurs; il est pourtant très probable qu'il suivit le drapeau de la Savoie jusqu'à l'époque de la réformation.

Le XVIe siècle, vu la position topographique de Siviriez, devait amener de grandes perturbations dans la paroisse, divers conflits entre les adhérents de l'ancien et du nouveau culte. Cependant aucune défection n'est constatée dans les cinq villages formant la paroisse.

L'évêque Sébastien de Montfaucon avait quitté Lausanne, s'était réfugié sur la terre étrangère. Fribourg, resté attaché à la religion catholique, se trouvait sans direction. Le gouvernement prit aussitôt des mesures pour protéger ses sujets contre les nouvelles doctrines, conserver le ministère pastoral et établir partout des pasteurs fidèles. Il défendit aux curés de résigner leur cure à des étrangers et à des autorités non reconnues; il devint ainsi collateur de plusieurs bénéfices.

D. Claude d'Estavayer, curé de Siviriez, avait résigné la cure au clergé de Romont; il croyait en avoir le droit. Avait-il agi spontanément, ou s'était-il laissé diriger par des conseils intéressés? Quoi qu'il en soit, le clergé de Romont, immédiatement après la mort du curé, adressa une requête à MM. du Conseil pour obtenir cette cure. Le Conseil répondit :

« Nous l'avoyer et Conseil de Fribourg... En respect et con« sidération de l'humble supplication à nous faite de la part de « la Vén. clergie de notre ville de Romont, de leur vouloir de « notre spéciale grâce octroyer et conférer la cure de la paroisse « de Siverier, au ressort de notre comté de Romont, laquelle « par l'obit et décès de feu messire Claude d'Estavayer, auquel « Dieu fasse paix, était tombée en vacation, et paravan à icelle « clergie résignée et maximement pour soullever la charge et « subvenir à l'apparente indigence des chapelains de la dite « clergie, avons permis, octroyé et concédé... que la dite cure « de Siverier doive au futur et de la date de la présente appar« tenir totalement, être et demeurer annexée à la dite V. cler« gie de Romont, de sorte qu'elle en puisse jouir comme le vrai « curé eut pu faire. Toutefois par telle réserve et condition « qu'icelle soit tenue de faire desservir la dite cure par bon et « suffisant personnage d'église et agréable aux paroissiens, « ainsi qu'il sera de devoir convenable et décent...

« Aussi elle doit élire et ordonner l'un de ses vénérables cha« pelains pour être et porter le nom de curé de la dite église de « Siverier, et icelui nous présenter pour le confirmer... Et le « dit curé ou la dite clergie devra tous les ans, sur les jours de « S. André apôtre, pour et à cause de la dite cure, délivrer, « rendre et faire tenir aux mains du matre de la fabrique de « notre église collégiale S.-Nicolas trois muids de bon blé, « moitié froment, moitié messel à leurs contes et missions sans « y faire faute, et ce pour en sustenter les enfants de chœur et « chantiérée de notre dite église... Passé le 6 novembre 1551. « F. Gurmel. » C'est le clergé de Romont lui-même qui payait les trois muids de blé.

Voici un mot de l'acte de mise en possession de la cure de Siviriez entre les mains du clergé de Romont, daté du 22 novembre 1551.

« Nous Jacob Foegly bourgeois de Fribourg, baillif de Ro-

« mont... certifions à tous par les présentes comme il soit par « nos dits redoutés seigneurs... Avons mis en actuelle et corporelle possession de la dite cure ensemble de tous ses droits et « titres, émoluments et appartenances quelconques au nom « toutefois de la dite Ven. clergie : à savoir dom vén. messire « Bernard Maillard, par les prêtres de la dite clergie élu à être « curé de Siverier en faisant les solemnités requises en tel « cas... nommément par l'embrassement du grand autel, par la « tradition du calice... »

Cette collation du bénéfice de Siviriez donnée au clergé de Romont par l'autorité civile, en dehors de l'autorité ecclésiastique, était anti-canonique, contraire aux lois de l'Eglise. Mgr Strambin protesta contre cette incorporation illicite. En 1579, le nonce Bonhomius, d'entente avec le prévôt Schnewly, insista auprès du gouvernement pour l'extirpation des abus et la reconnaissance des droits de l'Eglise. — Les collateurs laïques ne peuvent avoir qu'un droit de présentation. — Enfin, sous l'épiscopat de Mgr Antoine de Goverrod, le prévôt Schnewly, vicaire général, régla ces irrégularités, confirma le clergé de Romont dans la possession des cures de Siviriez et de Villaz-St-Pierre, en établissant ce principe de droit que les nouveaux curés doivent toujours être présentés à l'autorité spirituelle, à l'Ordinaire du diocèse, pour recevoir l'approbation et l'institution ecclésiastique. L'acte est du 26 avril 1588.

Rapport des curés et de la paroisse de Siviriez avec le clergé de Romont.

Depuis l'union du bénéfice de la cure de Siviriez au clergé de Romont, les rapports entre le collateur et la paroisse furent parfois assez difficiles ; deux causes principales étaient la source de toutes ces difficultés : de part et d'autre on cherchait trop ses avantages et ses intérêts ; et l'acte d'union ne déterminant pas les droits et les devoirs d'un chacun, on prenait pour base l'union des cures au chapitre de S.-Nicolas, qui n'était pas uniforme mais différait selon les paroisses, et le droit canon n'était guère connu. Il ne faut donc pas s'étonner des conflits fréquents qui surgirent à cette époque. Pour Siviriez, suivons, sans insister autrement, les oppositions et les procès soulevés de 1588 à 1869, pendant les trois siècles que le clergé de Romont eut la collation à ce bénéfice.

Déjà en 1566, la paroisse de Siviriez réclamait l'inventaire des titres et des revenus du bénéfice, et le second prêtre promis par le clergé. Un siècle plus tard, de nouvelles instances sont faites pour obtenir la remise d'une copie des titres, le chapelain promis à la paroisse, et la reconnaissance des charges pour l'entretien de l'église et des ornements. Après de longs débats, D. Ignace Zillet, official et vicaire général de l'Evêque, statua : 1° que le clergé n'était nullement tenu à l'entretien de l'église, mais du chœur seulement; 2° qu'une copie des titres serait remise à la paroisse; 3° que le clergé, bien qu'il eût quelques revenus de Siviriez, n'était pas obligé de fournir un chapelain à la dite paroisse. 16 juin 1664.

Si le clergé de Romont ne s'était pas engagé directement à donner un second prêtre à Siviriez, n'y aurait-il pas eu pour la messe matinale des promesses faites au moment de l'incorporation ou plus tard ? L'accord notarié du 25 janvier 1677 semblerait le montrer assez clairement. J'en donnerai le résumé. Le clergé prit l'engagement d'aller, de quinze jours en quinze jours comme par le passé, dire la messe matinale à Siviriez, ainsi qu'aux fêtes de la Circoncision, de la Dédicace, de S. Sulpice, le dimanche des Rameaux et de la Pentecôte. Il paraît pourtant que le clergé de Romont n'était pas un modèle de régularité pour ces messes matinales ; puisque, quelques années après, la paroisse de Siviriez se vit obligée de lui intenter un procès en cour épiscopale. Josse-Pierre Reynold, protonotaire, vicaire général, commissaire apostolique et official de l'évêché vacant de Lausanne, porta cette significative sentence : « Nous, après avoir lu et murement considéré les raisons allé- « guées de part et d'autre, comme aussi la lettre du traité et « accord susmentionné, avons sous l'invocation du nom de « Dieu assis en jugement dit et jugé que les prédits RR. sei- « gneurs être obligés à célébrer les dimanches, de quinze jours « en quinze jours et les bonnes fêtes nommées et spécifiées « dans la prédite lettre... et cela sans faute, sous peine de sup- « porter tous les frais et dommages qui pourraient survenir « par cette omission, comme aussi réparer les messes omises « par le passé, lesquelles toutefois ils pourront célébrer les

« jours de fêtes ou jours ouvriers, à quoi les condamnons, « comme aussi aux frais et missions de la présente cause, dont « nous nous en réservons la taxe et modération. Ainsi dit, jugé « et prononcé le 13 décembre 1686. »

La question de la messe matinale, qui aurait dû être définitivement enterrée par ce jugement de l'Ordinaire, renaît en 1753 pour être encore le sujet de nombreuses contestations. La paroisse se plaint à l'évêché des négligences du clergé, affirme même que, depuis la Toussaint 1762 au 8 juillet 1763, deux fois seulement cette messe a été célébrée. Sa Grandeur fait donner ordre au clergé de satisfaire exactement à l'avenir à cette obligation et de s'acquitter des messes retardées. L'année suivante, de nouvelles plaintes provoquent de sévères avertissements de la part de l'autorité ecclésiastique.

Enfin, le 10 mars 1821, Mgr Yenni, en considération de l'âge et des infirmités des chanoines, et en raison de leur nombre réduit, daigne les dispenser d'une manière provisoire de cette servitude; il les autorise à se décharger de cette messe, par voie d'accommodement, sur le Rd chapelain de Prez, à qui fut accordé le « biscanto. »

Pendant les intervalles où la question de la messe matinale sommeillait, d'autres difficultés ne tardaient pas à surgir et à traîner en longueur comme les affections chroniques. Le clergé de Romont fit de grandes dépenses pour des réparations à la cure. Au moment de la nomination du curé Nicolas de La Tina, en 1708, il voulut imposer à ce dernier 150 écus, dans le but de refaire une partie de la somme déboursée pour le presbytère. M. de La Tina refusa de payer le montant réclamé. De là un procès en cour épiscopale, qui fut terminé le 20 juin de la même année, par cette sentence du prévôt d'Alt, vicaire et commissaire apostolique :

« Nous Antoine d'Alt... Rd Antoine Bastardy, prêtre et pro« cureur du V. clergé de Romont assisté de D. Gaudard, son « confrère, étant aujourd'hui comparu devant nous contre « R. D. N. de La Tina curé de Siverier, exigeant en vertu de « leur droit d'incorporation, soit d'union de la cure du dit Sive« rier, de lui rembourser la somme de 150 écus petits pour le « rétablissement de la dite cure, vu et d'autant plus qu'ils lui « laissent percevoir toutes les rentes : ce qu'ayant murement

« considéré a été la dite somme, sous notre exhortation, réduite « à 100 écus petits, lesquels le dit Rd curé devra payer aussitôt « que le rétablissement de la dite cure sera entièrement fait. « Bien entendu que le dit Rd curé ne payera pas pendant les « dix premières années les deux écus pour le maintien des dits « bâtiments de dite cure suivant la coutume. A quoi ambe « parties ont acquiessé. »

Le R. P. Edouard cite la note suivante du chanoine Lhoste : « M. le curé de Siviriez ayant bâti à neuf la cure, sans le con- « sentement du clergé, celui-ci refuse d'en payer les frais et « offre à celui-là de reprendre les matériaux du bâtiment. « 7 octobre 1715. »

Cette note d'une cure neuve ne s'accorde pas avec les grandes réparations faites sept ans auparavant, d'autant plus qu'une vingtaine d'années après, la cure de Siviriez se trouvait dans un très mauvais état. Une réflexion, et l'on verra que ces contradictions ne sont qu'apparentes, que le tout peut se concilier. Il paraît que le bénéfice de Siviriez avait plusieurs bâtiments : maison d'habitation, grange, grenier, qu'on appelait indifféremment bâtiments de la cure. Dans la note du chanoine Lhoste, il ne s'agit pas du presbytère, mais probablement d'un autre bâtiment nécessaire à l'exploitation du domaine.

En 1738, à la nomination du curé D. Gransonney, la cure n'était pas même habitable. Il réclama et insista auprès du clergé, à différentes reprises, pour obtenir d'être logé convenablement; mais tout fut inutile. En 1740, il s'adressa à l'Evêque, qui porta une sentence favorable au curé. « Claude Antoine par « la grâce de Dieu, etc. Ayant vu et examiné la représentation « que nous a faite le Rd curé de Siverier, d'une part, aussi « bien que les raisons, soit répliques du V. clergé de Romont, « d'autre part, au sujet de certaines difficultés qui regardent « la cure du dit Siverier, pour les terminer avons déclaré et « prononcé comme s'ensuit, à savoir :

« 1° Que d'autant pour de bonnes raisons nous avons accordé « au dit clergé que le Rd curé de Siverier lui payerait 250 écus « petits dans l'espace de dix ans en date du 12 décembre 1738, « voulons que cet ordre soit exécuté selon sa teneur pour les « raisons y énoncées : ce qui ne doit point préjudicier au droit

« que le dit clergé a d'en exiger quarante baches par an comme « argent de bâtiment. »

2° Par là ordonnons que le V. clergé de Romont fasse mettre à ses frais en bon état la « maison pastorale, pour autant qu'elle « peut être restaurée, rendue habitable, commode, à moins « qu'il ne faille la rebâtir de fond en comble, ce qui incombe- « rait encore au même clergé. Cependant, eu égard à la clause « de dite concession du 12 décembre 1738, où il est dit que le « curé de Siverier sera obligé de contribuer de quelque chose, « lorsqu'il s'agira de bâtir la maison pastorale de Siverier.

3° Entendons aussi, que d'autant que « chaque curé doit « avoir son grenier, que le même clergé fera en sorte que celui « de Siverier en ait un qui puisse contenir en sureté ses « grains. »

4° Par rapport à la croix dressée derrière « la chapelle de « Chavannes-les-Forts, pour enlever et prévenir toute occasion « d'une dévotion bizarre et mal fondée, ordonnons au Rd doyen « de Romont de faire et de par notre autorité ôter et abolir « cette croix... »

En 1754, Mgr de Boccard ordonna au clergé de reconstruire la cure de Siviriez. Rien n'était encore fait en 1770, année de la nomination du curé D. Blanc, qui trouva le presbytère dans un état déplorable. Deux années plus tard, il parvint pourtant à conclure un arrangement avec le clergé pour la reconstruction de la cure, qui fut terminée l'année suivante; c'est aujourd'hui l'habitation du fermier.

Après la mort du curé Gransonney, Mgr de Montenach crut devoir faire quelques observations au clergé de Romont.

« Ayant examiné les archives au sujet de la cure de Siverier, « j'ai trouvé que je ne pouvais comprendre comment feu mes « prédécesseurs avaient fait d'accorder une firme aussi consi- « dérable que celle que le V. clergé tire de cette cure, d'autant « qu'il retire la plus grande partie des dixmes, une vigne, qua- « rante baches chaque année... ainsi je ne puis en aucune « façon accorder l'ultérieure firme sur le dit bénéfice, étant le « patrimoine des pauvres, dont chaque curé est obligé de les « soulager dans leurs besoins. Pour ce qui est des deux cent « cinquante écus que feu M. Gransonney a donnés, je trouve « fort bien toutes ses lettres de plainte contre le V. clergé, de

« ce qu'on a si mal employé ces argents pour un bâtiment que « l'on devait faire de neuf et qu'il se trouve qu'un très mauvais « bâtiment rapetassé. A St-Pierre-de-Villaz, depuis que l'on « retire une firme considérable de tant d'écus, y a-t-on fait la « moindre chose ? Ainsi que je vous envoie votre liste avec les « annotations que j'ai faites, espérant que vous vous confor- « merez et que vous procéderez à la nomination... Joseph « Nicolas, évêque de Lausanne. 30 juin 1770. »

A partir de cette époque, les rapports entre le collateur et la paroisse s'améliorent de jour en jour ; on ne rencontre plus de difficulté, sauf un petit différend soulevé au moment de la construction de la nouvelle église. Le clergé bâtit le chœur, mais il se refusa de payer le dallage. Une sentence de Mgr Guisoland, du 5 septembre 1807, lui imposa cette charge.

Au mois de mars 1868, M. Maillard remit, entre les mains de Mgr Marilley et du clergé de Romont, sa démission de curé de Siviriez. A cette date commence une ère nouvelle.

Le clergé de Romont était moins nombreux, ne comptait plus que trois membres ; les capitaux des différents bénéfices avaient considérablement diminué par la construction de la cure de Siviriez, etc. ; Attalens demandait encore un nouveau presbytère. Ces faits amenèrent le clergé à renoncer à l'union de la cure de Siviriez. M. le chanoine Gobet annonça cette détermination au conseil paroissial par lettre du 1er avril 1868. Sans retard, une convention fut signée par les deux parties, puis approuvée et ratifiée par Mgr Marilley le 5 mai de la même année.

Convention. 1° Ensuite de la vacance du bénéfice de la cure de Siviriez, survenue par la démission de M. le R. doyen Maillard, le clergé de Romont renonce à perpétuité à la collature de ce bénéfice, ainsi qu'à tous les droits et avantages dérivant pour lui de l'union des deux bénéfices, établie en 1588 par Mgr Goverrod, évêque de Lausanne, et comme conséquence de cet abandon il se décharge de toutes les prestations quelconques, qui lui incombaient en vertu de l'acte d'union et du droit de collature.

2° La paroisse de Siviriez prend acte de la renonciation faite par le clergé de Romont et elle prend à sa charge pour l'avenir toutes les prestations dont le clergé est libéré aux conditions suivantes : *a*) La contribution connue sous le nom de firme... sera dorénavant payée à la paroisse et le montant en sera porté à 50 fr. Cette contribution servira à alimenter une caisse destinée à l'entretien des bâtiments. *b*) Le bénéficier sera chargé par lui-même, ou par son fermier, de nourrir les ouvriers qui seront employés aux réparations du bâtiment de l'ancienne cure, servant actuellement de maison de ferme, ainsi que de charrier les matériaux nécessaires pour ces réparations. *c*) La nomination du curé de Siviriez, qui appartenait avant l'union du bénéfice à l'évêque de Lausanne, sera de nouveau régie par le droit commun et fera par conséquent retour à l'évêque diocésain. *d*) La présente convention sera soumise à l'approbation de l'Evêque. Fait... le 24 avril 1868. Suivent les signatures du clergé, des commis de la paroisse et de l'Evêque.

Toutes ces luttes se terminèrent par une solution pacifique, grâce aux heureuses dispositions des deux parties et à la sagesse de Mgr Marilley. Le V. clergé de Romont de 1868 a montré qu'il comprenait ses intérêts, en renonçant à un privilège qui l'aurait conduit à la ruine. Dans les siècles passés, on avait négligé d'établir une caisse pour les bâtiments. Dès lors les fortes dépenses, occasionnées par la construction des presbytères, du chœur des églises neuves, devenaient pour le clergé des charges insupportables. Ce qui, en apparence, semblait un gain pour le clergé de Romont, en réalité, tournait à sa perte.

Chapelle et Vicariat.

La visite pastorale de 1453 donne quelques renseignements sur la chapelle de Siviriez : elle était dédiée à S. Pierre, apôtre; l'autel était placé dans la nef de l'église, à droite; il avait été fondé par D. Amédée Mistralis (Métral), chanoine de Lausanne, et doté d'un capital de 9 L., d'une pose de vigne située près de Vevey. Le bénéficier devait célébrer trois messes par semaine. D. Jean Burciodi, élu par dame Agnès d'Illens, femme de Girard d'Illens, neveu du fondateur, en était chapelain.

Le clergé de Romont, au moment de l'incorporation de la cure, avait apparemment promis de se rendre à Siviriez, de quinze jours en quinze jours, pour célébrer la messe matinale; mais la distance, les chemins impraticables, le mauvais temps, les neiges en hiver, etc., étaient tour à tour plus ou moins cause des négligences apportées à l'accomplissement de ce devoir. La paroisse, qui n'avait plus de chapelain depuis le milieu du XVIe siècle, se trouvait souvent sans messe matinale; maintes fois elle avait demandé au collateur l'établissement d'un second prêtre à Siviriez, mais le clergé de Romont n'avait contracté aucune obligation à cet égard.

Vers 1700, on vit surgir l'idée d'un chapelain régent. Les commis de la paroisse s'adressèrent à Mgr de Montenach, qui répondit la même année, le 8 mars. « Ayant les hon. commis « de la paroisse de Siverier représenté de leur désir d'établir « le Sr Dom Savary, de Chavannes, pour vicaire dans leur « paroisse et prient (en attendant que l'on puisse faire une « portion canonique) qu'il leur fut permis d'appliquer quelque « peu des rentes pour son entretien des confréries du S. Esprit « et du S. Rosaire, savoir 20 écus petits et 10 écus de la cha- « pelle de S. Nicolas de Chavannes-les-Forts, outre six sacs de « blé et 20 écus de la paroisse, et encore 10 écus du curé sans « conséquence, sous la charge de célébrer fêtes et dimanches « et d'appliquer deux messes par semaine pour la dite paroisse, « comme aussi de dire 50 messes pour la décharge du curé et « de l'assister dans ses fonctions pastorales, enfin, d'enseigner « la jeunesse selon qu'il est convenu avec les paroissiens. »

Pierre Velliard, de Siviriez, donna, par testament du 15 octobre 1713, tous ses biens meubles et immeubles pour l'entretien du chapelain. Dans ce but plusieurs anniversaires furent aussi fondés.

Les communes de Chavannes-les-Forts et de Prez refusèrent de contribuer à l'entretien de D. Thiemard, successeur du chapelain Savary; une sentence souveraine les condamna à fournir leur quote-part, mais avec la réserve expresse qu'à la mort du titulaire elles seraient libérées de cette charge.

Toutes les conventions entre la paroisse et les chapelains renferment à peu près les mêmes obligations. Ils devaient faire l'école le matin, pendant deux heures. En 1780, la paroisse, pour la première fois, imposa à D. Riss l'enseignement de l'arithmétique.

D. Dubas, qui desservait en même temps la chapelle de Chavannes, ne faisait plus l'école; il fut probablement le dernier chapelain de Siviriez. Sa maison d'habitation a été vendue vers 1823.

En 1856, la paroisse de Siviriez s'adressa à Mgr Marilley, en exil à Divonne, pour obtenir un vicaire. L'Evêque répondit le 7 juillet : « J'ai appris avec consolation par votre lettre du « 1er juillet que mes propositions tendant à procurer un vicaire « à la paroisse ont été acceptées par les préposés des communes « de Siviriez, Villaranon, le Saulgy et Prez... le vicariat est « subordonné aux conditions suivantes : M. le curé est chargé « de l'entretien et du traitement du vicaire, ainsi que du soin « de faire acquitter les messes fondées. Pour faire face à ces « charges, le curé recevra annuellement la somme de 718 fr. « formés par les revenus de la chapelle de Siviriez, et 290 fr. « prélevés sur les revenus de la chapelle de Prez, et par 116 fr. « mis à la charge des communes. » Monseigneur détermina ensuite les obligations du vicaire. Les communes et le curé, le 26 septembre 1856, signèrent une convention basée sur l'exposé de l'Evêque. Le vicaire avait à acquitter 235 messes fondées pour le vicariat de Siviriez et le chapelain de Prez; il devait fêtes et dimanches biner, dire une première messe à Siviriez et une seconde à Prez.

Immédiatement après la signature de cette convention, M. Odin fut nommé vicaire.

L'église.

Une église existait à Siviriez vers 1200; il en est parlé, dans le XIIe siècle, à l'occasion du différend entre les monastères de Hautcrêt et d'Hauterive; mais on ne peut fixer la date de sa construction.

Les délégués de l'Evêque Saluces vinrent visiter l'église de Siviriez en 1453. A cette époque, la paroisse comptait 33 ménages, avec une population de 160 à 200 âmes. L'église était très petite; elle n'avait ni plancher, ni pavé; une seule fenêtre, placée au chœur et privée de vitres, était si étroite que la lumière pénétrait à peine dans l'intérieur. Les visiteurs ordonnèrent d'élargir cette fenêtre et de faire à l'église les réparations les plus urgentes. Elle avait cependant trois autels : le maître-autel, le second fondé par le chanoine Métral et dédié à

S. Pierre, le troisième qui n'était ni consacré ni doté. Les délégués se rendirent ensuite à Chavannes-les-Forts pour voir la chapelle, qui était fille et membre de l'église de Siviriez. Ils donnèrent ordre de placer des verres ou de la toile à la fenêtre, de procurer un nouveau crucifix, etc.

L'église visitée par les délégués de Saluces fut modifiée ou construite à neuf, en 1586. Les constitutions synodales de Mgr Strambin, imprimées en 1665, nous apprennent que l'église de Siviriez a été consacrée le premier dimanche après l'octave des saints apôtres Pierre et Paul, mais sans indiquer l'année. Il s'agit ici, selon toute probabilité, de l'église restaurée ou bâtie en 1586. Un siècle plus tard, le 2 avril 1681, Mgr Strambin consacra une église à Siviriez dédiée à S. Sulpice. On ne peut affirmer, faute de document, si c'était une église neuve ou l'ancienne considérablement agrandie. L'année 1886, en défonçant l'ancien cimetière, on a retrouvé les dimensions de cette église : c'était un rectangle, qui avait la même orientation que l'église actuelle, mais placé plus au nord ; sa largeur, y compris les murs, était de 9 m. 50, et de 7 m. 10 sans les murs ; sa longueur ne pouvait être déterminée, les fondations du chœur étaient déjà démolies.

Au commencement de ce siècle, les paroissiens comprirent la nécessité de bâtir une nouvelle église. Le 20 août 1804, la paroisse signa un contrat avec l'entrepreneur Jean-Baptiste Balzolerio, d'origine italienne, qui s'engagea à construire cet édifice dans l'espace de trois ans. Il tint parole, car les offices y furent célébrés à la fin de l'année 1807. La tour en pierres de taille, don de M. Louis Cosandey, du Chalet de Prez, a été bâtie en même temps que l'église. Les autels latéraux, faits en 1810 et 11, sont l'œuvre de M. Andreoli, de Dissentis. M. le curé Cordey a montré son zèle et son dévouement pendant la construction de l'église, qui fut consacrée par Mgr Guisolan, le dimanche 1er septembre 1811.

Vers cinq heures du soir, le 14 octobre 1853, la foudre tomba sur le clocher ; la charpente, près de la pointe au-dessous de la croix, prit feu, la flèche tout entière devint la proie des flammes ; ce n'est que tard dans la nuit qu'on parvint à maîtriser l'élément destructeur. Les murs du clocher restèrent intacts ; la croix en fonte, qui surmontait la flèche, tomba sur le toit de la nef et y causa quelque dommage, mais l'église fut préservée. Le lendemain on célébra une messe en action de grâces.

M. Claude Cosandey, de Combes, avait fait un legs à la paroisse; celle-ci fit restaurer le chemin de croix, en 1859, que Mgr Marilley bénit le 23 octobre; les murs de l'église furent reblanchis à cette occasion.

M. le curé Maillard et le conseil conclurent, en 1864, une convention avec M. Stoll, doreur à Fribourg, qui prit l'engagement d'exécuter différents travaux dans l'intérieur de l'église pour la somme de 1,700 fr. La même année, le peintre Gennari fit deux tableaux pour les autels inférieurs — les anciens étaient en très mauvais état — ils coûtèrent 550 fr.

Toutes les places étaient prises sur le cimetière; pour l'agrandir, la paroisse acheta un champ de M. Isidore Simon, 1873.

Les vitraux, qui ornent les 12 fenêtres de l'église, sont sortis des ateliers de M. Rättigen, de Zurich, en 1887; une souscription organisée dans la paroisse servit à couvrir les frais.

1° B. Canisius, don de la paroisse.

2° Ste Cécile, don de plusieurs personnes.

3° Saint-Cœur de Marie, don de Louise Cosandey.

4° Sainte-Famille, don de la famille Simon.

5° S. François de Sales, don des frères Giroud.

6° S. Paul, don de Paul Cosandey.

7° S. Pierre, don d'Isidore et de François Conus.

8° S. Jean-Baptiste, don du député Richoz.

9° Le S. vieillard Siméon, don d'Isidore Simon.

10° Sacré-Cœur de Jésus, don du conseiller Jean Cosandey et du juge Joseph Cosandey.

11° S. Charles Borromée, don des frères Bays de la Fin et des frères Bays à Pierre.

12° B. Nicolas de Flüe, don de Théodore Cosandey et du produit du drame *la diète de Stanz*, joué par les jeunes gens.

Sous l'administration du P. Kolly, en 1885, le pavé de l'église fut fait à neuf, ainsi que la table de communion. Pour le pavé, on se servit de dalles en ciment comprimé, et sur ce fond furent placées des dalles peintes, provenant de la maison Villeroy et Boch, de Mettlach. La table sainte, en fonte décorée, a été fournie par MM. Villard et Fournier, de Lyon. Le tout a coûté 1,335 fr., payés par le P. Kolly; mais les paroissiens se montrèrent généreux, ils vinrent à son aide en faisant les charrois et par des dons en argent. L'année suivante, on fit le dallage de la nef, payé par la caisse paroissiale.

Le 23 janvier 1887, le conseil paroissial vota la somme de 4,000 fr. pour un maître-autel en bois de chêne. Il fut exécuté par M. Winter, de Biberach (Wurtemberg), qui fit en même temps le siège du célébrant et la crédence. L'inauguration solennelle eut lieu, le 12 février 1888, par la bénédiction du tabernacle, du Christ et des statues de S. Sulpice et de S. Nicolas.

Dans le courant de l'année 1891, on fit construire les deux autels latéraux pour le prix de 3,000 fr., 1.500 fr. chacun. M. le député Richoz paya l'autel du S. Rosaire, les paroissiens celui de S. Pierre. Les marchepieds coûtèrent 120 fr., les deux tableaux de Georges Kaiser à Stantz 500 fr., chaque statue 140 fr. Une souscription produisit 1,543 fr. 50, une collecte à l'église 102 fr., et le reste a été pris sur les rentes du Rosaire.

Quel changement et quel progrès pour le lieu saint! On ne peut comparer une église de campagne du XIXe siècle avec celles des XIe et XIIe : là c'est trop souvent l'étable de Bethléem, peut-être avec moins de convenance; ici, s'il n'y a pas de style, c'est du moins un joli vase où règnent la décence et la propreté; là on voit la négligence, la pauvreté, la nudité, ici le confortable et même la richesse, des tableaux et des statues exécutés avec goût, des autels artistiques, des peintures pieuses, une belle sonnerie... Tout respire le sentiment religieux; c'est vraiment la maison de Dieu, digne de son infinie majesté, élevée par la piété et la générosité des hommes.

Le presbytère.

Une cure fut bâtie en 1670 par le clergé de Romont, qui reçut de la ville six planches de sapin pour cette construction; c'est maintenant l'habitation du fermier. En 1854 et 55 on a construit la cure actuelle. Devant l'entrée se trouvait un vieux bâtiment, servant de forge et de grange, qui a été acheté et démoli pour agrandir et embellir le jardin.

Bienfaits, fondations.

Isabeau Cosandey légua 25 florins au Rosaire, en 1602; l'année suivante Georges Cosandey 20 florins pour ornements.

Antoine Maillard, par testament du 19 mars 1604, a légué une lampe pour mettre auprès de leurs tombes, devant leur chapelle, et 10 florins pour repeindre cette chapelle. C'est probablement l'ancienne chapelle du Crucifix, transportée de l'ancien cimetière dans le nouveau.

En 1729, Charles Jacquier, de Prez, fonda une messe matinale pour le jour de la Pentecôte, quatre quarterons de froment pour un pain bénit qui sera offert en ce jour, demi-sac d'avoine et trois quarterons de blé pour le pain « qui sera annuellement « et perpétuellement distribué en ce jour, vers la croix des « Chassiez, aux pauvres de Prez. »

Ce testament indique la croix des Chassiez et précise l'époque de l'introduction du pain bénit.

François Dématras, domestique à Drognens, donna la somme de 100 écus aux pauvres du décanat de Romont; les curés de Vuisternens et de Siviriez devaient en faire la distribution. 8 mars 1755.

Anne-Marie Raboud, de Siviriez, légua la somme de 200 écus aux pauvres. 1767.

Marie-Anne Jacobée, veuve de Laurent Cosandey, fit don, par testament du 25 septembre 1783, de 20 écus pour des ornements et de 40 écus pour les pauvres de Prez.

D. Duchet, chapelain de Remaufens et neveu du curé Feuillée, fit un acte de générosité envers la paroisse de Siviriez.

Art. 5 de son testament : « Considéré que j'avais eu quelques « avantages sur le bénéfice de Siviriez, par les gratiosités de « mon parent feu R. Feuillée, curé, ma volonté est de donner « pour le soulagement des pauvres malades de la paroisse de « Siviriez, la somme capitale de deux cents écus petits. Je prie « les commis de la dévote confrérie du S. Esprit de recevoir et « prêter la somme susdite et d'ensuite livrer annuellement au « R. curé du lieu la cense, pour qu'elle soit, selon ses vues, « appliquée par lui-même au soulagement des pauvres malades

« ou convalescents. » 10 novembre 1781, reçu par Pierre Cottet et ouvert le 7 mars 1782.

Le 3 juin 1885, Mlle Louise Cosandey, des Combes, vient à mourir sans avoir pu faire de testament; elle avait cependant manifesté sa volonté de donner une certaine somme pour une mission. Dans ce but les héritiers de la défunte livrèrent 2,000 fr. aux conditions suivantes : 1° Une mission sera donnée tous les sept ans à la paroisse de Siviriez; 2° elle durera quinze jours, en tout cas pas moins de dix; 3° le R. curé sera libre dans le choix des missionnaires, qui seront au moins au nombre de trois; 4° les intérêts de la susdite somme seront uniquement appliqués aux frais de la mission et aux honoraires des missionnaires; 5° le capital et les intérêts seront exclusivement administrés par le curé, etc. Fait à Siviriez, le 30 mai 1856.

D. Deschoux, chapelain de Villaz, par testament du 20 septembre 1882, avait légué une importante somme pour établir dans les paroisses la dévotion des XL heures au temps de carnaval; 2,100 fr. étaient destinés à chaque paroisse se conformant aux intentions du pieux donateur. Siviriez accepta le legs avec une légère modification. M. Richoz venait de perdre une fille chérie; en souvenir de cette enfant, il offrit 1,000 fr. pour la fondation des XL heures.

Le 15 octobre 1887, M. le député Jean-Baptiste Richoz, de Siviriez, remit au curé Kolly un titre de 1,000 fr., dans le but de favoriser, conformément à la fondation du doyen Cordey, les vocations ecclésiastiques. Voici les conditions : 1° Ce capital de 1,000 fr. est déclaré inaliénable de telle manière que jamais et pour aucun motif, même pieux, on ait le droit de toucher à cette somme, ou de la faire servir à une fin autre que celle spécifiée; 2° seuls les intérêts de la dite somme seront annuellement affectés à couvrir les frais d'éducation des étudiants pauvres de la paroisse, se destinant à l'état ecclésiastique; 3° s'il y a dans la paroisse un seul étudiant, ces intérêts lui seront remis; s'il y en a plusieurs, ces intérêts seront partagés entre eux à parts égales; si au contraire il devait arriver qu'il n'y eût dans la paroisse aucun aspirant à l'état ecclésiastique, ces intérêts devront dans ce cas être capitalisés, afin d'augmenter le fonds même de la fondation, et deviendront ainsi inaliénables; 4° dans la suite des temps, soit à défaut d'aspirants à l'état ecclésiastique, soit par suite de la capitalisation des intérêts, il pourrait bien se faire que le capital formant la présente fondation vînt à s'accroître au point que le montant de ses rentes annuelles (jointes à celles de la fondation Cordey et autres de même genre, qui pourraient exister dans la paroisse) fût de beaucoup supérieur à la somme annuellement requise pour faire face à l'éducation des étudiants pauvres; dans ce cas l'emploi du surplus ne pourrait être déterminé, ni par le curé de Siviriez, ni par une autre autorité quelconque, sinon avec l'approbation expresse et formelle de l'Ordinaire; 5° le fondateur prie le curé, le président et le conseil paroissial, ainsi que leurs successeurs, à la fidèle exécution de ses intentions. Fait à Siviriez, le 15 novembre 1887. Kolly, curé; le secrétaire Clavin, le président Isidore Simon.

Fondation du doyen Cordey, testament du 1er mai 1823.

« Ayant remarqué que quelques pères de famille n'ont pas « assez de fortune pour envoyer leurs enfants aux études du « latin à Fribourg ou ailleurs, aux fins d'embrasser l'état ecclé- « siastique, ni assez de biens fonds pour les occuper à la cam- « pagne, et qu'à ce défaut la pauvreté et la fainéantise continuent « souvent à se montrer et passe de ces enfants à leurs descen- « dants. Pour remédier un peu à cela, je commence une petite « fondation dans la paroisse de Siviriez, espérant que d'autres « personnes voudront l'augmenter, c'est-à-dire je lègue la « somme de 1,000 écus, dont les intérêts seront appliqués, « savoir : lorsqu'il arrivera qu'un enfant de cette dite paroisse « fréquentera les écoles latines pour aspirer à l'état ecclésias- « tique, il percevra chaque année tout le montant des intérêts. « S'il y en a deux en même temps, ils partageront par égale « portion. Quand il n'y aura pas d'étudiant, les intérêts seront « applicables pour aider à apprendre des métiers aux garçons « alternativement dans les quatre quartiers de la paroisse, etc. »

De plus, il légua 300 écus pour l'établissement de deux sages-femmes.

Il ajouta, par codicille, 400 écus à la fondation en faveur des étudiants, pour montrer combien elle lui était chère. La fondation du doyen Cordey existe encore, et son désir de la voir augmenter a été compris par un père de famille, plein de mérites. Qu'ils aient des imitateurs dans chaque paroisse !

Les écoles.

C'est au clergé qu'est dû l'établissement des premières écoles primaires; dans les campagnes, et presque partout, les chapelains ou les vicaires et quelquefois les curés eux-mêmes commencèrent à enseigner aux enfants la lecture, l'écriture et le calcul dans leur propre habitation; car les cures et les chapellenies furent les premières maisons d'école. Primitivement, l'école fut paroissiale, et, si la paroisse était composée de plusieurs villages ou communes, il n'y avait qu'une seule école pour les différentes localités. L'école communale est postérieure.

Pour Siviriez, si une école a existé avant 1700, elle était due à l'initiative privée; dans ce cas, un groupe de familles choisissait un homme soi-disant capable pour enseigner les premiers éléments. C'est en 1700 que M. Page, curé de Siviriez, s'unit à la paroisse pour demander à l'autorité diocésaine un chapelain qui serait en même temps régent. L'Evêque nomma D. Savary, docteur en théologie, qui fit l'école de 1700 à 1710; l'année suivante, il enseignait la théologie à St-Maurice (Valais). Le 21 mai 1728, une convention, dont l'un des articles était conçu en ces termes : « il enseignera les enfants de dite paroisse », fut signée par la paroisse et le prêtre D. Claude Richard, originaire de Prez et d'une famille distinguée. Ce règlement a été appliqué à ses successeurs, les chapelains D. Grandgirard et D. Riss. Voilà un docteur en théologie et des prêtres distingués qui n'ont pas cru s'avilir en enseignant l'a, b, c dans une école de campagne.

Au commencement de ce siècle l'école de Siviriez passa aux mains laïques.

L'école des filles fut établie dans l'année 1845 par le curé Maillard; mais, faute de place, on se contenta d'une seule fréquentation par jour, le matin les garçons, le soir les filles, jusqu'à la construction d'une nouvelle maison d'école, qui permit de faire la classe simultanément aux garçons et aux filles.

Le P. Kolly, en 1885, parvint à établir deux religieuses de la Ste Croix de Menzingen pour les écoles des filles.

Ecoles de Chavannes-les-Forts.

La première école, qui date de 1739, fut confiée au chapelain; ses successeurs la continuèrent jusqu'au commencement de ce siècle. En 1871, le curé Villard établit à Chavannes l'école des filles.

Récemment, la commune a construit une belle maison d'école, qui a été inaugurée par une bénédiction solennelle le 3 octobre 1872.

Drognens.

Dans le XVIe siècle, cette propriété appartenait à la famille d'Estavayer; elle passa ensuite par des alliances et par droit de succession à plusieurs familles de Fribourg; dans des temps plus rapprochés, elle fut la propriété d'un consortium du canton de Vaud, puis de M. Keulin, français, enfin d'un nouveau consortium ou d'une nouvelle société.

Deux religieux oblats de S. François de Sales de Troyes vinrent s'établir à Drognens, dans le courant de novembre 1888, pour y préparer les voies à un pénitencier sous la direction des Pères Oblats. D'autres religieux vinrent les rejoindre; mais l'établissement ne marchait pas, et tous rentrèrent en France l'année suivante. D'autres religieux les remplacèrent et ils se retirèrent aussi.

Aujourd'hui la congrégation du S. Sauveur, fondée par le P. Jordan, est à la tête de cet établissement où se trouvent 135 jeunes gens de Fribourg et d'autres cantons. Dans le mois d'avril 1897, les vastes bâtiments de la ferme furent la proie des flammes; on rebâtit le tout avec plus de solidité et d'élégance.

Le grand nombre d'élèves nuit au but à atteindre, amène ordinairement bien des déceptions, à cause du mélange de toutes les classes d'indisciplinés plus ou moins coupables.

Villaranon.

Dans le XVe siècle, ce village appartenait aux Bonvillard, seigneurs de Mézières. En 1483, Jacques de Bonvillard, seigneur de Mézières, prête à Jean Maillard, d'Hennens, la somme de 60 L., pour l'intérêt de 50 sols, d'une corvée et de deux chapons; Maillard donne en hypothèque ses propriétés de Villaranon. Ce prêt fut approuvé par Pierre de Bonvillard et Henriette de Menthon, sa femme.

Le 8 octobre 1483, Pierre de Bonvillard, docteur en droit, vend son village de Villaranon avec tous ses droits, ne se réservant que la directe et souveraine seigneurie, aux frères Jean et Pierre Maillard et à leur neveu André, pour le prix de 255 L. Le vendeur promet de faire approuver cette vente par son grand-père Jacques de Bonvillard et sa femme Henriette de Menthon, et de supporter envers les ducs de Savoie l'hommage du fief.

En 1493, noble Pierre de Bonvillard demanda cette ratification, mais son grand-père la lui refusa. (*Arch. cant. not.* n° 97.)

Chavannes-les-Forts.

Ce village est très ancien, et avait dans le passé une assez grande importance; placé sur la route de Romont à Vevey, il était le centre des contrées environnantes; des bouts de chemin, le nom de péage donné à une maison sont des souvenirs de ces temps reculés.

Amédée Mistralis, chanoine de Lausanne, du consentement de sa nièce Agnès, accense des terres à Rolet, fermier à Chavannes, en 1381. Jacques de Billens possédait la dîme de Chavannes et la légua à la chapelle de Morlens.

Vers le milieu du XII° siècle, Chavannes avait déjà une chapelle. (*M. et D.* vol. 12, p. 75.) Elle est encore citée dans les rares documents du XIV°. En 1453, comme on l'a vu plus haut, les délégués de l'évêque Saluces la visitèrent et ordonnèrent diverses réparations. Ce qui étonne, c'est que, jusqu'à la fin du XVII° siècle, on n'y trouve pas de fondation; c'est incroyable pour un édifice religieux qui avait déjà six cents ans d'existence. Mais comment et par qui cette chapelle a-t-elle été dépouillée ? L'homme laisse parfois des ruines sur son passage.

En 1686, Louis et Jacques Ducret, Jean Aubert, Jacques Veillard donnèrent le capital nécessaire pour célébrer dix messes par an, au taux de 10 batz, et aux jours déterminés par l'Evêque, dans la chapelle de Chavannes. Les fondateurs, par hypothèque sur leurs biens, avaient encore pourvu à l'entretien de l'autel dédié à S. Nicolas.

En 1733, la commune a construit la chapelle actuelle, à moins qu'elle se soit contentée d'agrandir l'ancienne. L'ouvrage terminé, elle adressa un mémoire à Mgr C. A. Duding pour déclarer que l'intention des pieux fondateurs de 1656 et de la commune était de procurer de temps en temps la messe aux vieillards et aux infirmes, « les dimanches et fêtes où l'inonda- « tion de la rivière, la fonte des neiges les empêchaient de se « rendre à leur paroisse, et où les autres ne pourraient se « rendre aux devoirs de la Religion qu'avec une grande diffi- « culté. » (*Arch. de la chap.*)

L'Evêque, par condescendance pour les autorités, demande que ce mémoire soit communiqué, *pro veto* et *informatione,* au curé, au clergé de Romont et au conseil paroissial.

L'autorisation demandée est accordée, le 30 janvier 1734, à condition que la messe soit dite à une heure compatible avec les offices de la paroisse. Quelques mois après, l'Evêque déclare que cette concession ne doit déroger en rien aux usages et aux coutumes, contrats et droits de la paroisse, et que tout doit rester dans le statu quo. (*Arch. du clergé.*)

Six années sont à peine écoulées que Chavannes-les-Forts revient à la charge, mais cette fois pour demander un prêtre résidant : le 23 mai 1739, il adresse à l'Evêque une supplique pour obtenir l'établissement d'un chapelain, qui remplirait en même temps les fonctions de régent. La supplique est encore envoyée au curé de Siviriez et au clergé de Romont. Ce dernier s'oppose à toute concession La commune est pourtant exaucée; et, le 28 décembre 1741, une convention est signée entre Chavannes-les-Forts et le R. D. Jean Perroud, de Berlens, qui accepte les fonctions de chapelain et de maître d'école. La commune lui avait préparé un logement avec jardin.

Chavannes, qui a un chapelain, la messe matinale et l'école, veut encore les vêpres; il demande à l'autorité diocésaine de bien vouloir accorder à M. Perroud le privilège de faire le catéchisme dans la chapelle et d'y chanter les vêpres.

M. le curé de Siviriez fait opposition à la demande de ses paroissiens de Chavannes.

Mgr de Boccard cite les parties à comparaître devant lui pour les entendre et leur faire connaître les résolutions qu'il avait prises. « Après avoir tout bien considéré, d'un côté la « difficulté qu'il y a souvent d'aller de Chavannes à Siviriez, « dans les temps surtout de la fonte des neiges, d'un autre côté « que l'on pourrait prendre prétexte d'aller plus rarement à « l'église paroissiale, encore qu'on pourrait le faire... nous « accordons par les présentes que le prêtre desservant pourra « chanter les vêpres, faire le catéchisme dans la chapelle les « fêtes et dimanches, à l'exception cependant des premiers et « troisièmes dimanches du mois, des quatre principales fêtes « de l'année, du jour de la Dédicace, du patron de l'église pa- « roissiale, lorsqu'il fera mauvais temps et que les chemins ne « seront que difficilement praticables. »

« Et comme nous ne faisons cette concession que pour con- « tribuer à la gloire de Dieu, à la sanctification des âmes et à « l'instruction de la jeunesse, nous recommandons très instam- « ment aux communiers de Chavannes de prendre toutes les « mesures nécessaires pour qu'il ne se glisse jamais d'abus... »

3 juillet 1750.

Joseph Hubert, *évêque.*

La concession ne fut accordée que pour trois ans, mais Monseigneur était disposé à la renouveler.

La commune, encouragée par ces faveurs, veut en obtenir une plus précieuse encore, le Saint Sacrement. Vers 1761, elle demande à Mgr de Montenach l'établissement d'un tabernacle « pour mieux servir et adorer leur Dieu, pour avoir la consola- « tion d'avoir plus facilement le Viatique à l'heure de la « mort. »

Leur demande est exaucée, mais aux conditions suivantes : « 1° L'hon. commune fera faire un tabernacle à ses frais, propre « et décent, comme aussi un ciboire d'argent doré et une pixide « d'argent pour les saintes huiles ; 2° La commune main- « tiendra la lumière perpétuelle devant le Saint Sacrement, « comme aussi les cierges de l'autel pour le service divin ; et, « pour cela, elle percevra les offertoires qui se font en cire « seulement ; 3° La commune aura soin de procurer un clerc

« pour la desservance de dite chapelle, comme aussi pour « sonner les cloches et porter la lanterne quand on va admi- « nistrer les malades; 4° La commune maintiendra la chapelle « dans la décence convenable à ses propres frais ; 5° Comme « nous érigeons la dite chapelle en bénéfice sous le titre de « vicaire perpétuel et comme la charge devient plus grande, « aussi devons-nous avoir pour que le dit vicaire puisse d'au- « tant mieux s'acquitter de son devoir et subsister honnête- « ment, comme il convient à un ecclésiastique, nous fixons sa « pension à 80 écus bons (250 fr.), la maison, les jardins et « verger qu'il possède, droit de communage et sa portion de « bois comme un autre communier, et la commune sera res- « ponsable des capitaux et du maintien des bâtiments; 6° Lors- « que la chapelle deviendra vacante, la commune présentera « à l'Ordinaire deux bons sujets et l'évêque nommera. S'il se « trouvait des parents de feu Pierre Crottaz qui fussent en « état et capables d'être présentés, ils doivent être préférés ; « 7° Jamais la dite chapelle ne pourrait être séparée de l'église « de Syverié; 8° Le R. Curé de Syverié percevra toutes les « oblations qui se feront dans la chapelle tant en argent que « denrées, et 2 écus et 10 baches pour les deux offices comme « de coutume; 9° Le vicaire sera obligé de célébrer fêtes et « dimanches la messe matinière à une heure convenable, pour « que le monde ne soit pas empêché de s'acquitter de son « devoir à l'église paroissiale; 10° Le vicaire sera obligé de « confesser, administrer les saints sacrements de Viatique et « Extrême-onction aux malades et la sainte Eucharistie à ceux « qui sont en santé. »

Chapelains de Chavannes-les-Forts.

Dans le XVIe siècle, ce bénéfice fut occupé par quelques chapelains, entre autres **D. Emo Bastard,** en 1531.

1741. **Jean-Baptiste Perroud,** de Berlens. Il a construit la maison qu'occupe encore le chapelain.

1779. **Jacques Menoud.**

1780. **François-Joseph Vaulbourg,** de Besensens. Dans son testament, il fit plusieurs legs pies.

1747. **Tobie-Nicolas Colliard.**

1789, le 18 février. **Tenguely**, chapelain pendant quelques mois.

1789, le 11 octobre. **Gauthier Blanc.**

1797. **Jean-Baptiste Forney,** de Romont.

1806. **Gremaud.**

1823. **Louis Royer**, de La-Chapelle, français.

1831. **Joseph Jerly.**

1832. **Claude-Albert Grasset,** de Romont.

1838. **Georges Vuilleret,** de Romont.

1848. **Jean-Pierre Berset.**

1874. **Pierre-Joseph-Vital Menétrey,** de Chavannes-les-Forts, décédé subitement dans l'église de Villaraboud où il était venu se confesser, le 27 février 1897.

1898. **F. Emile Moget.**

Chapelle de Prez.

Le 22 avril 1770, la commune de Prez demande à Mgr Joseph-Nicolas de Montenach la faculté d'ériger une chapelle ; ce que l'évêque accorde le 13 mai de la même année, de sa maison de campagne de Bussy, où il passait une partie de la bonne saison. (*Arch. de Prez.*)

Les principaux promoteurs de la chapelle furent les quatre frères Richard, dont trois étaient prêtres : Claude, ancien curé de Châtel ; Pierre, curé à Domdidier ; Antoine, chapelain.

Document. « Nous, Joseph-Nicolas de Montenach... chargé « comme nous le sommes du salut de nos chers diocésains, il « incombe à notre sollicitude pastorale de favoriser la piété et « faciliter aux âmes confiées à nos soins les moyens de se « sanctifier. Or, comme la famille des sieurs Richard de Prez « nous a très humblement prié que, pour satisfaire sa dévotion « et pour l'augmentation du culte divin, elle aurait dessein de « faire bâtir dans le village de Prez un oratoire public en « l'honneur de la sainte Croix, ce qu'elle ne saurait faire sans « notre autorité et agrément, nous suppliant de vouloir bien « accorder cette permission : Nous ayant égard à la susmen- « tionnée requête et aux motifs de religion dont elle est « appuyée, et considéré entre autres que la construction d'un « oratoire public dans le prédit village deviendrait utile aux

« hon. communiers du dit endroit, et surtout aux personnes « infirmes et d'un haut âge qui, dans la grande distance où « elles sont de l'église paroissiale, se trouvent dans l'impossi-« bilité de s'y rendre aussi souvent que leur dévotion les y « porterait, et qui pourraient dans le susmentionné oratoire « faire leurs prières, avons consenti à la demande des sup-« pliants et leur avons permis ainsi que nous permettons par « les présentes l'érection d'un oratoire public dans le susdit « village et accordons après la bénédiction d'icelui le pouvoir « d'y célébrer le saint sacrifice de la messe pour la plus grande « gloire de Dieu, l'utilité des personnes infirmes..... avec les « restrictions ici spécifiées :

« 1° Le curé sera seul recteur de cet oratoire et en aura la « direction, et personne ne pourra y faire de fonctions sans sa « participation et consentement préalablement obtenus.

« 2° Toutes les oblations qui s'y feront appartiendront de « droit au curé.

« 3° Tous les jours ouvrables, il sera permis d'y célébrer; « mais les fêtes et dimanches, on ne devra y dire la messe qu'aux « jours où un des R. prêtres du clergé de Romont ira dire la « matinale à Sivirier. Les fêtes solennelles ou autres jours où « Mes. du V. clergé sont de notre consentement dispensés « d'aller à Sivirier, il n'y aura point de messe à Prez.

« 4° La messe devra toujours s'y célébrer à une heure réglée « qui n'empêche point ceux de Prez d'assister à l'office de « paroisse, et si nous remarquons de la négligence pour cet « article, nous ferons incessamment cesser la célébration des « messes, d'autant que notre intention dans cette présente « concession n'est que de fournir aux infirmes, aux vieux et « valétudinaires les moyens d'entendre la messe, et non une « occasion aux personnes bien portantes de se soustraire au « devoir qu'elles ont d'assister aux offices de paroisse.

« 5° Les messes qu'on ira dire de la paroissiale se paieront « à 6 piècettes et on ne fondera aucun anniversaire, vu que ce « n'est pas un oratoire public que nous permettons.

« 6° Le présent établissement ne devra déroger en rien à la « paye annuelle de M. le chapelain de Sivirier tant actuel que « futur ; au contraire, ce sera lui qu'on priera d'y aller célé-« brer aux prédites quinzaines, s'il veut l'accepter.

« 7° Il sera strictement défendu d'y faire d'autres fonctions « ecclésiastiques que les suivantes : y dire la messe, entendre « à confesse et communier les vieillards, les malades et con- « valescents, et non d'autres personnes.

« 8° Finalement, nous entendons et ordonnons que, par « notre présente permission, les droits de l'église paroissiale « et du R. Curé ne se trouvent ni à présent ni à l'avenir lésés « en aucune façon, mais qu'ils restent entièrement intacts. « C'est pourquoi nous déclarons que nous ne permettons point, « à moins que les circonstances ne changent totalement, que « cet oratoire soit jamais élevé et érigé en bénéfice, soit cha- « pellenie. Nous réservant l'examen et la décision de toutes « les difficultés qui pourraient naître à ce sujet. Donné dans « notre maison de résidence à Fribourg, le 12 juin 1772. »

Par ordre.

F. PERROUD, *secrét.*

Les frères Richard avaient légué à la commune de Prez la somme de 4,000 fr. (6,000) pour l'entretien d'un instituteur prêtre ; mais cette clause n'eut pas d'effet immédiat : en 1784, Mgr de Lentzbourg faisant sa visite pastorale à Siviriez ne parle pas du chapelain régent de Prez ; ce n'est qu'en 1791, lors d'une seconde visite, que l'évêque mentionne dans son récès la fondation Richard :

« Article 2. Le régent d'école de Prez ne se reposera sur per- « sonne pour faire l'école ; mais, autant que possible, il la fera « lui-même, à moins que M. le Curé ne trouve pas d'inconvé- « nient à ce qu'une autre personne capable la fasse de temps « en temps pour lui.

« Article 3. La fondation de feu RR. Mrs Richard, étant « comme les autres fondations pieuses soumise à notre inspec- « tion, le R. Curé de Sivirier assistera aux comptes qui se « rendent annuellement. »

En 1796, la chapelle de Prez était desservie par D. Vittet, prêtre français, qui remplissait en même temps les fonctions de maître d'école. L'année suivante, la commune s'adressa à l'Ordinaire pour demander le privilège du chant des vêpres. Le curé Cordey s'y opposa vigoureusement dans un long mémoire. Mgr Odet, d'accord avec le curé, refusa l'autorisation.

En 1798, D. Courti était chapelain à Prez. Sous D. Jean-Baptiste Forney, qui occupa ce poste de 1801 à 1809, la commune revint à la charge pour obtenir le chant des vêpres ; mais ce fut en vain. Elle renouvela, pour la troisième fois, sa demande, en 1818, qui fut repoussée encore.

D. Jacques-Joseph Jaquet, qui succéda à M. Forney, fut le dernier chapelain résidant à Prez. Depuis sa mort, arrivée en 1822, le chapelain de Chavannes s'y rendait, au moins tous les quinze jours, pour la messe matinale. Plus tard, la messe y fut célébrée par les vicaires de Siviriez.

Un projet plus vaste surgit en 1887. La population fut, dès le commencement de l'année, travaillée par des hommes influents qui proposaient de se séparer de l'église-mère, et de créer une nouvelle paroisse à Prez. L'église de Siviriez, disait-on, était trop petite pour la population. Cette idée, émise dans une assemblée communale, fut adoptée à la presque totalité des suffrages, à la condition que les autres communes de la paroisse contribuassent à la dépense. Toutefois, des obstacles surgirent, les difficultés s'amoncelèrent de toutes parts. La correspondance entre l'évêché, le curé et les différentes autorités est très abondante. Finalement, une nouvelle assemblée communale décida par 44 voix contre 23 de suspendre la poursuite du projet, et le calme se rétablit.

Archéologie. — En 1873, cherchant une source d'eau au sud du presbytère, M. le curé Jaccoud découvrit de nombreux débris de vases de l'époque romaine. Il est certain que cette localité a été habitée par les Romains, leur station se trouvait entre le village actuel et le bois de la Jogne.

On trouve, entre Chavannes-les-Forts et Prez, les restes d'un camp, ou de fortifications très anciennes, qui paraissent remonter aux Burgondes.

On a parlé d'une cloche, retrouvée au-dessus de Drognens en creusant le sol, et qui serait d'une haute antiquité. — Il ne faut pas oublier que les cloches ne furent pas en usage en Suisse avant la fin du Xe ou le commencement du XIe siècle.

Chapelains et vicaires de Siviriez.

1453. **Jean Burciodi,** chapelain de l'autel de S. Pierre.

1494. **Aymon Maillardoz.**

1566. **Gervais Corteysiez.**
1700. **Jean-Joseph Savary.**
1713. **Pierre Rothey.**
1718. **François Rey.**
1728. **Claude Richard.**
1733. **Thiémard.**
1738. **Antoine Bressan.**
1740. **François Gaudard.**
1750. **Jean Cordey,** de Romont.
1756. **Georges Comte,** »
1758. **Laurent Grandgirard.**
1780. **Joseph-Christophe Riss,** de La Roche.
1826. **Dubas.**

Vicaires.

1856. **Joseph Odin,** de Mézières.
1858. **François Dougoud,** de Torny-le-Grand.
1860. **Pierre Menétrey,** de Chavannes.
1862. **Jean-Joseph-Antoine Cottet.**
1863. **Pierre-Alexandre Conus.**
1864. **Louis Genoud.**
1865. **Daniel Weber.**
1867. **Albert Ruedin.**
1867. **Alfred Badoud.**
1872. **Jean-Baptiste Jaccoud.**

Curés de Siviriez.

Hogerius, sacerdos de Sivirié. Il paraît comme témoin dans plusieurs actes du milieu du XIe siècle.

1180. **Cono,** sacerdos in Sivirié.
1240. **Uldricus,** sacerdos.
1397. **Etienne Wacheti,** de Collonges, Genève.
1440. **Jean Amoudry.**
1453. **Rodolphe Gavardi.** Il était chapelain à Lausanne et ne résidait pas à Siviriez ; son vicaire, Jean Carembaud, le remplaçait.
1491. **Humbert,** vicaire.
1505. **Guillaume Folliard,** alias Paccard, **curé.**

1523. **Guillaume** de Montefalione.

1528. **Philibert** de Sallinis, curé.

1529. **Claude Romanin,** vicaire.

1544. **Claude** d'Estavayer. On lit dans le vol. 23 des Comptes des trés. du chan. Fontaine : « Comme le curé de Siviriez n'a pas l'âge requis pour dire la messe, on lui donne un terme pour se faire ordonner, à condition qu'en attendant il étudie, 1542. » On suppose que cette note se rapporte à Claude d'Estavayer, qui fut plus tard Protonotaire apost.

1551. **Bernard Maillard,** de Romont.

1552. **Pierre Forney,** premier curé élu par le clergé de Romont.

1555. **François,** curé. Il fut imposé pour l'achat du comté de Gruyères.

1564. **Claude Jaquier,** curé. Il était vicaire du clergé de Romont.

1586. **Bernard Devaud.**

1597. **Louis Ansermod.**

1626. **Claude Mœnnat.** Pendant son administration, le R. P. de Lallie vint établir la Confrérie du Rosaire à Siviriez, 22 juillet 1626.

1639. **Claude Reynauld.** Il a commencé à tenir le registre des baptêmes.

1640. **Gaspard** de Saint-Bernard.

1681. **Jacques Page,** de Chatonnaie.

1708. **Nicolas de la Tinna.**

1709. **Claude-Joseph Feuillée.** Il établit la Confrérie du Saint Sacrement dans l'église de Siviriez.

1738. **Antoine Gransonney.**

1770. **Pierre-Joseph Blanc,** de Villaz-Saint-Pierre. C'est sous son administration que la cure fut rebâtie. A sa mort — il était alors curé d'Attalens — il donna à la paroisse de Siviriez une chape de satin rouge et une chasuble en soie, aux chapelles de Siviriez une cédule d'un louis, 23 fr., avec tous les intérêts échus, pour la fondation d'un anniversaire.

1779. **Jacques-Joseph Cordey,** de Romont. Il était vicaire à Porsel lors de son élection.

1823. **Pancrace-Xavier Davet.** Il donna sa démission dans le mois d'octobre 1840.

1840. **Jean Maillard**, de Vuarmarens, doyen en 1858.

1868. **Pierre-Auguste Villard**, de Châtel-S.-Denis, nommé curé par Mgr Marilley.

1873. **Jean-Baptiste Jaccoud**, de Fiaugères, élève du Collège germanique, docteur en théologie, recteur du collège Saint-Michel depuis 1888.

1878. **Pierre Gumy**, d'Ecuvillens.

1881. **R. P. Kolly**, de Saint-Silvestre, liguorien. Rappelé par ses Supérieurs en décembre 1892, le P. Kolly est aujourd'hui Supérieur d'une maison de la Congrégation en Alsace.

1892. **Etienne Raboud**, de Villarsiviriaux.

SORENS

Sorens, Seirun, 1150.

Patron : Saint Michel, archange, 29 septembre.
Altitude : Sorens, 807. Malessert, 925. Pepin, 1,015.

Statistique de 1888.

	Maisons habitées.	Ménages.	POPULATION DE RÉSIDENCE ORDINAIRE: Bourgeois de la commune de résidence.	Bourgeois d'autres communes du canton.	Suisses d'autres cantons.	Etrangers.	RELIGION: Catholiques.	Protestants.	LANGUE: Français.	Allemands.	Total.
Sorens......	158	196	711	81	6	4	801	—	799	3	802

1859. Nombre de contribuables, 260.
Immeubles imposables............. 1,026,116 fr.
Capitaux, titres..................... 291,192 »
Produit de l'impôt.................. 3,131 »
Produit de l'impôt sur le commerce 96 »
1895. Fonds d'école...... .... 36,098 » pour trois écoles et 130 enfants.
Dépenses pour l'assistance publique des pauvres, 5,597 fr.

Sorens, qui s'étend au-dessus de Marsens, sur le versant oriental du Gibbloux, quoique moins connu que les localités voisines, remonte à une haute antiquité. Pendant que les Romains séjournaient dans la plaine, cette contrée était probablement habitée par une population patriarcale, mais peu nombreuse, qui vivait paisiblement du produit de ses troupeaux. Un chemin, dont on aperçoit encore quelques vestiges, venant de Bulle, passait à Riaz et à Sorens, puis s'élevait par les monts Gibbloux pour descendre sur Villarsiviriaux et prendre la direction de Romont. Les Romains ont connu ce passage.

Plus tard, cette contrée fut comprise dans la seigneurie de Vuippens et de Marsens, et en suivit toutes les phases. (MM. Dey et Gremaud, *Mémorial*, vol. II.)

En 1136, sur les confins de la paroisse de Sorens, au bord du Gérignoz, dans une gorge sauvage, l'abbaye d'Humilimont fut fondée par les seigneurs d'Everdes-Vuippens; deux des nobles fondateurs quittèrent le monde et prirent l'habit de saint Norbert. Ces actes de dévouement donnèrent un élan tel que toutes les grandes familles de la contrée rivalisèrent de zèle et de générosité pour contribuer à la prospérité du monastère; dans ce nombre, figurent Aymon et plusieurs seigneurs de Sorens. En confirmant les nombreuses fondations, saint Amédée, évêque de Lausanne, donne une idée de l'étendue des terres de la nouvelle abbaye.

Humilimont, comme toutes les institutions humaines, eut des phases de grandeur et de décadence : après quatre siècles et demi d'existence, au moment où il fut supprimé, en 1580, pour servir à doter le collège de Fribourg, il ne comptait plus que six religieux.

La chapelle.

Au XVe siècle, à l'occasion de l'installation du curé de Vuippens Basseti, il est fait mention pour la première fois de la chapelle de Sorens. Le nouveau curé se présenta à la porte de l'église de Vuippens, devant l'Abbé d'Humilimont, avec les lettres d'institution de l'évêque de Lausanne, et promit de desservir l'église de Vuippens, ainsi que la chapelle de Sorens, fille de l'église-mère. 14 avril 1463.

A cette date, le curé de Vuippens devait, du moins de temps en temps, célébrer la messe dans cette chapelle de Sorens, la première connue, mais dont aucun document n'indique l'origine, ni l'emplacement.

En 1686, Jean Moullet, de Sorens, fit bâtir une chapelle dédiée à saint Bernard de Menthon et à saint Michel, au-dessus du village, au lieu dit : *Plan du marais,* et la dota d'une rente de 50 batz (7 fr.). D'autres fondations vinrent s'ajouter à la première, et, en 1752, elle avait un revenu de passé 20 fr. Les fonds, administrés par la commune, se perdirent en partie; le reste fut transporté à la nouvelle chapelle du village, qui devint, au moment de la séparation de Vuippens en 1861, église paroissiale. Mais, à cette occasion, elle fut réparée et agrandie avec le cimetière et la cure. Les plans de M. Lendi, architecte, portaient la dépense pour l'église à 3,275 fr., pour les murs du cimetière à 1,000 fr., pour les réparations de la cure à 1,500 fr. Ce devis était si exact que la somme a été triplée.

Mgr Marilley consacra l'église et bénit le nouveau cimetière la même année, le 30 octobre.

L'église de Sorens est aujourd'hui propre, bien tenue; mais humide et trop petite; la paroisse sera obligée, dans peu de temps, de la rebâtir.

Décret de séparation.

Connaissance prise du nouveau mémoire de la commune de Sorens du 3 octobre 1860, réitérant sa demande de séparation paroissiale, écartée par arrêté du 13 février 1860;

Lecture faite du contre-mémoire des communes de Marsens et de Vuippens du 20 novembre 1860, ainsi que de la contre-pétition de 66 ressortissants de la commune de Sorens, concluant au maintien du prédit arrêté;

Vu les pièces et enquêtes concernant cette question;

Entendu le rapport de la direction des cultes;

Considérant

que la commune de Sorens se trouve en mesure de subvenir aux frais de son érection en paroisse, sans assumer des charges trop onéreuses, que la population de 662 habitants disséminés sur le versant du Gibbloux, à une distance assez considérable de Vuippens, justifie l'opportunité de cette mesure, qui reste aujourd'hui le vœu de la majorité de ses ressortissants, dont les motifs particuliers et récents ont été convenablement appréciés par le Conseil d'Etat;

Arrête :

1. La commune de Sorens sera considérée comme paroisse nouvelle détachée de l'ancienne paroisse de Vuippens, aussitôt que l'autorité ecclésiastique compétente en aura prononcé l'érection et après l'accomplissement des conditions suivantes :

a) Le bénéfice destiné à l'entretien de son curé sera constitué en conformité de l'art. 5 de l'arrêté du 12 février 1849, de manière à produire un revenu de mille francs, auquel sera ajouté le logement, le jardin et l'affouage.

b) La chapelle actuelle de Sorens sera agrandie selon le devis présenté par l'intendant des bâtiments de l'Etat.

c) Le cimetière de la nouvelle paroisse sera érigé selon les nouvelles prescriptions ecclésiastiques, moyennant l'agrément de la direction de police, à teneur de l'art. 212 de la loi sanitaire.

2. Aucune indemnité, aucun partage des biens paroissiaux n'est admise entre la commune de Sorens et les communes de Vuippens et de Marsens, qui donneront au bénéfice des fondations existantes en faveur de la paroisse primitive, sauf celles répondant à des charges qui, pour des motifs particuliers, doivent être acquittées dans la nouvelle paroisse.

3. Sorens devra, par contre, rembourser à l'ancienne paroisse de Vuippens sa part de sa dette primitive de la construction de l'église paroissiale et lui faire abandon, sans récupération aucune, de toutes les prestations avancées et payements faits jusqu'à la promulgation du présent arrêté, pour contribuer à la reconstruction de cette même église, ensuite du dernier incendie.

Donné en Conseil d'Etat, à Fribourg, le 8 février 1861.

Le président : VAILLANT.

Erection de la paroisse de Sorens.

A part les clauses mentionnées dans le décret par lequel le dit Conseil d'Etat, en ce qui concerne l'autorité civile, donnait son agrément à l'érection de la commune de Sorens en paroisse, l'autorité diocésaine subordonna l'érection canonique de la paroisse de Sorens à l'acceptation préalable par ladite commune des conditions suivantes :

1. La commune de Sorens assure à son curé un traitement convenable, lequel est fixé à mille francs, dont le capital est constitué par quatre obligations de la Caisse hypothécaire, etc.

2. La commune de Sorens fournit de plus au curé : *a*) tout le bois nécessaire pour l'affouage. Ce bois doit être scié, entassé aux frais de la commune, de manière qu'il soit sec et prêt à être brûlé ; *b*) un lot de terrain communal, choisi par le curé parmi ceux qui sont ou deviendront vacants dans le cours de l'année 1862 ; *c*) le presbytère avec jardin et autres dépendances.

3. La commune de Sorens remettra au curé la rétribution des messes qui ont été fondées par des particuliers et dont le capital est entre les mains de l'administration communale. Le chiffre de cette rétribution sera déterminé ultérieurement par l'autorité diocésaine.

4. La commune de Sorens prend l'engagement de ne laisser peser sur le curé, pour ce qui concerne les titres et autres fonds du bénéfice dont la jouissance est dévolue au curé, que l'impôt cantonal et de l'exempter de toute autre imposition communale quelconque. Cet engagement ne s'étend pas à ce qui serait ou adviendrait la propriété personnelle du curé.

5. La commune de Sorens est chargée de toutes les dépenses, construction et entretien de l'église et du presbytère, ainsi que de tous les frais pour le luminaire, vases sacrés, linges et ornements des autels, pour faire lessiver, réparer les linges de la sacristie, etc., à l'exception des grandes hosties et vin des burettes à la charge du curé.

6. Pour diminuer les frais du luminaire à la charge de la commune, les cierges d'enterrement, après avoir servi aux offices d'enterrement, sont acquis à l'église.

7. Les fleurs des enterrements sont destinées à l'ornementation de l'église, dont elles deviennent la propriété.

8 et 9. Règlement pour les frais d'enterrement.

10. En raison des sacrifices que la commune s'impose pour constituer le bénéfice, sont censés rachetés par le fait de la constitution du bénéfice toutes les redevances pour les prémices et les novales, ainsi que pour les billets de Pâques.

Le 6 octobre 1861, l'assemblée communale de Sorens a accepté le présent règlement et promet de l'observer fidèlement.

Le secrétaire : Gobet. *Le syndic :* H. Ropraz.

Mgr Marilley, qui avait proposé ce règlement à la commune de Sorens, l'approuva le 10 octobre 1864.

Une convention du 17 octobre 1882, entre l'autorité diocésaine et la paroisse, régla certains points et augmenta le bénéfice.

1. M. l'administrateur Pellerin se déclare satisfait des sentiments exprimés par les pétitionnaires.

2. La cure sera immédiatement mise au concours, et en cas d'insuccès, l'administrateur fera son possible pour nommer un curé au plus tôt.

3. Un délégué de l'administration sera envoyé à Sorens pour examiner les réparations de la cure, examiner les archives, etc.

4. La paroisse de Sorens passera par acte notarié : *a*) une reconnaissance de l'affouage qu'elle s'engage à fournir au curé, rendant le bois au presbytère coupé et entassé; *b*) une cessation définitive de la pose de terre qui jusqu'ici avait été accordée au curé comme portion communale; *c*) une obligation hypothécaire du capital de 2,000 fr. destinée à augmenter les capitaux du bénéfice curial.

5. De son côté, l'administration diocésaine s'engage à donner mille francs, qui seront ajoutés aux capitaux du bénéfice, à titre d'encouragement, par égard pour les sacrifices que s'est imposés cette nouvelle paroisse.

6. Le R[d] curé célébrera une messe matinale tous les dimanches et fêtes, sans autre rétribution que celle qui résulte de l'augmentation de son bénéfice. Par contre, il est déchargé de l'obligation de sonner l'*Angelus*.

PELLERIN, *administrateur*.

MARTIN-DUPRÉ.

Bienfaiteurs de l'église, des pauvres.

En 1861, M.-Sophie Lanthman, née Ropraz, a légué pour ornements 100 fr.

Rose Ropraz, par testament de 1874, institue héritier universel de tous ses biens non légués Louis Meillaz, absent du pays, avec cette restriction que, si son héritier meurt sans enfant légitime, elle lui substitue l'église de Sorens pour l'entretien des ornements.

De plus, elle lègue, payables après sa mort, 300 fr. pour les besoins de la sacristie de Sorens.

Le Conseil, avec l'approbation de l'assemblée paroissiale, fait un accord avec M. Louis Meillaz, qui a livré 500 fr. pour les prétentions de l'église. Sur ce legs, 300 fr. furent prélevés pour payer les tableaux des autels.

Nicolas Tornare donne 100 fr. pour ornements, à la disposition du curé.

En 1891, M. Romanens remet 50 fr. et la commune 100 fr. pour le grand lustre.

Deux anonymes ont donné chacun 150 fr.; le curé a acheté, avec une partie de cette somme, un ciboire et des candélabres.

Un tableau représentant la naissance de la sainte Vierge, copie d'un tableau de maître, a été donné à l'église par un M. Ropraz, de Sorens, établi en Russie; ce tableau, qui avait une certaine valeur, laissé dans l'humidité, est aujourd'hui complètement détérioré.

Notabilité.

Cyprien Ayer, né à Sorens en 1825, mort à Neuchâtel le 8 septembre 1884.

M. Ayer, professeur à l'Ecole cantonale, sous le gouvernement de 1848, fut appelé, dès 1857, au gymnase de Neuchâtel où il enseigna avec succès la langue française, la statistique et l'économie politique. Il a publié, dans l'*Emulation,* plusieurs articles sur la langue française et le patois, entre autres : *Revue de l'instruction publique dans le canton de Fribourg, de la permutation des lettres dans la langue française,* etc. A Neuchâtel : *Enseignement élémentaire, secondaire et supérieur de la langue française,* dont le dernier volume : *Grammaire comparée de la langue française,* est arrivé à sa 4me édition, 1885.

Chapelains de Sorens.

1735. **François-Joseph Richard,** de Lentigny.
1759. **Ignace-François Progin,** de Vaulruz.
17... **François Cottin,** de Romont.

1778. **Jean-Rodolphe Gaillard.**

1781. **Dubochet.**

1791. **Jean-Joseph Goumaz,** de Fétigny.

1791. **Michel Gremaud.**

1809. **Antoine Lymarie,** prêtre français.

1832. **François Thorin,** de Villars-sous-Mont.

1847. **François Glasson,** de Bulle.

1849. Le **R. P. Albéric Burger,** de Fribourg, religieux de l'abbaye supprimée d'Hauterive.

1852. **Michel Cottet,** de Bossonnens.

1855. **Rodolphe Gapany,** de Marsens.

Curés de Sorens.

1861. **François-Auguste Sudan,** de Broc. En 1880, il quitta la paroisse, qui fut desservie momentanément par les Pères Capucins de Bulle.

1883. **Jacques-Henri Python,** du Châtelard. Au mois de novembre 1884, il se rendit à Rome pour des études de droit canon. Depuis 1896, M. Python est chapelain aux Ciernes d'Albeuve.

1884. **Jean-Louis Rouge,** de Cluses, Savoie.

SURPIERRE

Ueberstein en allemand, *Superpetram* en latin, *Sorepierra*. Altitude : église 629, château 609. — *Praratoud*, *Prarastod* en allemand. Altitude : 651. — *Cheiry, Cherier*. Altitude : 557; scierie de Coumin, 520. — *Chapelle, Capella* en latin. Altitude : 624. — *Villeneuve*. Altitude : 624.

Patron : Sainte Marie-Madeleine, 22 juillet.

Statistique.

	Nombre		Origine.				Confession.		Langue.			
	De maisons habitées.	De ménages.	Bourgeois de la commune.	Bourgeois d'une autre commune du canton.	Bourgeois d'un autre canton.	Etrangers.	Catholiques.	Protestants.	Français.	Allemands.	Italiens.	Total.
Surpierre...	59	71	143	85	25	12	256	9	256	6	3	265
Praratoud..	16	17	65	22	6	—	85	8	85	8	—	93
Cheiry......	61	58	199	63	10	—	264	8	266	6	—	274
Chapelle ...	19	25	54	39	11	2	92	14	91	1	—	106
Villeneuve..	54	67	194	67	50	—	272	39	297	14	—	311
Total.....	209	238	655	276	102	14	969	78	995	35	3	1,019

	Impôt sur l'industrie.	Nombre des contribuables.	Immeubles imposables.	Capitaux, titres.	Produit de l'impôt sur les fortunes.	Dépenses pour les pauvres.	Fonds d'école.
Surpierre......	66	157	382,520	61,200	1,067	527	7,433
Praratoud.....	5	111	316,697	60,735	856	27	5,565
Cheiry.........	60	214	674,479	152,088	1,961	591	13,391
Chapelle	—	127	412,539	25,354	1,014	14	4,002
Villeneuve.....	34	168	485,977	139,789	1,496	799	14,174

Le château de Surpierre.

L'ancienne seigneurie de Surpierre se trouve en grande partie située sur un plateau élevé, mais coupé de profonds ravins. La couche de terre végétale est généralement faible et repose sur le sable, comme à Surpierre, Praratoud et Coumin. Par contre, l'air est bon et salubre, le climat sain et relativement tempéré.

Le château est placé sur un rocher coupé à pic, les jardins et les terrasses suspendus sur l'abîme. De ce site riant et pittoresque, le regard embrasse cette vallée de la Broye qui s'étend de Lucens à Avenches, parsemée de champs, de prairies et de villages coupés agréablement par de sombres forêts. L'arrière-plan se termine par la magnifique chaîne de montagnes des cantons de Berne et de Fribourg.

Aucun document n'indique l'époque de la construction du château actuel, qui n'est probablement pas le premier; des raisons assez plausibles font supposer qu'il a été construit par les de Cossonay, seigneurs de Surpierre, famille riche et puissante, dans le courant du XIIIe siècle, contrairement à la légende qui place son origine au VIe. Les fossés sont encore visibles, mais un pont en pierre a remplacé le pont-levis.

Au-dessous du château et à l'orient, sur un étroit plateau s'avançant jusqu'au bord du rocher, se trouvait le bourg de Surpierre, construit à une époque très reculée. De l'église, une route pavée conduisait à la porte occidentale et fortifiée ; deux rangées de maisons allant de cette porte à la porte inférieure formaient la rue. Le bourg était fortifié à l'orient par le rocher au bord duquel il était construit ; une muraille l'unissait apparemment à l'entrée du château pour le défendre de ce côté. Près du chemin qui va de Villeneuve à Surpierre, en avant de la porte inférieure, était la chapelle du bourg, dont il est parlé dans les actes de la visite de 1453. Cette chapelle, dont les vieillards ont encore pu voir quelques ruines, était considérée comme fille de Notre-Dame des Champs, ou dépendante de cette église. Elle n'avait pas de cimetière, ni le Saint Sacrement, mais bien des fonts baptismaux ; l'autel n'était pas consacré, une fenêtre n'avait pas de vitres, la terre était nue dans le chœur et dans la nef, les murs bruts, la charpente délabrée, une ouverture sans porte pour l'entrée. On y arrivait avec mille difficultés par un abord en pente rapide. C'est dans cet édifice délaissé que la population du bourg et de Villeneuve, avant d'être annexée à l'église de Granges, venait entendre la messe, recevoir les sacrements, remplir ses devoirs religieux.

La visite pastorale de 1453 ne parle pas de la chapelle du château, qui était probablement réservée à l'usage des seigneurs. Les employés de la seigneurie, notaires, juges, etc., logeaient dans le bourg, qui pouvait compter de 20 à 25 maisons.

On peut soutenir que les premiers seigneurs de Surpierre furent les de Cossonay; car les de Surpierre qu'on trouve depuis le XIIe siècle ne pouvaient être que des ministériaux des hauts barons de Cossonay. Les premiers de Surpierre connus sont Willelme, en 1142; Nantelme, en 1147, qui fut témoin dans la confirmation des dons faits à l'abbaye de Théla par saint Amédée, évêque de Lausanne; un autre Willelme, fils de Hugues, apparaît de 1167 à 1186.

Les de Surpierre, bienfaiteurs d'Hauterive, avaient des propriétés à Lussy, paroisse de Villaz-Saint-Pierre; Nantelme de Surpierre, sa femme Pierrette et ses enfants Pierre, Agnès, Marguerite donnèrent, vers les années 1163, 1169, au monastère d'Hauterive leur fief de Lussy avec le pré dit Wisterlin; dans cet acte, apparaissent comme témoins Humbert et Gerold de Surpierre (*Arch. soc. d'hist.* VI); Otto et Willelme de Surpierre, de 1163 à 1200, sont aussi cités comme témoins.

Dans le mois de novembre 1316, noble Louis de Cossonay, fils de Jean, sa mère dame Marguerite et ses frères Humbert et Aymon vendirent à l'archidiacre de Lincoln, Guillaume d'Estavayer, pour le prix de 3,000 L., sous réserve d'un retrait illimité, le château de Surpierre avec ses droits, dépendances et un revenu de 200 L. sur les terres; mais, par leur ordre, le seigneur de Grandson, noble Otton, le racheta avec ses titres. (*Archiv. des domin. d'Estav. Surpierre*, n° 1, répert.) D. Aymon de Cossonay, chanoine de Lausanne, et ses neveux les chevaliers Jean et Girard, fils de feu Louis de Cossonay, à la suite d'un embarras financier, vendirent, par acte du 21 octobre 1352, au couvent d'Estavayer des rentes que devaient des censitaires hommes-liges, taillables et non taillables, de Chéry, Chapelle et Coumin. (*Id. archiv. des domin.*)

En 1344, la seigneurie de Surpierre passa aux mains de Girard Mistralis d'Aubonne, mais sans le domaine direct et sous la réserve qu'en cas de guerre il devait y résider personnellement. (Kuenlin.)

Jeanne, fille de Louis de Cossonay, femme de Jean de Rougemont en Bourgogne, céda à son créancier Iblet de Challant le château de Surpierre pour 8,000 florins, en 1399; la même année, Jean de Rougemont, comme héritier de sa femme, vendit le droit de rachat à l'Evêque de Lausanne. Enfin, le 15 juillet 1488, le duc Charles de Savoie inféoda le château et la seigneurie de Surpierre à François de Gruyère, seigneur d'Oron.

Un demi-siècle plus tard, lors de la conquête du canton de Vaud, le château, laissé sans défense, fut occupé par les Bernois. Cuendoz, syndic de Surpierre, et la population prêtèrent hommage à MM. de Berne. Mais Fribourg réclamait cette seigneurie, et Berne la lui céda le 1er mars 1536, après six semaines d'occupation.

**Procès-verbal de la prise
de possession du château de Surpierre par Fribourg.**

Au nom de Notre-Seigneur, *amen*. Le 1er mars 1536, en présence du notaire Aymonettaz et des témoins, se sont présentés au bourg de Surpierre François Mullibach et Jacques Freybourg, conseillers de Fribourg et agissant au nom de l'avoyer et conseil de cette ville; ils ont exposé aux honorables personnes François Cuendoz et Louis Pitet, comme syndics et gouverneurs du mandement et terre de Surpierre, et à Humbert, à Claude et Jean Corboz, à Humbert Blessart et aux autres habitants au nombre de 32 pères de famille, leur mission à Surpierre, et leur firent connaître que, par l'accord établi entre l'Etat de Berne et celui de Fribourg, le château, mandement et seigneurie de Surpierre avec ses hommes et revenus devaient appartenir totalement à Fribourg, qui y conserverait la foi catholique et les intérêts du duc de Savoie. Ils invitèrent, en conséquence, les sujets de la seigneurie à prêter serment de fidélité aux mains des ambassadeurs de Fribourg, de procurer l'honneur de cet Etat, d'éviter tout ce qui lui serait nuisible, de révéler et manifester les complots qui pourraient se former contre son existence et sa tranquillité. Les ambassadeurs, de leur côté, offrent de prêter serment de maintenir et protéger les libertés, franchises, écrites ou non écrites, du mandement de Surpierre, et de remettre au duc de Savoie le château de Surpierre dès qu'il leur aura remboursé les frais occasionnés par cette guerre.

Tous prêtèrent serment à la manière allemande, c'est-à-dire en levant les mains et deux doigts de la main droite.

Après cette formalité, les ambassadeurs de Fribourg demandèrent aux bonnes gens, prud'hommes et sujets de Surpierre de les mettre en possession du château ; mais ils répondirent qu'ils ne pouvaient le faire, vu qu'ils étaient sujets. A la demande des représentants de Fribourg, ils entrèrent cependant les premiers dans le château ; et là ils demandèrent à leurs maîtres d'être déliés du serment qu'ils avaient fait aux Bernois, et de leur donner les franchises et libertés accordées aux villes de Romont, de Rue et d'Estavayer.

Le notaire Aymonettaz rédigea ce qui s'était passé, et l'acte fut revêtu du sceau de la châtellenie.

Trois ans après l'occupation de Surpierre, le château devint la proie des flammes. François Cuendoz, homme riche et influent, fut reconnu auteur de ce désastre.

L'Etat fit réparer les dommages, et le château relevé de ses ruines fut l'habitation des baillis, puis des préfets jusqu'en 1848.

Voici la liste des frais, due à la complaisance de M. l'archiviste Schnewly.

1539 janv. 15. Le Conseil de Fribourg décide que le château de Surpierre sera aménagé de manière à pouvoir devenir une habitation convenable pour le bailli.

1538 déc. 25 à 1539 juin 24. Le trésorier Hans Reyff de Fribourg paie 4 ⁺ à maître Pierre de Tour (charpentier) pour avoir été (travailler) quelques jours à Surpierre.

1539 septembre 4. Comme Messeigneurs ont puni d'une amende de 200 ⁺ François Cuendoz de Surpierre comme coupable de ce que le château de ce lieu a été incendié, amende payable en deux termes, L. L. E. E. ont atténué cette sentence en ce sens que Cuendoz paiera au bailli (Hans Gribolet) 30 ₶ comptant et en sus une rente annuelle de 5 ₶ rachetable par 100 ₶. Une annotation postérieure porte que les 100 ₶ ont été payées comptant.

1539 juin 24 — 25 déc. 1539. Le trésorier Hans Reyff inscrit dans ses recettes semestrielles 100 ₶ reçues de François Cuendoz de Surpierre pour l'amende qui lui a été imposée.

1541 fév. 12. La Justice de Surpierre, composée de neuf juges parmi lesquels François Cuendoz dit Vuilliermoz, à l'instance du commissaire Brayer de Romont, reconnait que Messeigneurs de Fribourg possèdent comme indominures le château de Surpierre avec ses cours et bellohard, appartenances et dépendances, assis au bourg de Surpierre et dans les murailles d'icelui ou carré dessus devers vent et soleil couchant, jauxte la porte la charrière publique et la chapelle de saint Nicolas confesseur devers le soleil levant, les fossels du dit château devers soleil couchant et vent, les roches faisant fossels du dit château tendant au riau de Cuttaz qui va à Ville Nouve.

1543 juin 24 — déc. 25. Le trésorier Hans List paie 50 ₶ à maître Nicolas Werchmeister sur le marché qu'il a pris du château de Surpierre.

1544 août 27. Ensuite de la relation du conseiller Sessinger et du trésorier Hans List, envoyés à Surpierre, le Conseil de Fribourg adopte leurs propositions — elles ne sont pas indiquées.

1544 juin 24 — déc. 25. Le trésorier List paie à maître Jean Huguet de Romont sur la bâtisse du château de Surpierre que feu maître Nicolas avait prise à lui, et qui par conséquent a été reprise par Huguet, 230 ₶.

1544 déc. 25 — 24 juin 1545. Le trésorier List rembourse au bailli de Surpierre Hans Marti 460 ₶ que celui-ci a avancées pour toutes espèces d'ouvrages et de frais pour le château. Le même trésorier a payé à M. Huguet sur son travail à Surpierre 150 ₶.

1545 juin 24 — déc. 25. Le trésorier Hans Reyff paie à un maçon qui a travaillé à un mur au château de Surpierre 50 ₶; à M. Huguet de Romont sur son marché de Surpierre 70 ₶; au même sur son travail au château 61 ₶ et 10 sols.

1545 déc. 25 — 24 juin 1546. Le trésorier Reyff rembourse

au bailli de Surpierre pour toutes espèces de dépenses au sujet de la bâtisse 157 ₶, 7 sols et 11 deniers ; le même paie à maître Jean Huguet de Romont sur son marché de Surpierre 30 ₶ ; au même pour des tuiles qu'il a achetées à Grandson au nom de Messeigneurs 78 ₶, 3 sols et 4 deniers.

La paroisse, l'église paroissiale, les chapelles.

La paroisse de Surpierre est très ancienne, on n'en connaît pas l'origine ; il est même difficile d'indiquer d'une manière certaine le siège de l'église paroissiale. En 1184, il y avait deux églises, celle de Notre-Dame des Champs et celle de Cheiry ; lorsque l'évêque Roger les donna à S.-Maire de Lausanne, il ne détermina pas laquelle de ces églises était le siège de la paroisse. Conon d'Estavayer, en 1228, dans le pouillé du diocèse où toutes les églises paroissiales sont nommées, ne fait aucune mention de Notre-Dame des Champs et place le siège de la paroisse à Cheiry. Un mot des villages dans ces siècles reculés servira quelque peu à élucider la question. Praratoud n'avait que deux ou trois maisons ; ce n'était pas un village ni une commune ; on l'appelait la grange de Praratoud. La commune de Surpierre n'était pas autre chose que le bourg construit sous le château et quelques cabanes éparses dans l'endroit connu sous le nom des Chavannes. Cheiry avec son église formait déjà un village. A Chapelle et à Coumin se trouvaient quelques ménages seulement. Ainsi l'église de Notre-Dame des Champs était isolée, éloignée de toute habitation ; ne serait-ce pas là un motif suffisant pour faire pencher la balance en faveur de l'église paroissiale de Cheiry ? D'ailleurs, quelques faits pris dans le passé fortifieront cette manière de voir et feront connaître l'origine de Notre-Dame des Champs. Entre le village de Surpierre et le Sensuis, sur un plateau désert, on voit un bloc erratique qui devint un lieu de réunion et de culte pour les Celtes et les Gaulois, les païens des environs. Ce menhir fut leur temple ; c'est là qu'ils se rendaient pour sacrifier à leurs idoles. Et ce n'est pas un fait isolé ; les menhirs, où les païens accomplissaient leur culte, sont assez nombreux dans nos contrées. Au commencement du christianisme, quelques chrétiens faibles, conservant une certaine affection pour l'ancien culte, s'unissaient aux idolâtres au pied de la pierre druidique. Le prêtre, témoin désolé de ces aberrations, pour détourner le peuple du culte impur du paganisme, fit ériger près du menhir une chapelle en l'honneur de la Mère de Dieu. Si, à cette époque, comme il est permis de le supposer, l'église de Cheiry était église paroissiale, il n'est pas facile de fixer la date où Notre-Dame des Champs devint le siège de la paroisse. Dans tous les cas, ce n'est pas avant la fin du XIIIe ou le commencement du XIVe siècle. Cette église, dont on voit encore les fondements, fut visitée en 1453; elle était petite, mais suffisante pour l'époque : la paroisse avait alors 40 ménages environ, soit une population de 200 à 250 âmes. Le bénéfice était excellent, il rapportait 12 L. Les curés, chanoines de S.-Maire à Lausanne, ne résidaient pas, ils se faisaient remplacer par des vicaires. Les visiteurs trouvèrent cette église dans un mauvais état; ils ordonnèrent de blanchir les murs, de réparer les fenêtres, l'encensoir, d'acheter de nouvelles burettes, de placer une piscine sous la petite fenêtre du chœur, d'établir un pupitre pour le chant des vêpres et un bahut pour les ornements.

Les voies de communication étaient si mauvaises que, lors des visites pastorales, l'évêque se voyait obligé de quitter sa voiture dans le chemin de la forêt voisine pour se rendre à pied jusqu'à l'église. Sa Grandeur, à cause des difficultés de se mouvoir à l'intérieur, devait revêtir en plein air les ornements pontificaux.

Lorsque les offices se faisaient encore à Notre-Dame des Champs, les paroissiens, pour fêter la naissance du Sauveur, avaient l'habitude de donner un spectacle pittoresque et édifiant : réunis en quatre groupes, ils allumaient de grands feux devant l'église et chantaient des cantiques en attendant l'heure de minuit.

On peut rappeler ici un fait qui donne une idée de la foi des habitants de Surpierre, de l'importance du bénéfice et de la nature de ses revenus.

C'était en 1417, le chanoine Claude Liardar de S.-Maire était curé, mais il ne résidait pas. Les paroissiens du bourg de Surpierre et des Chavannes avaient adressé plusieurs plaintes contre le curé à l'évêque G. de Saluces. Ils disaient entre autres choses que les vicaires n'avaient pas assez pour vivre... ; ils réclamaient même un prêtre capable, payé par le curé, pour desservir la chapelle du bourg et celle du château.

Le curé, sur le conseil de l'évêque, de François de Gruyère, seigneur d'Oron et de Surpierre, et l'exhortation de Gaspard Bronchiez, châtelain de Lucens, des prud'hommes Jean Desarsin, P. Dupuis, J. Portari, etc., fit l'accord suivant : Le curé et ses successeurs auront toujours un vicaire capable et bien rétribué ; il cédera au vicaire Hugues de Brexeria et à ses successeurs le tiers de la grande dîme de Surpierre, de Villeneuve et de la grange de Praratoud, avec les novales ; mais le curé se réserva sur toutes les dîmes l'avoine pour ses chevaux. Le vicaire jouira aussi des dîmes sur les animaux soit sur les naissants, des droits d'enterrement, du quarteron ou du bichet de la prémisse ; mais il donnera un cierge à chaque chef de famille à la Purification. Les possessions que le prieuré de S.-Maire a acquises à Surpierre, Villeneuve, Praratoud et le domaine de Cheiry ne sont pas soumises à la dîme. Les gerbes de la prémisse des habitants de Villeneuve sont données à l'église de Granges, où ils vont avec la permission du curé, des seigneurs et des dames de Cossonay. Ceux du bourg de Surpierre ne sont pas compris dans cette permission. Le curé donnera encore au vicaire quatre coupes de seigle et quatre d'avoine. Le curé devra chanter quatre grand'messes aux quatre principales fêtes de Notre-Seigneur et quatre aux fêtes de la Sainte Vierge ; il chantera encore une messe le jour de Ste Madeleine et le jour de la dédicace de Notre-Dame des Champs. Le jour de S. Sylvestre, il chantera une messe dans la chapelle de Cheiry, le chapelain de cette localité et celui de Combremont répondront ; le chapelain de Cheiry leur donnera un dîner et il abandonnera aux vicaires toutes les offrandes en signe de reconnaissance du droit paroissial. Suit l'énumération d'autres faveurs accordées aux vicaires, comme les corvées, les lods, etc. Le curé donna ensuite la promesse de visiter ses paroissiens sept fois par an, d'administrer les sacrements, de prêcher et de chanter la messe. Enfin, on établit que le vicaire, en temps de peste, ne pourra pas s'éloigner des paroissiens, ni quitter la paroisse en d'autres temps, à moins d'un avertissement préalable d'un mois.

Les paroissiens et le curé font serment d'observer toutes ces choses. Le notaire Aymonettaz rédige ces différents articles, et l'acte est revêtu du sceau du bailli de Vaud, Humbert de Gradibus dit Ponterosaz. Donné le 20 août 1417.

Notre-Dame des Champs fut église paroissiale pendant sept siècles. La population ayant considérablement augmenté, l'édifice devint insuffisant ; il fallait penser à une nouvelle église. Mais, vu la position et l'importance des différents villages, la question de l'emplacement divisait les paroissiens. Enfin, au commencement de ce siècle, ils finirent par s'entendre. On choisit une position très agréable, à l'extrémité du village de Surpierre, au-dessus du château. L'église, commencée en 1818, fut consacrée deux années plus tard, le 2 juillet 1820, et dédiée à la sainte Vierge, sous le titre de la Nativité de Notre-Dame. Sainte Marie-Madeleine, patronne de l'ancienne église, devint patronne secondaire.

La cure, rapprochée de la nouvelle église, était très éloignée de Notre-Dame des Champs.

Chapelle des Corboud.

Cette chapelle était placée à côté de l'église paroissiale, du côté de l'épître, entre deux contreforts ; une porte donnait accès dans l'église. On ne connaît pas la date de sa fondation ; comme la visite pastorale sous Saluces n'en fait aucune mention, elle peut remonter à la fin du XVe ou au commencement du XVIe siècle. La tradition locale l'attribue à la famille Corboud. La fondation pourrait coïncider avec les travaux exécutés dans l'église, en 1521. François Gautrin, de Villard-le-Comte, maçon, prend l'engagement de percer le mur du côté nord de l'autel pour y faire une porte entre deux ogives, de construire au coin de l'église, près de cette porte, une niche pour y établir un tabernacle, d'agrandir une fenêtre du côté du midi de l'autel. Il promet de faire ces travaux pour le prix de 8 écus d'or.

Cette chapelle, après la démolition de l'église de Notre-Dame des Champs, fut conservée, mais négligée et abandonnée pendant longtemps. Enfin, elle fut réparée par les soins de la famille Corboud, dotée d'un corps saint et rendue au culte.

Cheiry.

L'église de Cheiry, qui fut probablement la première église paroissiale de Surpierre, remonte à une haute antiquité. En 1184, Roger, évêque de Lausanne, donna au Prieuré de Saint-Maire les églises de Cheiry et de Surpierre, moyennant un cens annuel de 40 sols et sous réserve épiscopale. Conon d'Estavayer, comme on l'a vu plus haut, cite l'église de Cheiry en 1228.

En 1246, le chevalier Gerold cède tous les droits qu'il peut avoir sur la dîme de Cheiry, de Beaume et de Surpierre, pour 100 sols ; l'acte est muni du sceau de l'évêque de Lausanne et de celui de Humbert de Cossonay.

En 1269, Jacques de Cheiry reconnaît tenir, depuis 15 ans, plusieurs possessions dans cette localité pour 30 sols genevois.

Jeannette de Surpierre, veuve de Nicolas de sancto Eugendo, donzel, tutrice de ses enfants, déclare tenir, depuis 23 ans, différentes possessions de Saint-Maire dans les territoires de Cheiry, Surpierre et Villeneuve, pour une rente de 55 sols et 7 chapons. 1304.

Le Prieuré de Saint-Maire retirait, en 1324, la rente de 70 sols et 7 chapons de ses terres situées à Cheiry.

L'église ou la chapelle de Cheiry a toujours été dédiée à saint Sylvestre, pape. Les délégués de Saluces, en 1453, l'appellent chapelle, fille et membre de l'église paroissiale de Notre-Dame des Champs.

Faits divers.

En 1521, le jour de la Sainte Trinité, le cordonnier Jean Pidoux, de Granges de Forel, a été reconnu bourgeois par les syndics de la paroisse, à la sortie de l'office de Notre-Dame des Champs, avec l'approbation des autres bourgeois présents ; il prêta serment entre les mains du vice-châtelain et promit d'être un sujet bon, fidèle du duc de Savoie Charles, seigneur de Surpierre. (*Arch. cant. not.* N° 196.)

Un officier, selon la tradition, à son retour de la bataille de Lépante, donna à Notre-Dame des Champs une statue de la sainte Vierge reposant sur un piédestal de fût de canon. La statue a été placée sur l'autel. Le fait est possible et n'a rien de ridicule : on sait que 50 Suisses de la garde du Pape assistèrent à la bataille de Lépante et rentrèrent triomphalement à Rome.

En 1607, les cinq communes de Surpierre, représentées par 10 députés, portèrent plainte contre leur bailli, qui tenait cabaret et était cause que la maison de ville se louait à vil prix. Messeigneurs, après avoir entendu le bailli, le déclarèrent excusable ; ils condamnèrent même les communes à lui payer 30 livres, et les députés à 24 heures de prison. (*Comptes des trés. Font.* 30.)

Les paroissiens de Surpierre, à l'installation du curé, exigeaient un dîner. En 1644, l'Etat abolit cet usage.

Les terres du château et la ferme avec la grange de Villeneuve furent vendues, en 1767 ; dans cet acte, il est parlé des terres situées à Villeneuve *sous vigne*.

Plusieurs prêtres français, pendant la Révolution, furent réfugiés à Surpierre.

Vicaires de Surpierre.

1698. **Philippe Perroud.**
1790. **Pierre-Joseph Kuster.**
1790. **Morel.**
1791. **Pierre-Joseph Auderset.**
1792. **Joseph Scyboz.**
1795. **Georges-Marie Badoud.**
1848. **Jean Gremaud,** de Riaz.
1851. **Jean-François Bosson,** de Rue.
1854. **Pierre-Etienne Fernex.**
1859. **Jean-Baptiste Mettraux,** ord. Cart.
1861. **François Curtet.**
1862. **François-Xavier Crausaz,** de Romont.
1864. **Elie-Nicolas Despond.**
1866. **Joseph-Alexandre Doutaz.**
1868. **Jean-Pierre-Amédée Pugin.**
1870. **Laurent-Léon Dubey.**
1872. **Nicolas-Félicien Pythoud.**

1873. **François-Clément Menoud.**
1874. **Jacques-Cyrille-Alfred Gapany.**
1875. **Jean-Louis Marmier.**
1876. **Antoine Fumex.**
1878. **Alexandre-Lucien Beaud.**
1881. **Henri Python.**
1883. **Nicolas-Alphonse Charrière.**
1887. **Alexandre Perrotet.**
1888. **Clément Equey.**
1889. **Etienne-Joseph Vaucher.**
1890. **Dominique-Jean Lanovaz.**
1891. **Victor Favre.**
1893. **Amédée Pilloud.**
1894. **Georges Wicht.**
1897. **Henri Michel.**
1899. **Jean-Marie Tissot.**

Curés de Surpierre.

1330. **Willermus.**
1375. **Jacobus de Corcellis.**
1417. **Christinus Marron.**
1417. **Claude Liardar,** chanoine de Saint-Maire.
Jean Mesmier, chanoine.
1432. **Antonius Benez.**
1436. **Jean Borgognion.**
1444. **Henri Calleis.**
1453. **Thomas Collin,** chanoine de Saint-Maire.
1455. **Amedeus Fabri.**
1456. **Petrus Musy.**
1470. **Claude Lyendaz.**

1477. **Joannes de Passu,** chanoine de Saint-Maire. Le 15 février 1478, il donna sa cure pour un an à Jean Corbi, prêtre demeurant à Surpierre, pour le prix de 13 L. 10 s. L'année écoulée, il la céda encore au même pour trois ans. Ce prêtre Corbi est évidemment un Corboud.

1489. **Jean Generis (Gindroz, Gendre),** chanoine et prieur de Saint-Maire de Lausanne.

1501. **Jacobus Mornosli,** chanoine de Belley et de Saint-Maire de Lausanne, licencié en droit civil et canonique.

1507. **Pierre de La Comba,** vicaire-desservant.

1525. **Petrus Crosseti.**

1556. **Nicolas Raquin.**

1559. **Jean Jaquenod,** de Lucens. Le gouvernement de Fribourg, informé des bons services qu'il a rendus à Surpierre comme vicaire et coadjuteur de M. Raquin, le nomma curé à la demande des paroissiens.

1520. **Pierre Ecoffey,** de Cheiry. En 1520, il prêta 40 florins à Claude Guex des Goutes pour un intérêt de deux chars de foin, et 21 florins pour un muid d'avoine.

1569. **Jean Rey,** de Grangettes.

1583. **Walther Duding,** chanoine de Marsens.

1606. **Louis Truffin,** d'Estavayer-le-Lac. Il a établi les registres des baptêmes.

1610. **Jacques Palléon,** d'Estavayer. Il avait été aumônier du régiment Féguely, en France.

1611. **Jean Olivey,** de Chatonnaye.

1616. **Jacques de Ferra,** des anciennes terres.

1620. **Gui Fontaine.**

1631. **François Crosier,** d'Estavayer. Il eut de grandes difficultés avec quelques paroissiens, ses ennemis acharnés et injustes. L'Etat intervint et lui intima l'ordre de chercher un autre bénéfice, à moins que ses paroissiens, contents de lui, ne le réclamassent avant la fin de l'année et ne demandassent sa confirmation. Jean Sarsin, de Chapelle, gouverneur de la paroisse, parut à Fribourg au nom des communes et déclara qu'on n'avait aucune plainte contre le curé. Sur ces déclarations, Crosier fut confirmé. Le bailli Ratzé convoqua au château les ennemis du curé pour annuler les déclarations de Sarsin. Ces catholiques poussèrent l'audace jusqu'à déposer une plainte auprès du bailli de Lucens contre les sermons du curé; mais ils furent condamnés à payer 10 florins au curé; d'autres furent condamnés à la prison.

1640. **Claude Gleivod,** de Vaulruz.

1641. **Antoine Dematraz,** de Broc.

1649. **Jacques Vionnet,** de Vaulruz.

1689. **Pierre Déposieux,** de Villaz.

1717. **François-Sylvestre Garson,** de Cheiry.

1751. **Claude-Joseph Ballif,** de Villeneuve. En 1750, le prêtre Jean-François Akerman, de Stantz, est mort au château. Il a été enterré au chœur.

1795. **Jean-Hyacinthe Grandjean,** de Morlon et de Fuyens.

1847. **Pierre-Joseph Grandjean,** de Fuyens et de Morlon, neveu du précédent; doyen du décanat de Saint-Odilon en 1870. Cinq ans plus tard, le 15 septembre 1875, il a célébré son jubilé sacerdotal au milieu d'un grand concours de prêtres et de fidèles.

1885. **Nicolas-Alphonse Charrière,** de Cerniat, doyen depuis 1897.

TAVEL

Tafers en allemand ; *Tavern,* 1314; *Taberiis,* 1306.

Altitude : 650.
Patron : Saint Martin, 11 novembre.

Statistique de la commune.

Depuis la nouvelle organisation des paroisses du district de la Singine, je ne puis donner que la statistique des communes.

		ORIGINE DE LA POPULATION DE RÉSIDENCE				RELIGION		LANGUE		
Nombre des maisons.	Nombre des ménages.	Bourgeois de la commune.	Bourgeois d'une autre commune du canton.	Bourgeois d'un autre canton.	Etrangers.	Catholiques.	Protestants.	Allemands.	Français.	Italiens.
127	144	380	278	111	19	710	76	675	111	2

La paroisse.

La paroisse de Tavel était primitivement très étendue ; elle côtoyait, depuis l'entrée de la vallée du Gotteron, les bords de la Sarine, les rochers de la Maigrauge et la paroisse de Marly pour s'avancer, au midi, jusqu'aux portes de Planfayon; la belle paroisse de Guin formait ses limites au nord et à l'ouest. Elle comprenait la Planche inférieure et supérieure, le territoire de la Maigrauge, les paroisses d'Alterswyl, de Dirlaret, de Saint-Antoine et d'Heitenried.

Cet important territoire était alors faiblement peuplé; un simple vicaire, qui vivait maigrement du casuel, desservait la paroisse; le curé retenait pour lui, et sans se soucier de la résidence, les rentes et les produits des terres. Cela dura jusqu'au XVIIe siècle, époque où les curés devinrent de vrais pasteurs.

La contrée est pittoresque. Le Gotteron, avec son ruisseau et ses gorges profondes, commande l'admiration, soit qu'on le considère du haut des rochers qui surplombent, soit qu'on suive ses méandres dans le fond de la vallée.

Des châteaux féodaux, aujourd'hui ruinés, étaient jetés çà et là sur cet immense territoire. Le sol fut plus d'une fois ensanglanté par les guerres de Fribourg, de Berne, de la Savoie et du Guggisberg. Le peuple habitait de tristes cabanes, qui, à chaque guerre, devenaient la proie des flammes. Il vivait misérablement du produit de ses terres ou de celles que le seigneur lui donnait à cultiver. De sombres forêts, repaires des loups, des ours, des sangliers, couvraient le sol.

Il est difficile de fixer l'époque où la lumière de l'Evangile vint éclairer cette contrée. Les légendes, les croyances populaires ne peuvent suffire à baser une histoire. Cependant, on peut affirmer que l'établissement de la paroisse n'est pas postérieure au IXe siècle. Le premier curé connu, qui vivait en 1150, n'est pas le premier pasteur qu'ait eu la localité.

Au XVe siècle, la contrée fut plus d'une fois troublée par des erreurs répandues dans la ville de Fribourg, et surtout dans les campagnes de langue allemande. En 1430, les inquisiteurs Jean de Columpnis, commissaire épiscopal, Ulric de Tarente, maître Bertrand de Bourgogne, etc., siégèrent dans la sacristie de Saint-Nicolas. Nous ne pouvons savoir quelles étaient ces erreurs. Parmi les accusés, dont un certain nombre fit des aveux, parfois arrachés par la torture, se trouvaient une béguine, le frère du curé Studer, de nombreuses femmes ; la plupart furent condamnés à la prison ou payèrent des amendes.

Richard de Maggenberg, dont l'arrestation fut si dramatique, fut le principal prévenu. Le public l'accusait de pratiquer la sorcellerie, de se livrer à la magie, de chercher des trésors dans les souterrains de son château de Maggenberg, etc. Il opposa une vive résistance aux sbires chargés de le prendre, et parvint à s'évader. On l'arrêta de nouveau à Bâle, en 1437, pendant le concile; mais sa famille obtint son élargissement sous caution. La procédure fut poursuivie par l'inquisiteur, on cita des témoins de Soleure, de Neuchâtel, de Schwarzenbourg ; Antoine de Prez, chanoine de Lausanne, plaida contre lui. Reconnu coupable et dépouillé de tous ses biens, il quitta le pays.

L'année suivante, Hensli d'Oberschwenny, fils de Richard de Maggenberg, fut égalcment arrêté ; mais on ignore l'issue de cette affaire.

Après les troubles de l'hérésie, vinrent les désastres de la guerre qui couvrirent la paroisse de ruines : incendies, pillages, enlèvement de bétail, dévastation des terres.

L'étendue de la paroisse devait amener des démembrements. Dirlaret se sépara vers la fin du XVIe siècle ; les chapelains attachés à cette église prirent le titre de curés dès 1570. La séparation d'Heitenried eut lieu vers la même époque ; mais on ne trouve pas de document authentique sur ce sujet.

A peu près un demi-siècle auparavant, en 1511, la Planche avait été détachée de Tavel pour former la paroisse de Saint-Jean. La collation de la cure de Tavel appartenait au commandeur, qui l'avait obtenue de Jean Felga. Mais, déjà en 1506, avant que l'église de Saint-Nicolas fût érigée en collégiale, le nonce du Pape en Suisse, par l'autorité de Léon X, donna l'autorisation au prévôt de Berne et au chanoine Cajeta de mettre le clergé de Saint-Nicolas (*collegium clericorum*) en possession de la cure de Tavel. (*Arch. de S.-Nic.*) Deux années après, le gouvernement donna cette cure au dit clergé. Pierre d'Englisberg, commandeur de Fribourg, protesta et fit valoir les droits de l'ordre sur cette cure ; il obtint une sentence d'excommunication contre le clergé. Le gouvernement n'en décréta pas moins, cette même année, l'incorporation de la cure de Tavel au Chapitre. Après maints procès à Fribourg et à Rome, le commandeur consentit à un arrangement : la cure de Tavel resta au Chapitre nouvellement fondé, et Saint-Jean obtint le titre d'église paroissiale.

Un nouveau démembrement eut lieu en 1885, par transaction entre les intéressés et les autorités compétentes ; les villages d'Alterswyl et de Saint-Antoine furent érigés en rectorats indépendants avec tous les droits paroissiaux. Cette transformation était devenue nécessaire : ces villages sont à une grande distance de Tavel ; pour certains devoirs, surtout les baptêmes et les enterrements, les difficultés se multipliaient avec l'augmentation de la population, et l'église paroissiale était trop petite.

Enfin, le territoire dit de la Banlieue se sépara aussi de Tavel; l'église et la cure de Bourguillon furent annexées à l'église paroissiale de Saint-Nicolas.

Droit de collation.

Le premier possesseur connu de ce droit fut Jean Hattenberg, ou Hackenberg, qui, en 1369, le céda à Jean Felga contre une redevance annuelle de 28 livres laus., deux mesures de froment et deux d'avoine. Les Felga, selon un acte, le 24 mai 1377, et d'après un autre, le 16 juin 1424, le cédèrent au commandeur Huser. Depuis cette date jusqu'à 1508, les commandeurs nommèrent les curés de Tavel, sans que personne ne vînt contester leur droit. Ils en furent dépouillés entre les années 1506 et 1511.

Le clergé de Saint-Nicolas d'abord, puis le Chapitre fut mis en possession de ce droit, et il en jouit encore aujourd'hui.

L'église.

On ne peut pas donner la date précise de la construction de la première église de Tavel, qui fut antérieure de quelques siècles à la fondation de Fribourg : nos archives sont muettes sur cette époque. La première mention de l'église remonte à la guerre de Berne et de la Savoie contre Fribourg, en 1447-48. Les Fribourgeois revenaient chargés de butin de Schwarzenbourg, où ils avaient brûlé près de 50 villages ou hameaux; séparés pour jouir du butin, ils furent attaqués à l'improviste et défaits par les Bernois; mais des secours arrivés de la ville leur permirent de refouler l'ennemi et de le poursuivre jusqu'à Tavel. Les Bernois, fortifiés dans le cimetière, opposèrent une vive résistance; assaillis de toutes parts, ils durent pourtant céder le terrain, mais, en se retirant, ils semèrent partout la dévastation et le carnage. Le curé Renevey fait un tableau lamentable des désastres de cette guerre : « Cum ipsa parochialis ecclesia ex guerrarum discriminibus et ignis incendio atrociter una cum villagiis omnino sit devastata et in cinerem redacta. » (*Arch. cant. not.*, n° 228.) L'église dévastée fut réduite en cendres.

En 1453, ainsi quelques années après, l'église fut visitée par les délégués de Saluces. Chose étrange! ils ne parlent pas de l'incendie; mais l'absence de tabernacle semble indiquer un nouveau bâtiment. Il paraît que les murs résistèrent aux flammes, bien que la toiture fût complètement consumée. L'Etat accorda, en 1450 et 51, onze mille tuiles pour couvrir l'église, et les jurés de Tavel reconnaissent une dette de 19 L., due au potier Ysenbart, pour ouvrage fait à l'église. A cette époque la population s'élevait à 80 feux, d'où l'on peut conclure que l'église était très petite.

Le 4 mars 1528, le Chapitre de Saint-Nicolas, comme collateur et propriétaire de la cure de Tavel, fut condamné à payer annuellement à Tavel 20 livres, à la décharge du commandeur et de tous les habitants de la Planche et du Bisenberg. Le Chapitre accepta, 1er juin 1529. (*Arch. de S.-Jean.*)

Vers 1530, les paroissiens de Tavel construisirent une nouvelle église. Le commandeur de Saint-Jean et les habitants de la Planche refusèrent toute contribution. Les deux partis nommèrent une commission pour examiner et arranger cette affaire.

Cette nouvelle église, dont on ne peut découvrir aucune description, dura près de trois siècles. La population ayant considérablement augmenté, les fidèles sentaient le besoin d'un édifice plus vaste, mais les dépenses épouvantaient quelques familles. Peu à peu, l'accord s'établit, et, sous la direction de M. le capitaine d'artillerie de Werro, les travaux commencèrent en 1786. Mgr de Lentzbourg consacra la nouvelle église en 1789, le 12 octobre, au milieu d'une affluence extraordinaire de fidèles.

Les petits autels en stuc et la chaire furent réparés par MM. Benz et Rast, de Lucerne; les fresques, 6 grands tableaux et 4 médaillons, commencées en 1788, furent achevées par Gottfried Locher, qui avait peint, en 1760, un saint Jacques destiné à la chapelle de ce nom. M. Vuillermet de Lausanne, en 1897, lava et restaura ces magnifiques tableaux qui sont un trésor pour l'église. En même temps, M. Vuillermet a réparé avec beaucoup de goût différentes parties de l'église. Cette restauration a été inspirée par le curé Badoud.

Chose unique! Dans la tour, on reconnaît trois constructions différentes. L'étage inférieur, aujourd'hui la sacristie, était le chœur de l'église, avec de magnifiques sculptures du XVe siècle. Une voûte solide a résisté à tous les bouleversements. A l'extérieur, cette partie est revêtue de moellons durs et résistants. Au-dessus de cette œuvre apparaît le tuf : on éleva la tour et on l'entoura de contreforts ainsi que le chœur. Cette dernière partie appartient probablement à la première moitié du XVe siècle. Enfin apparaît le dernier ouvrage en moellons et en tuf, œuvre de 1785 ; la tour est octogone dans cette partie. La direction de la sacristie, primitivement le chœur, indique une église du XVe siècle.

L'église possède un tableau du peintre Lafond, de Paris, qui est aussi l'auteur des deux tableaux de saint Antoine et de saint Joseph Cupertin dans l'église des PP. Cordeliers, à Fribourg.

L'ostensoir est un don de Mme Marie-Anne de Diesbach-Belleroche, femme de Pierre Walther Kuenlin, seigneur de Maggenberg. Cet ouvrage en argent a coûté 41 écus, 1735.

L'église a été plusieurs fois frappée par la foudre : le 24 juin 1794, elle tomba sur le clocher, renversa les sonneurs et endommagea le maître-autel ; le 21 juillet 1880, elle a causé des dégâts dans l'église.

Chapelle de Saint-Jacques.

Cette chapelle, construite dans le cimetière, est moderne, mais elle a probablement remplacé un édifice plus ancien. Elle fut bâtie aux frais de la Confrérie des pèlerins de Saint-Jacques de Compostelle et de la paroisse. C'était la chapelle de la Confrérie, et c'est là que se réunissaient jadis, en costume de pèlerins, tous les confrères et ceux qui avaient fait le voyage de Saint-Jacques de Compostelle en Galicie. Chaque année, la procession des pèlerins, le 25 juillet et à la fête de saint Jacques, amenait à Tavel un grand concours de monde.

Le peintre Stoll, en 1767, l'a décorée à l'intérieur et à l'extérieur. Sur la façade, divisée en 8 panneaux avec inscriptions en allemand, est tracée la légende d'un pèlerin condamné à mort et pendu, mais délivré par l'intercession de saint Jacques.

La Confrérie de Saint-Jacques existe à Tavel depuis plusieurs siècles; dans le principe, elle était apparemment composée d'anciens pèlerins. Les statuts furent modifiés et renouvelés, en 1620, par le Vicaire général du diocèse, qui la dota de plusieurs indulgences. Depuis lors, le nombre des associés augmenta rapidement. Les protocoles conservent les noms de nombreux pèlerins du canton.

Chapelle dite l'Ossuaire. Celle qui existe actuellement est moderne, et elle a été construite pour remplacer une ancienne chapelle. L'autel a été consacré par Mgr de Boccard le 18 octobre 1753, et dédié à saint Nicolas, évêque, et à saint Michel, archange.

Eglise de Saint-Jean.

La ville de Fribourg, en 1259, accorda aux chevaliers de Malte un emplacement sur la Planche pour y bâtir un couvent, une église et un cimetière; les habitants espéraient que cette église et ces religieux serviraient aux besoins spirituels de la population, d'autant plus que les chevaliers possédaient la collation de la cure de Tavel et que l'église paroissiale était trop éloignée pour les baptêmes, les enterrements et les offices divins. Il en résulta des difficultés, des conflits nombreux entre le curé de Tavel, la commanderie et les habitants de la Planche.

Les démêlés commencèrent en 1409, et avaient pour cause des intérêts matériels mal interprétés. Pour s'orienter dans ces sortes de conflits, il faut se rappeler que, dans le principe, les bénéfices ecclésiastiques consistaient principalement en minimes rentes prélevées sur les administrés les jours de fêtes, de noces, d'enterrements, et sur le bétail et les fruits. Le curé de Tavel réclamait des habitants de la Planche aux fêtes de Noël trois deniers par ménage, aux fêtes de Pâques, de la Pentecôte, de l'Assomption, etc., un denier par personne mariée, et un denier pour la confession pascale, soit annuellement 18 deniers de chaque personne mariée et 7 deniers de chaque personne non mariée pour les offrandes les jours de fêtes. Les habitants de la Planche, du Bisenberg ne voulaient payer que

12 deniers comme ceux de la Balma, paroissiens aussi de Tavel, mais demeurant dans l'enceinte de la ville, et 4 deniers pour la dîme des jardins, arbres, prés, etc., comme les habitants des Places, paroissiens de Villars-sur-Glâne. De plus, les paroissiens de la Planche exigeaient que le curé de Tavel, ou un autre prêtre en son nom, vînt administrer les baptêmes, entendre les confessions et enterrer à Saint-Jean.

Des arbitres choisis par les deux parties terminèrent momentanément ces difficultés : les redevances du curé furent un peu diminuées, et on l'obligea à administrer les sacrements dans l'église de Saint-Jean, à enterrer dans ce cimetière, 13 décembre 1409. Cette sentence fut de nouveau confirmée et acceptée par le curé et les paroissiens, en 1426.

Les luttes, terminées avec les paroissiens, recommencèrent avec le commandeur, aussi pour motif d'intérêt : question de cierges, d'offrandes, etc. Les arbitres choisis à cet effet, Nicod. du Châtel, vice-doyen ; le curé Nigri, E. Garnerii, Vicaire gén. de Mgr Saluces, portèrent, le 21 septembre 1449, la sentence que voici : 1° Les cierges des enterrements seront partagés entre le curé et le commandeur ; 2° le curé pourra librement célébrer les messes d'enterrement, de septième à l'un des trois autels de Saint-Jean ; 3° les oblations déposées sur l'autel où il célébrera lui appartiendront ; 4° le curé pourra exiger 4 deniers pour la sépulture des enfants faite à Saint-Jean. Nouveaux démêlés en 1515, qui furent terminés par la séparation de la Planche et l'érection de l'église de Saint-Jean en église paroissiale. (*Arch. cant. Stadt. sach.*, n° 127.)

Bourguillon.

(*Voir le tome II du présent Dictionnaire.*)

Chapelles de la paroisse de Tavel.

Plusieurs de ces chapelles sont situées dans les nouveaux rectorats d'Alterswyl et de Saint-Antoine.

Obermontenach. Une chapelle, vers 1680, fut fondée dans cette localité par le capitaine Wœber, qui y avait des possessions. M. de Appenthel, le 26 septembre 1681, expose au Chapitre de Saint-Nicolas qu'on lui conteste les offrandes faites dans la chapelle et lui demande une direction. On lit en Chapitre une supplique du capitaine aux cardinaux, et un bref de la Congrégation des cardinaux qui renvoyait cette affaire au tribunal de l'évêque. L'évêque porta une sentence favorable au capitaine, et les choses en restèrent là.

Cette chapelle fut incendiée le 4 octobre 1844; mais M. de Buman la fit reconstruire; Mgr Marilley la bénit le 26 mai 1846. La statue, préservée de l'incendie et déposée dans la chapelle de Saint-Antoine, fut de nouveau transportée processionnellement dans la nouvelle chapelle. M. Louis de Buman, chevalier de Saint-Louis et de Charles III d'Espagne, avait une grande dévotion pour Notre-Dame d'Obermontenach, la recommandait à sa famille, lui attribuait une protection spéciale de sa personne dans les campagnes d'Espagne et de Russie.

Cette chapelle, située dans la paroisse de Saint-Antoine, est un pèlerinage pour les populations des environs; on s'y rend même de contrées très éloignées.

SAINT-OURS

Statistique de la commune.

NOMBRE		ORIGINE				CONFESSION		LANGUE	
De maisons.	De ménages.	Bourgeois de la commune.	Bourgeois d'une autre commune.	Bourgeois d'un autre canton.	Etrangers.	Catholiques.	Protestants.	Français.	Allemands.
137	149	313	315	348	1	627	350	838	139

La chapelle.

Il paraît qu'en 1424 l'ancienne chapelle, dédiée à saint Ours de la légion thébaine, n'existait plus; un acte du 19 juillet 1424 (notaire n° 23) parle de la fontaine et de la place où avait été bâtie antérieurement la chapelle de Saint-Ours, « in quo capella S. Ursi antiquitus erat fundata. » La chapelle actuelle aura probablement succédé à celle dont il est parlé ici et daterait du XVe siècle. La date 1539 qu'on voit sur la muraille, derrière l'autel, rappellerait une réparation, ainsi que la date 1606 placée au-dessous des petites fenêtres. Sans avoir une grande valeur artistique, cette chapelle a pourtant quelque mérite pour passer à la postérité : son antiquité, les fresques sur la porte d'entrée et celles qui apparaissent derrière l'autel, les six grands tableaux sur toile qui rappellent les scènes de la vie et le martyre de saint Ours et de saint Victor. A l'occasion de la bâtisse de l'église, on se proposait de démolir cette chapelle. M. Max de Techtermann se rendit à Saint-Ours, examina cet édifice religieux, le trouva très intéressant et proposa à la Société d'histoire du canton de Fribourg de s'intéresser à cette chapelle, d'intervenir même pour empêcher sa démolition. Là-dessus, des démarches furent faites auprès du Conseil d'Etat. La direction des travaux publics, dans une lettre, a annoncé que la démolition projetée de la chapelle de Saint-Ours n'aurait pas lieu, et qu'un consortium veillerait à sa restauration.

L'église.

M. Fasel, curé de Tavel, qui connaissait la distance à parcourir pour se rendre à l'église paroissiale, combien l'instruction religieuse souffrait de cet état de choses, légua une partie de sa fortune à la commune de Saint-Ours pour y établir un chapelain. D'autres dons suivirent ; la paroisse de Tavel céda quelques fonds, et M. le curé Stritt, de Heitenried, réunit une certaine somme par une quête faite dans la contrée. La population, encouragée par ces générosités, s'est mise à l'œuvre, a commencé et terminé une église qui a été inaugurée et bénite, le 2 décembre 1898, par M. le doyen Sturny ; M. le curé Stritt, qui s'est dévoué à cette œuvre, y a célébré la première messe. C'est un joli vase, pratique et agréable. L'église avec la sacristie et les murs du cimetière, mais sans l'ameublement, a coûté 24,000 fr. ; les fenêtres, y compris les quatre vitraux du chœur et les trois médaillons de la nef, 1,400 fr. ; le maître-autel, en marbre blanc, 1,500 fr., etc.

Saint-Ours sera probablement érigé en paroisse dans quelques années.

Chapelle de Notre-Dame du Bon-Conseil à Baechtisbrunnen. Cette chapelle, située dans la paroisse de Saint-Antoine, fut reconstruite en 1858 et bénite la même année.

Chapelle de Saint-Jacques à Nieder-Muhren. Elle est dédiée à saint Jacques le Majeur et à sainte Catherine, vierge et martyre.

Chapelle de Christlisberg. Cette chapelle de la Sainte-Croix, consacrée le 18 septembre 1768, est assez intéressante par les souvenirs qu'elle rappelle et par ses ornements. Au centre de l'autel apparaît une très belle descente de croix en bois sculpté; la voûte est peinte ; quatre tableaux attirent l'attention, dont l'un représente l'Abbé de Saint-Maurice Zurthanen, décédé à Fribourg en 1699. L'Abbé eut d'assez grandes difficultés dans son abbaye avec ses inférieurs ; obligé de quitter, il se retira dans sa famille et passait la bonne saison à Christlisberg. On trouve, dans la chapelle, les armes des Zurthanen, des Vild, des Alex, etc. En 1830, la propriété appartenait à M. Vander-Cuiser, français ; elle passa à son neveu, puis au comte de Melun. M. Vander-Cuiser avait fait construire quelques chambres pour les PP. Liguoriens qui y venaient passer les vacances.

Chapelle de la Sainte-Croix à Rohr. Cette chapelle est l'œuvre de la famille Bertschy ; elle a été bénite le 14 novembre 1842.

Chapelle de la Sainte-Vierge à Brunenberg, sous le titre de Mère de la grâce. Elle fut bénite le 21 septembre 1846.

Chapelle de Tutzenberg, dédiée à la sainte Vierge.

Chapelle de Maggenberg. L'Etat de Fribourg vendit, le 11 août 1408, en franc alleu à Richard de Umbertschwendi le vieux château de Makenberg, « totum castrum seu la motta ante Bül de Makenberg cum platea burgi, olim ante dictum castrum existente », soit la motta et la place du bourg et tout le terrain autour, pour 24 L. (*Arch. de l'hôpital.*) La chapelle près de la maison de campagne de Maggenberg est dédiée à saint Pierre et à saint Paul ; elle est très soigneusement entretenue.

Chapelle de Menziswyl, dédiée à l'Enfant Jésus.

Chapelle de Roemerswyl, dédiée à saint Philippe, a été bénite le 12 juillet 1722. Dans cette localité, déjà en 1445, il y avait une chapelle dédiée à saint Ours et ses compagnons ; elle était située près d'un étang, et le curé de Tavel Renevey y possédait des terres. Cette chapelle est intéressante et ornée de vitraux : le premier représente la conversion de saint Wilhelm, avec les armes des Techtermann et l'inscription Wilhelm Techtermann, 1662 ; le 2e Tobias Gottrau, patricius et Catharina Tugginer, 1625 ; le 3e Hans Jacob Buman cum Maria Foegeli, 1661 ; le 4e Hans Peter Von der Weid et Maria-Elisabeth Wild, 1651 ; le 5e Hauptman F. Nicolas Wild et Ursula de Diesbach, 1651 ; le 6e Hans Joseph Wild et Anna-Maria Fiva. Le tableau du maître-autel représente saint Philippe. La maison de campagne porte la date 1682.

Chapelle de Hattenberg, dédiée à sainte Anne. Le tableau de l'autel représente Jésus crucifié ; à droite, saint François d'Assise et à gauche saint Nicolas, évêque ; au-dessus, dans un médaillon, sainte Anne. L'autel a les armes des Forel et des Von der Weid. Sur la maison de campagne, on trouve la date 1679.

Philippe de Forel, Vicaire général de Mgr de Montenach, fait connaître que, le 25 septembre 1701, la chapelle de Hattenberg, bâtie à neuf, a été consacrée par nous, en présence de plusieurs prêtres illustres, de laïcs et d'une foule de peuple... François-Nicolas Von der Weid, fondateur et constructeur de la chapelle, a promis de la maintenir en obligeant lui et ses successeurs et le domaine de Hattenberg à cette conservation. Le possesseur du domaine devra faire célébrer chaque année trois messes dans cette chapelle. La fondation a encore été confirmée par Mgr Jenny.

Tasberg, chapelle de Saint-Udalrich. Cette campagne avait appartenu au baron du Saint-Empire Wild ; lorsque cette famille s'est éteinte, ses biens ont passé à celle de Chollet. Dans l'incendie du mois de mai 1840, la chapelle et la maison de campagne furent détruites par les flammes ; M. Chollet de Grolley la rebâtit. Plus tard, l'immeuble fut vendu, et la chapelle est devenue un grenier.

Balterswyl, chapelle de Saint-Gorgon. Voici ce que cette chapelle possède de remarquable : à l'autel, deux statues très anciennes ; à l'une des fenêtres, un vitrail avec les armes de Praroman et d'Estavayer ; un beau calice du XVe siècle, coupe évasée, pied cloisonné, patène avec une main bénissant. Cette chapelle est entretenue avec soin.

Balterswyl, propriété de M. Alphonse Von der Weid, par le mariage de sa fille Mathilde a passé à M. le Comte Max de Diesbach.

Menzishaus, chapelle dédiée à la sainte Vierge.

Sainte-Marie-Madeleine, bâtie et dotée, avant 1453, par Pierre Corboz, négociant à Fribourg ; elle fut consacrée, le 7 septembre 1453, par DD. F. de Fuste, évêque de Grenade et Vicaire général de Mgr Saluces. Cette chapelle est aussi devenue un grenier.

Fondation du bénéfice de chapelain.

La paroisse a fondé ce bénéfice entre les années 1630 et 1650. Le chapelain devait faire l'école aux enfants de la paroisse, dire la messe matinale les fêtes et dimanches, appliquer un certain nombre de messes pour les paroissiens et aider le curé dans ses fonctions. Les obligations du chapelain furent plusieurs fois modifiées, mais il a toujours été tenu à la résidence.

Faits divers.

La paroisse avait deux ermitages : celui de Bourguillon, au-dessus du Gotteron, avec un point de vue très pittoresque ; et celui de Galtern, près de Tavel, dont il ne reste plus de vestige.

Le frère Antoine Murer, mort subitement le 26 juin 1728, a été le dernier ermite de Bourguillon ; il était nourri par le couvent des Cordeliers, où il fut enterré.

C'est dans la cure de Tavel que Richard de Maggenberg, curé de Belp, fit son testament, résigna cette cure et la donna à Werner, prévôt du couvent d'Interlaken, Ord. de Saint-Augustin, priant l'évêque d'y instituer le curé présenté par le couvent, 18 août 1345.

L'auberge de Tavel devait fournir le vin pour toutes les messes, conformément à l'ancien usage, 1527.

Un mandement de l'évêque de 1625, adressé aux paroisses allemandes, blâme sévèrement les festins exagérés aux noces, aux baptêmes et aux enterrements.

La paroisse a été maintes fois visitée par des maladies pestilentielles. Sept cents personnes, disent les chroniques, moururent de la peste à Tavel — ce chiffre est exagéré, car la population entière de la paroisse ne devait pas dépasser ce nombre. — La peste régna à Tavel en 1639, et fit de nombreuses victimes. En 1646 et 47 une épidémie enleva beaucoup d'enfants; elle sévit encore dans le mois de janvier 1653, le curé écrivit dans le registre des décès : « L'année commence bien : ceux qui ne sont pas morts en 1652 meurent cette année. » Un siècle plus tard, en 1767, au moins 160 personnes succombèrent à une fièvre maligne. (*Notes Castella.*)

Le 25 décembre 1654, le curé enterra Christophe Fasel, de Medewyl, âgé de 90 ans : « Virum maxime egregium, patrem patriæ dictum ac patrem nostræ parochiæ : C'était un homme de bien, appelé le père de la patrie et le père de la paroisse, dont il fut un insigne bienfaiteur. »

Chapelains de Tavel.

Dans le XVIe siècle, la paroisse n'avait pas de chapelain, mais des primissaires.

1505. **Pancrace Speglin.**
1509. **Pierre Pittet.**
1521. **Emmanuel Brugger.**
1580. **François Muller.**
1619. **Pierre Salbgrer** ou **Salbgner,** chapelain.
1629. **Loys Favre.**
1635. **Pierre Halbzer.**
1637. **Henri Kolly.**
1649. **Jacques Glasson.**
1651. **Jacques Dafflon.**
1654. **Nicolas Passaplan.**
1660. **Jacques Fragnière,** et en même temps **Louis Kolly.**
1676. **Jacques Bertschi** et **Jean-Ulrich Esler.**
1683. **Tobie Gougler.**
1709. **Nicolas Blanchard.**
1721. **François-Nicolas Heimo.**
1749. **Nicolas-François Blanchard.**
1764. **Maurice Sturny.**

1766. **Jean Gross**; il fut maître d'école.

1784. **Guillaume Stoll**; il fit l'école pendant plusieurs années. A la visite pastorale de 1817, le trouvant trop faible pour continuer l'enseignement, Monseigneur lui proposa le bénéfice de primissaire à Alterswyl, où il est mort en 1828.

1817. **Jacques Bertschi**, plus tard curé-doyen de Guin.

1820. **R. P. Jean Biedzychi**, rédemptoriste.

1824. **Pierre Sturny**, ensuite curé de Chevrilles.

1824. **Jean Jendly**, docteur en théologie.

1825. **Aloys Ruder**, de Guin.

1829. **Pierre Wæber**, de Tavel.

1830. **Pierre-François-Xavier Æby**, de Fribourg.

1831. **Udalrich Bæchler**, de Dirlaret.

1840. **Joseph Overney**, de Dirlaret.

1844. **Pierre Roggo**, de Pontels.

1845. **Jean Roggo**.

1855. **Jean-Georges Hessel**, d'Estavayer.

1857. **François-Xavier Portman**.

1859. **Joseph-Martin-Fréd. Spæth**.

1867. **Jean-Aloys Æby**.

1871. **Pierre-Alphonse Reidy**.

1872. **Joseph-Pierre Zbinden**.

1891. **Adolphe Badoud**, de Romont.

1893. **Frédéric Speiser**, de Bâle.

1894. **Emmanuel Théraulaz**, de Fribourg et La Roche.

1895. **Pierre Bæchler**, de Dirlaret.

Curés de Tavel.

1150. **Uldricus**, curé.

1229. **Burcard**.

1276. **Pierre**.

1296. **Richard de Maggenberg** (Mackenberg). Il plaça son sceau, en 1311, sur l'acte de donation de Jacques de Wahleren aux religieux de Saint-Jean établis à Fribourg.

1332. **Pierre**. Le doyen de Fribourg et Pierre, curé de Tavel, certifient qu'Isabelle, veuve de Jacques de Duens, a donné 20 L. au monastère d'Hauterive pour droit de sépulture, 1352.

1370. **Pierre Ramstein**; c'est probablement le curé précédent avec son nom de famille.

1379. **Conrad de Bulo** (de Bulle). Cette famille était bourgeoise de Fribourg; elle fit plusieurs fondations à Saint-Nicolas. En 3791, le curé Conrad réclamait d'Ulrich Biny, de Fribourg, une rente de 28 sols; elle fut réduite à 27 sols et deux chapons. (*Arch. cant., répert. de S.-Nic.*)

Vers 1395. **Conrad Mag.**

1402. **Ulric Kunst.**

1413. **Jean Malamulier,** curé de Tavel et doyen de Fribourg. Il ne résidait pas. Il acheta de Jean Byc, de Fribourg, la propriété de Serritzwiler, située près du moulin de ce nom, pour le prix de 82 L.; acte du 3 et 10 octobre 1416, muni du sceau de la commune et de celui du doyen de Fribourg.

1414. **Marcardus (Marc) Bandolph,** du Simenthal, *de septem vallibus,* vicaire, desservant à plusieurs reprises. Dans son testament, il donna au couvent des Augustins, où il demanda d'être enterré, tous ses livres, en aumône et pour son anniversaire; au pricur, son habit doublé de peaux de loups, avec la charge de dire 30 messes pour le repos de son âme; au fr. Huser, à la même condition, son habit doublé de peaux de moutons; au fr. Jean Belperg, trois manuscrits; au fr. Nicolas Anselmi, le volume *Speculum Theologiæ* et le volume *de Rhetorica,* avec charge de messes; au fr. Ulric Stebwli, un Bréviaire. Suit un grand nombre de legs en froment, orge, lits, etc., aux Sœurs, aux lépreux, aux hôpitaux; à sa servante, une vache.

1424. **Nicolas Baschorio,** d'Erlach.

1427. **Cono Juchi,** vicaire.

1429. **Pierre Swere,** vicaire.

1426. **Pierre Renevey,** de Fribourg, curé. Il paraît dans une foule de documents et de transactions. Un document de 1449 le dit démissionnaire; il a peut-être conservé le titre de curé sans en remplir les fonctions. Il a été battu par un orfèvre sur le cimetière de Tavel, avec effusion de sang; le cimetière a dû être bénit à nouveau.

1453. **Jean Zukinger,** vicaire.

1461. **Gaspard Velgen,** vicaire.

1445. **Pierre de Vaulongin,** curé. Il fut atteint de la

maladie de la lèpre et dut abandonner sa cure; l'Etat de Fribourg le fit examiner le 31 janvier 1459. Enfermé dans la léproserie de Bourguillon, il vendit sa maison de Fribourg, en 1467.

1464. **Burkard Stoer,** curé. Il fut envoyé deux fois à Rome pour affaires religieuses, entre autres pour obtenir l'usage du beurre pendant le carême.

1473. **W. Gugniaud,** curé, de Fribourg. Il ne résidait pas.

1489. **Jean Villien,** vicaire. Il payait annuellement au curé Gugniaud 43 florins d'or.

1490. **Paul Rappolt,** curé. Il fut envoyé à Lausanne, en 1496, pour obtenir de l'Evêque la permission du laitage en carême.

1500. **Nicolas Regenboden,** vicaire.

1503. **Pierre von Ins,** vicaire.

1509. **Conrad,** de Bâle, vicaire.

1517. **Paul Langsfurt,** vicaire.

1546. **Wilhelm Maradan,** vicaire.

1550. **Antoine Leva,** curé de Tavel et chanoine de Saint-Nicolas.

1551. **Pierre Favre,** vicaire.

1552. **Jean Jaux,** vicaire.

1554. **Brodard,** curé.

1561. **Louis Stüb,** vicaire.

1560. **Jean Bastard,** vicaire. En 1562, il eut des difficultés avec Martin Odet pour une dîme que la paroisse de Dirlaret réclamait à celle de Tavel.

1565. **Nicolas Taverney,** curé.

1573. **Nicolas Grandis,** curé; il payait 60 L. au Chapitre.

1579. **Christen Frytag,** curé.

1584. **Balthasar Octingen**; la même année, il résigna le bénéfice.

1584. **Jean Schuttenheiner,** vicaire.

1589. **Wilhelm Taverney.**

1588. **Jean Tenguelli,** vicaire.

1598. **Jean Duvillard,** curé. Il eut de nombreuses difficultés avec ses paroissiens.

1621. **Hans Gyger.**

1621. **Caspard Hyger.**

1635. **Pierre Beinz.**

1636. **Simon Wuilleret.** En 1643, il résigna le bénéfice pour motif de santé et demanda une pension ; le Chapitre lui accorda 3 sacs de blé et 10 écus.

1643. **Pierre Cicholtzer.**

1647. **Jean-Philippe Schid,** vicaire.

1649. **Jacques Glasson,** vicaire.

1649. **Pierre Jekelman,** curé-doyen.

1652. **Hans-Christophe Keigler,** curé, notaire apostolique et docteur.

1662. **Antoine Vogelbein,** curé. Claude Magnin était son vicaire en 1675.

1676. **Josse Appenthel,** docteur en théologie. Pierre Piller fut son vicaire.

M. Appenthel, en 1691, eut de grandes difficultés avec le Chapitre. Il possédait avec ses frères et sœurs Brunisberg, et il prétendait que cette propriété était exempte de la dîme ; le Chapitre ne voulait pas reconnaître cette exemption. Le Chapitre porta cette affaire au tribunal du Nonce et le curé fut condamné. D'accord avec ses frères et sœurs, Appenthel cita le Chapitre devant le tribunal laïc. A la suite de déposition et d'une nouvelle élection, Appenthel fut confirmé dans son bénéfice, à la condition de payer la dîme de Brunisberg et les frais du procès.

1708. **Tobie-Prothais Gougler,** curé.

1720. **Nicolas-François Bené,** de Fribourg.

1772. **Jean-Daniel Fleischman,** de Fribourg.

1825. **Pierre-Joseph Zbinden,** de la paroisse de Dirlaret. Il a dirigé l'importante paroisse de Tavel pendant 36 ans. Lire : *Notice historique et biographique sur M. Franç.-Pierre Zbinden,* curé de Tavel, par M. F.-H. Fontana, archidiacre, curé-doyen d'Ependes. Fribourg, imprimerie de H. Ræmy, 1861.

1861. **Joseph-Pierre Zbinden,** de Ried, paroisse de Dirlaret.

1872. **Pierre-Joseph-Eusèbe Fasel,** de Selisberg. Bienfaiteur de la paroisse de Saint-Ours.

1893. **Adolphe Badoud,** de Romont.

1899. **Joseph Mazzoni,** du canton des Grisons.

ALTERSWYL

Le nom de ce village a beaucoup varié de siècle en siècle.

Altitude : 758.

Patron : La chapelle a toujours été dédiée à saint Nicolas, évêque, 6 décembre ; la paroisse l'a conservé comme patron depuis l'érection du rectorat.

Statistique de la commune.

Nombre des maisons.	Nombre des ménages.	ORIGINE DE LA POPULATION DE RÉSIDENCE				RELIGION		LANGUE	
		Bourgeois de la commune.	Bourgeois d'une autre commune.	Bourgeois d'un autre canton.	Etrangers.	Catholiques.	Protestants.	Allemands.	Français.
201	219	673	230	301	0	956	248	1,181	23

Alterswyl est cité pour la première fois en 1148, mais le village remonte à une époque plus reculée.

En 1072, Lutold de Rumlingen, homme riche, qui avait d'immenses propriétés, et sans héritier direct, fonda et dota le couvent de Rüggisberg. Il avait appelé fr. Ulrich et fr. Konon, religieux de Cluny, pour diriger le nouveau monastère. Le roi Henri IV approuva, le 27 mars 1076, la fondation de Lutold, et il y ajouta une vaste forêt qui s'étendait autour de la montagne Guchani (Guggisberg). Dans le document qui parle de la fondation, il n'est fait mention d'aucun village, d'aucune église; mais le pape Eugène III, dans l'acte de confirmation des dons faits au monastère, donné à Martigny, le 27 mai 1148, cite plusieurs églises, les villages d'Alterswyl et de Planfayon, et tout ce que le monastère possédait au Gotteron et à Machenberg, localités certainement comprises dans la fondation de Lutold. (*Fontes rer. bern.*, I, p. 426.)

Berthold IV de Zæhringen et son fils donnèrent, en 1174, au même monastère un bien considérable dans la vallée du bas Gotteron, près Fribourg.

Les religieux étaient sous la protection de l'empire; plusieurs rois et empereurs se déclarèrent avoués et protecteurs de Rüggisberg et de ses propriétés. Mais toutes ces protections et confirmations ne purent assurer l'existence du monastère. En 1485, les biens du prieuré, y compris Rotenbach, Alterswyl, furent unis et incorporés à la collégiale de Berne pour augmenter les prébendes des chanoines, qui allaient disparaître sans avoir joui longtemps des biens du monastère supprimé.

En 1507, le gouvernement de Fribourg acheta Alterswyl du prévôt de Berne pour la somme de 2,000 livres; ce village fut ainsi conservé à la mère-patrie.

La chapelle.

Les religieux de Rüggisberg, au commencement du XIVe siècle, firent construire une chapelle pour favoriser leurs sujets d'Alterswyl, chapelle qui leur était très utile lorsqu'ils se rendaient dans cette localité.

En 1428, Richard de Lutiwyl légua à cette chapelle une rente de 2 sols.

Le conseil de Fribourg accorda, en 1496, à ceux d'Alterswyl un subside de 10 livres pour les aider à fonder la messe des dimanches. (*Comptes des trés.*)

En 1503, Willina d'Umberswendi donna à la chapelle de Saint-Nicolas d'Alterswyl la somme de 10 livres.

Il paraît que la chapelle fut reconstruite vers 1504; car, cette année-là, Messeigneurs accordèrent un subside d'un florin pour la bâtisse de l'église d'Alterswyl. (*Man.*, fol. 47.) Les habitants de cette localité, dotés d'une nouvelle chapelle, adressèrent un mémoire à l'évêque de Lausanne pour obtenir d'y faire célébrer la messe. Jean-Baptiste d'Aycardis, docteur en droit, chanoine de la collégiale de Berne, de Fribourg et de Lausanne, vicaire-général d'Aymon de Montfaucon, permet de célébrer dans la chapelle de Saint-Nicolas d'Alterswyl une messe basse, un jour par semaine; mais jamais les jours de fêtes solennelles et de neuf leçons, ni les jours des grands anniversaires célébrés dans l'église-mère de Tavel. Donné à Lausanne le 15 mai 1516. (*Arch. de S.-Nic.*) Cette permission ne s'étendait pas aux dimanches, jours de neuf leçons.

Alterswyl érigé en paroisse.

L'éloignement de l'église paroissiale, les mauvais chemins et autres inconvénients devaient nécessairement faire naître l'idée d'avoir un prêtre résidant et même de demander la séparation de Tavel. Vers la fin du XVIIe siècle, cette question fut souvent agitée; mais le Chapitre de Saint-Nicolas, collateur, s'y opposait et persistait dans son opposition. Le 2 décembre 1702, il écrit au curé de Tavel qu'il s'oppose à la séparation projetée et à l'établissement d'un chapelain à Alterswyl; il le prie de faire connaître cette décision à la paroisse. Les habitants d'Alterswyl ne perdent pas courage; en 1720, ils font de nouvelles instances auprès du Chapitre, qui finit par comprendre que le bien spirituel des âmes exige la présence d'un prêtre dans la localité; d'accord avec l'Evêque et à certaines conditions, un chapelain est nommé.

La chapelle, agrandie en 1749, a été consacrée, l'année suivante, par Mgr de Boccard.

Le bénéfice, depuis 1750, a été amélioré par la générosité de Louis et Pierre Jenni, zum Stein, de Guillaume Piller, von der Hofmatt, de Jean Piller, de Wengliswyl.

Alterswyl, en 1864, décida d'agrandir la chapelle; on ne se mit pas à l'œuvre immédiatement, et comme, dix années plus tard, les autorités étaient disposées à permettre l'érection d'un rectorat, la commune fit construire une jolie église, qui a été consacrée le 7 novembre 1878.

Le 12 mars 1885, la séparation fut prononcée, et Alterswyl avec quelques hameaux érigé en paroisse.

La paroisse se procura trois nouvelles cloches, en 1898.

Prémissaires et maîtres d'école d'Alterswyl.

Wolhouser en 1773. Les frères Bickli, Maurice de 1778 à 1790, Vincent en 1790 et les années suivantes. Dans le siècle passé, un M. Kaiser et un M. Bischof remplirent les mêmes fonctions. De 1817 à 1828, on trouve Guillaume Stoll. Depuis 1830 ou 1840, époque de l'établissement de l'école à Alterswyl, on ne rencontre que trois instituteurs laïcs; l'école, dans cette importante localité, a donc presque continuellement été dirigée par des prêtres.

Chapelains d'Alterswyl.

1726. **Jean Wæber.** Au commencement, il habitait la maison paternelle; il recevait, pour desservir la chapelle fêtes et dimanches, la rente d'un capital de 60 écus. Les habitants parvinrent pourtant à lui construire un presbytère.

1743. **François-Xavier Emmerich,** de La Forêt-Noire. Prêtre d'un grand mérite. Le jeune Emmerich fut tailleur de pierres; mais, désirant embrasser l'état ecclésiastique, il profitait des soirées pour étudier et de ses loisirs pour aller prendre des leçons chez un prêtre du voisinage; pour se perfectionner et achever ses études, il se rendit enfin chez les PP. Jésuites.

1749. **François-Joseph Bucher.**

1753. **Jean-Joseph Spicher.**

1755. **Joseph Astheimer,** de Fribourg. Jean-Damien-Eustache Pürro a été son coadjuteur.

1757. **Ours Jenni,** de Tavel.

17 ? **Christophe Wæber,** de Tavel.

17 ? **Guillaume Zosso,** de Wunnewyl.

1820. **P. Antoine Egli,** rédemptoriste.

1826. **Jean Bæchler,** de Dirlaret.

1829. **Jean Wæber,** de Tavel.

1859. **R. P. Grégoire Riedo,** de Guin, religieux augustin.

1870. **Nicolas-Pierre Roggo,** de Fillistorf, paroisse de Guin; premier curé d'Alterswyl, décédé à Alterswyl, le 11 août 1900.

1900. **Schwaller Victor,** de Luterbach (Soleure), ordonné le 22 juillet 1900, nommé curé d'Alterswyl le 16 août 1900.

SAINT-ANTOINE

Ce nom n'a pas varié depuis la construction de la chapelle, soit depuis le XVe siècle.

Altitude : 723.

Patron : Saint Antoine, ermite, 17 janvier.

Statistique de la paroisse.

Nombre des maisons.	Nombre des ménages.	ORIGINE DE LA POPULATION DE RÉSIDENCE				RELIGION		LANGUE	
		Bourgeois de la commune.	Bourgeois d'une autre commune.	Bourgeois d'un autre canton.	Etrangers.	Catholiques.	Protestants.	Allemands.	Français.
249	290	919	318	349	2	1,241	347	1,560	27

Le nom du village vient du patron de la chapelle. Mais cette localité ne s'est pas toujours appelée Saint-Antoine : elle fut certainement habitée avant la construction de la première chapelle, et elle devait avoir un nom, comme toutes les localités habitées.

La chapelle est citée au commencement du XVIe siècle. Nicolas Velg ou Velga et son épouse Elisabeth promirent de donner, sans aucune charge, à la chapelle de Saint-Antoine, paroisse de Tavel, un mas de terre et bois de deux poses. Cette Elisabeth, devenue veuve, se remaria à Christophe de Diesbach; les deux époux renouvelèrent la promesse aux directeurs de la fabrique Hensli Æbicher et Pierre Gauch. Fait le 2 avril 1509. (*Arch. cant. not.*, n° 130.)

Antoine Leva, curé de Tavel, reçut en 1550 le testament de Benoite Gyfü, de Saint-Antoine, qui donna une livre à la chapelle pour y faire célébrer une messe. (*Arch. cant. not.*, n° 150.)

Il paraît que la première chapelle a été fondée par un Gambach et que l'hôpital, son héritier, devait l'entretenir dans un état décent.

Le projet d'établir un prêtre résidant à Saint-Antoine date du milieu du XVIIIe siècle; après de longs débats entre le curé de Tavel, le Chapitre de Saint-Nicolas, les autorités civiles et ecclésiastiques, la commune finit par obtenir tous les consentements nécessaires : du Chapitre le 14 janvier, de l'Evêque le 23 janvier, et de l'Etat le 26 janvier 1767.

Acte de fondation de la chapelle.

« L'avoyer et conseil de la ville de Fribourg attestent que « le nouveau projet de fondation fait par les fondateurs de « Schrick-Schrot, dans la paroisse de Tavel, en faveur de la « paroisse de Saint-Antoine..... lui a été présenté et qu'il l'a « ratifié aux conditions suivantes par les délégués envoyés « sur les lieux.

« 1. L'Etat et Monseigneur l'Evêque avaient déjà permis la « célébration des offices, d'y prêcher les jours de fêtes et « dimanches ordinaires; mais à l'avenir le chapelain célébrera « chaque semaine deux messes pour les fondateurs et bienfai- « teurs vivants et morts.

« La distance de Saint-Antoine à Tavel étant longue et les « chemins mauvais, les vêpres se diront toujours à Saint- « Antoine, les principales fêtes exceptées.

« 2. On célébrera la messe matinale au lieu de l'office le « premier dimanche de chaque mois, les jours de Noël, de « Pâques, de la Pentecôte, de la Fête-Dieu, de l'Assomption « et de l'Annonciation.

« 3. Le chapelain devra dire la messe aux fêtes de dévotion.

« 4. Le chapelain fera l'école et le catéchisme pendant tout « l'hiver. Chaque enfant lui donnera un batz (15 cent.) par « semaine. Pendant le carême, il fera le catéchisme et l'école « deux fois par semaine et gratuitement.

« 5. Chaque semaine, depuis l'invention à l'exaltation de la « sainte Croix, il fera la procession et bénira le temps.

« 6. Il administrera les malades du cercle Schrick-Schrot et « ceux qui en témoigneraient le désir. Il entendra assidûment « les confessions.

« 7. Si le chapelain ne pouvait plus loger au château, les « fondateurs lui construiront une demeure confortable avec « jardin.

« 8. Les fondateurs donneront au chapelain, à titre d'hono- « raire, la somme de 80 écus, que les boursiers lui remettront « aux Quatre-Temps.

« 9. Les boursiers ne prêteront aucune somme de la fonda- « tion sans l'assentiment de la commune et des bourgeois « soussignés.

« 10. Si les capitaux versés se perdaient, les bourgeois et « fondateurs verseront encore une fois la somme de 2,400 écus, « mais sans aucune expropriation de terre et sans léser les « droits du curé.

« 11. Si cette somme disparaissait une seconde fois, le béné- « fice serait anéanti.

« 12. S'il restait quelque argent de cette seconde perte, il « serait partagé entre les fondateurs, mais les fondations de « messes resteraient.

« 13. Les boursiers conserveront fidèlement les nouveaux « dons.

« 14. Personne ne sera reconnu comme bourgeois.

« 15. Ni le chapelain, ni une autre personne ne pourront « vendre du vin, des liqueurs, sous quel prétexte que ce soit.

« 16. Le droit de collation appartiendra aux fondateurs, « ensuite au fils aîné de chaque famille. Le chapelain et le « curé de Tavel pourront assister aux assemblées électorales « et donner leur vote.

« Signé : 10 décembre, J.-B. Hayoz, *not.* »

Suivent les noms des fondateurs, au nombre de 30.

Sceau de l'Etat, 30 janvier et 13 mai 1767.

Castella, *chancelier.* (*Arch. cant.*)

Paroisse de Saint-Antoine.

Le Conseil d'Etat... vu l'article 260 de la loi sur les communes et paroisses du 26 mai 1879, vu la décision du Rme Ordinaire diocésain, portant qu'il y a lieu, au point de vue des intérêts spirituels, de modifier la limite séparative des paroisses de Saint-Antoine, Heitenried, Alterswyl, etc., et d'attribuer aux unes et aux autres les localités dont les habitants fréquentent ordinairement les cérémonies du culte à raison de la proximité de leur domicile.

Considérant qu'aux termes de l'article 260 de la loi sur les communes et paroisses, le territoire est déterminé pour les paroisses catholiques par une entente des autorités ecclésiastiques et civiles,

Arrête :

Art. 1. — La paroisse de Saint-Antoine comprend..... suit l'énumération des localités, hameaux, donnés à Saint-Antoine, à Schmitten ou Ueberstorf, etc.

Art. 2. — Les paroisses de Saint-Antoine, de Heitenried, d'Alterswyl, de Schmitten, d'Ueberstorf et de Tavel, ne peuvent se réclamer réciproquement aucune indemnité du fait de la nouvelle délimitation.

Art. 3. — A partir du 1er janvier 1895, les divers territoires annexés à la paroisse de Saint-Antoine sont libérés de tous liens vis-à-vis des paroisses d'Heitenried, d'Alterswyl, de Schmitten et de Tavel; ils sont soumis à l'administration et participent, selon la loi, aux droits et aux charges de la paroisse de Saint-Antoine.

Toutefois, les prestations pour l'année 1894 et les exercices antérieurs, dues à la paroisse dont le territoire a été détaché, lui seront acquittées même après le 1er janvier 1895.

Est également réservé l'acquittement de l'impôt que l'ancienne paroisse de Tavel a été autorisée, sous date du 2 octobre 1891, à lever pendant les années 1891, 1892, 1893, 1894 et 1895, pour subventionner la construction de l'église de Saint-Antoine.

Pendant cette période, la paroisse de Saint-Antoine ne pourra prélever aucune contribution sur le territoire des communes de Heitenried et de Guin (2e quartier), qui lui a été incorporé.

Art. 4. — Le conseil communal de Saint-Antoine fournit pour chaque élection aux conseils paroissiaux de Heitenried, d'Alterswyl, de Schmitten et d'Ueberstorf, sur leur demande, la liste des citoyens domiciliés sur la partie de son territoire annexée aux paroisses de Heitenried, d'Alterswyl, de Schmitten et d'Ueberstorf, et qui sont habiles à prendre part à l'assemblée communale (arrêté du 24 janvier 1881, concernant l'élection des conseils paroissiaux).

Art. 5. — Les conseils communaux de Heitenried, d'Alterswyl, de Guin et de Tavel fournissent pour chaque élection au conseil paroissial de Saint-Antoine, sur sa demande, la liste des citoyens domiciliés sur la partie de leur territoire annexée à la paroisse de Saint-Antoine et qui sont habiles à prendre part à l'assemblée communale (arrêté du 24 janvier 1881, concernant l'élection des conseils paroissiaux).

Art. 6. — Les conseils paroissiaux de Saint-Antoine, de Heitenried, d'Alterswyl, de Schmitten, d'Ueberstorf et de Tavel ont le droit de consulter, pour l'établissement du registre de l'impôt de la paroisse, les rôles de contributions, cadastres et plans des communes de Saint-Antoine, de Heitenried, d'Alterswyl, d'Ueberstorf, de Guin (2e quartier) et de Tavel.

Art. 7. — Avant le 1er janvier 1895, il sera procédé à la nomination du conseil paroissial de Saint-Antoine, en conformité des articles 267 et suivants de la loi sur les communes et paroisses.

Art. 8. — Le présent arrêté entrera en vigueur au 1er janvier 1895, et sera publié dans les deux langues, par insertion dans la *Feuille officielle* et au *Bulletin des lois*.

Donné en Conseil d'Etat, à Fribourg, le 23 janvier 1894. (382)

Le chancelier :	*Le président :*
E. Bise.	Bossy.

La commune de Saint-Antoine avait déjà été séparée de l'église-mère de Tavel et érigée en église paroissiale indépendante, le 12 mars 1885. A cette occasion, on construisit une nouvelle église, spacieuse et élégante, qui a été consacrée le 3 octobre 1894.

Cloches.

L'église de Saint-Antoine possède cinq cloches : deux anciennes, qui proviennent de la chapelle; les trois autres ont été coulées par M. Buetschi, à Aarau. Le fondeur a réussi à leur donner une forme élégante et un son harmonieux. Une quête faite dans la paroisse par M. le curé Weber, doyen, a produit la belle somme de 10,000 fr., coût des nouvelles cloches. Le 26 septembre 1898, elles ont été bénites par Mgr Deruaz.

Faits divers.

La fête de saint Antoine, qui tombe sur le 17 janvier, attirait dans cette localité une foule de monde, qui offrait à cette occasion beaucoup de viandes salées. En 1612, on en trouva pour remplir trois grands sacs. Ces viandes se partageaient par tiers entre le curé, le sacristain et le peuple. Malheureusement, on allait parfois les consommer au cabaret.

Chapelains de Saint-Antoine.

1764. **Jean Pürro**, chapelain.
1771. **Christophore Wæber.**
1788. **Jacques Heymoz.**
Le bénéfice a été vacant de 1832 à 1839.
1839. **Frédéric-Jean Meyer**; en 1844, il fonda l'orphelinat de la Gauglera, où il est mort, le 19 avril 1861.
1845. **François-Xavier Piller**, qui a été professeur au Séminaire.
1846. **Pierre Roggo**, de Pontels.
1856. **Jean Roggo.**
1877. **Humbert-Joseph Weber**, de Bœsingen, premier recteur-curé de Saint-Antoine, doyen en 1890.

TORNY-LE-GRAND

Primitivement, Torny-Inférieur; *Tornerius, Tornerii magni* en 1453.

Patron : Saint Nicolas, évêque, le 6 décembre.
Altitude : 682.

Statistique.

Nombre des maisons.	Nombre des ménages.	Origine de la population de résidence				Religion		Langue		Total.
		Bourgeois de la commune.	Bourgeois d'une autre commune.	Bourgeois d'un autre canton.	Etrangers.	Catholiques.	Protestants.	Français.	Allemands.	
61	67	174	116	25	—	284	31	272	43	315

Nombre des contribuables	121
Immeubles imposables	852,913 fr.
Capitaux	60,237 »
Produit de l'impôt sur les fortunes	2,125 »
Produit de l'impôt sur l'industrie	56 »
Dépenses pour l'assistance des pauvres	669 »
Fonds d'école	14,951 »

En 1778, la population était de 209 âmes; quelques années plus tard, en 1791, Torny ne comptait plus que 180 âmes.

La paroisse.

La commune de Torny-le-Grand possédait une chapelle dès le XVe siècle. Les délégués de l'évêque Saluces vinrent la visiter et l'appellent fille ou membre de l'église de Torny-Pittet. La chapelle avait un seul autel, qui n'était pas consacré, et un cimetière non clôturé. Les visiteurs ordonnèrent de placer deux colonnes pour soutenir la voûte du chœur, avec un grand crucifix, comme dans toutes les églises. Elle n'avait ni pavé, ni plancher.

Vers les années 1628 et 1629, on commença à parler de la séparation de l'église-mère. Le curé de Torny-Pittet, seul prêtre dans une paroisse assez étendue, ne pouvait pas facilement se rendre à Torny-le-Grand pour célébrer la messe et y accomplir les cérémonies demandées; d'autre part, la population ne se rendait pas volontiers à l'église paroissiale pour les offices divins; la distance, les mauvais chemins semblaient légitimer la négligence d'un certain nombre à remplir régulièrement leurs devoirs religieux. Après quelques années de luttes, la séparation fut prononcée. On n'a pas encore découvert de document sur l'état de la chapelle à cette époque; il est probable qu'elle avait été agrandie et réparée, car il ne paraît pas qu'on ait construit une nouvelle église.

La famille de Diesbach, seigneur de Torny, fut cette fois, comme dans beaucoup d'autres circonstances, la providence de la nouvelle paroisse : elle facilita l'érection et contribua généreusement à la création du bénéfice du curé. Puissent les paroissiens de Torny-le-Grand ne jamais oublier ces signalés bienfaits des de Diesbach, leurs anciens seigneurs !

Erection de la paroisse.

« Nous les Avoyers et Conseil de la ville de Fribourg faisons « savoir que les habitants de Torny-le-Grand, jusqu'à présent « ressortissants quant à la cure des âmes sous la charge et « administration des seigneurs curés de Torny-Pittet, distant « de leur village d'environ demi heure de chemin, assez pé- « nible, fâcheux et incommode principalement aux anciens et « en saison d'hyver, et combien ils ayent une église particu- « lière en leur village, dans laquelle leurs ancêtres ayant « fondé et ordonné pour le soulagement des anciens et autres « incommodés quelques messes et offices, à quelle intention « le seigneur curé était entenu d'entretenir un vicaire pour « satisfaire et accomplir les dites fondations; mais d'autant « que par diverses fois et beaucoup de temps il en avait été

« dépourvu, et aprésent ne faisait aucun compte ni état d'en « établir et ordonner un, et ne voulait accepter ni recevoir « ceux qui se présentaient encore qu'ils fussent suffisants et « capables, par moyen de quoi beaucoup de personnes étaient « retardées en l'administration des saints sacrements et en « danger de leur salut, et des enfants morts sans baptême, « avec autres manquements et défauts à l'observation des « commandements de notre sainte mère l'Eglise catholique, « considérant donc que pour obvier à tous semblables dé- « sordres, afin de rendre leur devoir à Dieu et s'acquitter com- « ment appartient à tous chrétiens, et qu'au besoin ils puissent « avoir à main leur pasteur, d'autant ils ont l'avantage de « l'église assez propre, auraient délibéré de contribuer et ra- « masser le revenu convenable pour l'entretiènement d'un curé « particulier et d'assigner à cet effet une partie de leurs prés « communs déjà amortizés et longtemps possédés en communs « en contre échange desquels se trouvaient quelques pièces « proches pour servir d'aisance habitation et demeure à leur « nouveau curé, et ce par l'aveu permission et consentement « de Noble et prudent George de Diesbach notre féal et bien « aimé vassal, leur Seigneur temporel, lequel combien il en va « de son intérêt particulier, néanmoins eu égard au bien et « avancement spirituel et service divin, le soulagement de tous « ses sujets, a volontairement consenti et avancé leur dessein, « comme leur en a expédié acte d'attestation et de recomman- « dation et notamment aurait spécifié et abandonné de cette « leur fondation, une possession existante dessous Bruyère « appelé le Marêt taxé valoir sièze cents écus, et encore trois « poses de terre; la fleur desquelles vaut par commune année « jusqu'à 19 écus, outre les anciennes censes dues à leur dite « chapelle de trois écus quatre baches. S'étant donc les députés « des dits communiers présentés par devant nous en conseil « pour obtenir notre aveu et permission à cette leur entreprise « et résolution; Nous aurions fait examiner et consulter par « nos très chers féals seigneurs Pancratz Gasser, chevalier, « Peter Techterman et Jost Brunisholz nos frères conseillers, « le contenu de leur requête, et d'en conférer et résoudre avec « le Rd seigneur vicaire général du très Révérendissime Evêque « de Lausanne pour savoir s'il n'entrevenait quelque opposition

« et obvier à toutes difficultés et disputes que par semblables « changements surviennent certainement, ce qu'étant formel- « lement accompli et effectué, après avoir entendu au long le « rapport de nos dits conseillers, qui, conformément à ce qui a « été dit et représenté par les dits communiers trouvent bon « et fort convenable de suivre à perfection la ditte entreprise, « comme le rd. seigneur Vicaire semblablement y a donné « son consentement et interposé son autorité conformément « aux saints canons, qui disposent et ordonnent que, sans « avoir égard aux empêchements des premiers curés, l'avan- « cement de semblables profits et bien spirituel ne doit pas « être retardé. La diminution de l'ancien revenu non obstant, « voir même qu'on peut retenir et employer une partie du « revenu des anciennes cures, ce que toutefois n'arrive en « cette nouvelle érection, sinon quelques accidentaires obven- « tions et salaires pour la peine et travail du seigneur curé, « duquel service l'ancien seigneur curé de Torny-Pittet est « cependant acquitté, outre ce que pour moyen de cette nou- « velle érection il est libre et déchargé de l'entretiènement « d'un vicaire, pour cause duquel et service dus es dits de « Torny-le-Grand survenaient ordinairement de grandes « plaintes et différents, que seront par ce moyen levés et « assoupis en vertu de toutes et autres plusieurs raisons, à « ce Nous mouvant, Nous avons à l'exemple du rd. seigneur « Vicaire aussi approuvé, ratifié et autorisé l'établissement, « changement et érection la ditte nouvelle cure. Consentant et « permettant l'incorporation et transport tant du dit pré Marêt, « comme aussi des pièces de terre proches, comme aussi est ce « dessus désigné en faveur du nouveau curé et de ses perpé- « tuels prédécesseurs. Et pour le premier Seigneur curé leur « avons nommé et désigné Vénérable et dévot dom Jean « Dynant, auquel nous avons donné nos voix et placets, pour « jouir et prévaloir des fruits et revenus de cette fondation. « Comme il sera aussi obligé et chargé de satisfaire à tous « devoirs et service que selon l'ordre de la sainte Eglise et « canons spirituels sont requis, que bien en sont honorés et « servi et ses brebis bien régies et gouvernées. Et combien le « Seigneur du lieu entendait le patronage et droit de présen- « tation devoir être dépendant de sa Seigneurie, néanmoins

« d'autant le présent revenu est composé des biens communs, « qui appartiennent au magistrat, comme la première église « est déjà de notre disposition, semblablement la nouvelle « devra aussi être et demeurer de même condition et nature. « Néanmoins au reste que les droits, censes, prééminences et « juridiction au dit notre vassal n'en soyent aucunement « altérés, ni les autres droitures des autres Seigneurs, impo- « sant pour reconnaissance de l'ancien devoir à la même « église, que les dits communiers de Torny-le-Grand doivent « payer annuellement à la dite église de Torny-Pittet une « livre de cire de cense perpétuelle. En foi et témoin de quoi « avons fait garnir les présentes de Notre Scel secret sans « notre préjudice. Fait et passé en Conseil en diverses compa- « raissances le vint huitième août de l'an passé seize cents « vint et neuf, et le seizième d'avril aussi le vintième de juin. « Le tout en l'an de grâce mille six cent et trente.

« ANTONIUS A MONTENACH. »

(*Archiv. cant.*)

Le consentement du vicaire général Jacques Kæmerling, prévôt, est du 19 septembre 1629, celui du seigneur G. de Diesbach porte la même date. Ces formalités remplies, une Commission, composée du Vicaire général, de chanoines de Saint-Nicolas et de conseillers, fut établie pour déterminer les droits du curé et les obligations des paroissiens. Voici en résumé ce qui fut convenu : 1° Le village et territoire de Torny-le-Grand demeurera séparé de l'église de Torny-Pittet, mais la nouvelle paroisse payera annuellement à l'église-mère une livre de cire; 2° les dîmes des novales, des naissants, les corvées, offertoires, mortuaires, prémices, ressats, se payeront au curé de Torny-le-Grand par ses nouveaux paroissiens; 3° les paroissiens de Torny-le-Grand devront entretenir dans un état convenable leur nouvelle église de Saint-Nicolas, fournir les calices, ornements, linges, cierges, etc.; 4° ils donneront pour le bénéfice les biens et terres désignés, les pâturages communaux, l'affouage, le droit de « paysonnage de glands. » Suit l'énumération de pièces de terre plus ou moins considérables, dons de différentes personnes.

La même Commission détermina aussi les devoirs du curé :

il devait, chaque dimanche, alternativement prêcher ou expliquer le catéchisme, appliquer deux messes par semaine, administrer les sacrements, etc.

En 1648, le curé Herbetta s'adressa à M. Nicolas de Diesbach, seigneur de Torny, et à la paroisse pour obtenir par écrit la reconnaissance de ses droits, parce qu'il n'avait aucun titre à présenter si une difficulté venait à surgir. Sans retard, cette année même, la reconnaissance lui fut accordée.

Le curé Chappuis, en 1776, proposa la vente de plusieurs pièces de terre, avec le consentement du seigneur de Torny, de la paroisse et de l'Ordinaire. Cette vente produisit 386 écus (1,105 fr.).

L'église.

M. Jean-Joseph-Georges de Diesbach, qui contribua à l'érection de la paroisse et porta la générosité jusqu'à payer l'église de ses deniers, a laissé dans ses mémoires un souvenir des fêtes de la consécration qu'on lira avec intérêt :

« J'ai entrepris de faire bâtir à mes frais et dépens la nou-« velle église à Torny-le-Grand, quoique LL. EE. en soient « collateurs, et cela sans conséquence, pour la plus grande « gloire de Dieu, à l'honneur de l'Immaculée Conception et du « glorieux saint Nicolas.

« La commune s'est chargée de voiturer tous les matériaux « nécessaires. On a commencé à démolir la vieille église le « 12 mars 1754, et M. le curé Korpff, par permission de « l'évêque de Boccard, a posé la première pierre des fonde-« ments, avec les cérémonies accoutumées, le 30 du mois de « mars 1754. M. le curé a célébré la première fois le S. sacri-« fice de la messe dans la nouvelle église le 24 novembre 1754. « Elle a été consacrée avec beaucoup de pompe par Mgr de « Boccard le dimanche 21 septembre 1755, jour de la S. Mat-« thieu. Mgr officia pontificalement et fit le sermon. L'office « et les vêpres se chantèrent en musique. Le soir il y eut dans « le petit bois, derrière le château, un très beau feu d'artifice « qui dura environ une heure. Les trompettes et les cors de « chasse sonnèrent pendant ce temps-là, et on fit trois dé-« charges de mortier. Cette fête attira un grand concours

« de monde. J'ai fait présent à l'église d'une chasuble neuve, « d'un encensoir avec sa navette et d'un grand dais neuf.

« La commune s'est portée mainteneuse de l'église. »

(*Com. de M. Max de Diesbach.*)

M. J.-J.-Georges de Diesbach fit ériger, dans la nouvelle église qu'il venait de bâtir à ses frais, le mausolée en marbre préparé pour honorer la mémoire de son cousin, le Prince de Diesbach; ce monument était destiné à la chapelle de la famille, autel des Trois-Rois, à Saint-Nicolas, Fribourg.

Voici l'épitaphe du monument du Prince de Diesbach :

D. O. M.

Frid... Principi a Diesbach.
Sacri Romani Imperii comiti
Rei armamentar.. Praepos.. generali
Nec Non
Sac.. Caes. Maj.. Exercit.
Pro Marescallo
Pedestrium Copiarum Praefecto
Consil.. Aul.. Bellici consiliar..
Cubiculi Imper. Camerario
Syracus.. olim Gubernatori
Et
Illust... Reipubli.. Friburg..
Senato... Honorario.

Nunc jacet in Tumulo. Tranquilla pace quiescens
Qui prius orbis erat gratia, quique decus.
Providus ingenio. Caput insuperabile pugnis.
Gessit in adversos fortia bella viros.
Non hunc aut fati vis ulla, aut horridus ensis
Terruit, aut dirae tristis imago necis. —
Hunc Galli, Batavi, Belgae, Germania tota
Praedicat. Invicta dum gerit arma manu,
Turcarum fregit toties haec dextra phalangas.
Compulit et turpi vertere terga fuga. —
Ipsa viri tanti vires Hispania sensit.
Prae reliquis laudes Itala regna canunt.

Quid tamen ista juvant? Consumptum morte cadaver
Num minus in gelido marmore triste jacet!
Heu falax! Fera sors! Heu mortis et invida jura!
Quis Hominum tandem subjacet omne genus
Siccine conclusa vir magne jacebis in urna?
Totque simul dotes, tot bona condet humis?
Saepe mihi benefacta refert tua. Saepe favores
Mens mea, saepe tuae munera larga manus
Pro tot muneribus jam carmen funebre pango
Quaeque tibi nollem munera ferre fero.
Haec sint aequa tuo cineri quae debita reddo —
Haec animi grati sint monumenta mei.

QVi straVit pLVRes InsIgnIs VirIbVs hostes —
DefessVs paLMIs VICtoR et Ipse RVIt —

Joannes Josephus Georg : A Diesbach
De Torny et Chamblon
Collonellus et Illustrissimae
Reipublicae Fryburgensis ex LX —.

Cette église, dont la façade a été retouchée en 1872, est arrivée jusqu'à nous dans sa forme primitive et sert encore au culte. Le maître-autel, en bois sculpté, a une certaine valeur artistique; mais, malheureusement, il se ressent quelque peu de son grand âge et commence à se vermouler. On s'occupe de la restauration du tabernacle, qui mérite d'être conservé et de passer à la postérité.

Torny possède un calice du XVIIIe siècle, d'un beau travail, aux armes de Mgr Rohant-Chabot, avec burettes en argent, aux mêmes armes. Il paraît que ce calice et les burettes ont été achetés par M. Delley, curé de Torny-le-Grand, lors de son exil en France, et donnés à la paroisse.

Chapelle du château.

Cette chapelle, construite en 1740, a été bénite le 20 octobre 1742 par M. de Boccard, vicaire général. Elle est dédiée à la sainte Vierge, sous le titre de l'Assomption. L'image est une copie de la statue miraculeuse de Notre-Dame de Tapani, en Sicile.

Ecole. Enquête de 1798.

Le régent était Franç.-Joseph Guillin, de Soing-sur-Saône, en Franche-Comté. Arrivé en Suisse en 1743, il s'était établi comme jardinier à Ruyères-Treyfayes. A Torny, Guillin instituteur, vu la modicité de son traitement, pratiquait en même temps l'état de taupier.

Pour remplir les fonctions de régent et de marguillier, Guillin n'avait que 24 écus petits, un jardin et une chènevière. Les parents donnaient 10 batz par enfant, les paroissiens 4 sacs de grain moitié avoine, la commune 24 liv. pour le loyer de la maison d'école.

Onze garçons et sept filles fréquentaient l'école une fois par jour. On leur enseignait la lecture, l'écriture, la déclinaison des noms, la conjugaison des verbes, les quatre premières règles et le catéchisme. Livres d'école : le *Catéchisme*, l'*Instruction de la jeunesse*, un livre d'orthographe, quelques livres de prières.

Faits divers.

Deux membres de la famille de Charbonnel sont nés au château de Torny.

1. Noble Antonia-Claudia-Francisca-Maria de Charbonnel, fille de noble Jean-Baptiste, comte de Charbonnel du Betz, chevalier, baron du Saussac et Vertanise, seigneur de Betz, Verne, le Flachatz, Cublèze et Catera; baron des Etats de Velay, capitaine au régiment des chasseurs à cheval du Hainaut, au service du roi, et de noble Maria-Claudia de Prandier d'Agrain, née le 6 octobre 1793.

2. Armand-Henri-Joseph-Maurice de Charbonnel, fils des mêmes, né le 31 décembre 1794.

Dans cette petite paroisse, un certain nombre de personnes sont arrivées à un âge très avancé : en 1676, Gérard Bugnon meurt à 100 ans; en 1770, Marie Robaday, de Lessoc, domestique chez M. de Diesbach, arrive à l'âge de 90 ans; Jean Joye, en 1792, parvient au même âge; plusieurs autres atteignent encore la quatre-vingt-dixième année, et trois la centaine.

Curés de Torny-le-Grand.

1630. **Dynant,** élu au moment de l'érection de la paroisse.

1633. **Claude Herbetta.**

1663. **François-Pierre Rebholtz,** de Fribourg.

1680. **Jean Loys,** dit **Golliard,** décédé à Torny, le 23 septembre 1684.

1684. **Jean-François Macherel,** de Chénens, mort à Torny, le 1er juillet 1685.

1685. **Jean Dorant,** de Corjolens.

1697. **Jacques Bifrare.**

1701. **Pierre Rollin,** de Treyvaux.

1718. **Claude-Marc Korpff,** décédé subitement à Fribourg, enterré à Torny; c'était un prêtre pieux, savant et mathématicien distingué.

1762. **Blaise-Joseph Magnin.**

1766. **Pierre-Joseph Chappuis,** d'Ependes, mort le 6 juillet 1804; un de ses frères était curé à Ependes, et un autre chapelain.

1804. **Athanase Maire.**

1820. **Jean-Joseph Margueron,** de Cottens.

1830. **Jean Brunisholtz,** de Praroman.

1838. **François Duboin.**

1841. **Marcoz,** desservant.

1842. **Henri-Joseph Delley.**

1853. **Jean-Dominique Brasey,** de Font, desservant.

1856. **Claude-Etienne Pittet,** de Romanens.

1861. **François Chapalley,** de Charmey, ancien chartreux de la Part-Dieu.

1876. **Jacques-Joseph-Isidore Defferrard,** de Chénens et Chavennes-sous-Orsonnens, décédé curé de Grangettes en 1893.

Depuis 1883, la paroisse est desservie par les chanoines réguliers de Dom Gréa.

TORNY-PITTET

Tornie supérieur dans le XVe siècle; *Tourniaco* au VIIIe. On ne trouve, actuellement, à Torny-Pittet que quelques maisons; la population et les écoles sont à Middes.

Altitude : Torny-Pittet 659, Middes 711.
Patron : Saint Martin, évêque de Tours.

Statistique.

Nombre de maisons.	Nombre de ménages.	Origine de la population de résidence				Confession		Langue	
		Bourgeois de la commune.	Bourgeois d'une autre commune.	Bourgeois d'un autre canton.	Etrangers.	Catholiques.	Protestants.	Français.	Allemands.
61	71	246	109	20	—	356	19	347	28

Nombre des contribuables : 149.
Immeubles imposables, 1,130,731.
Capitaux, 101,800 fr.
Produit de l'impôt sur les fortunes, 2,877 fr.
Produit de l'impôt sur l'industrie, 47 fr.
Dépenses pour l'assistance des pauvres, 1,777 fr.
Fonds d'école, 21,268 fr. (deux écoles avec 77 enfants).

La paroisse de Torny-Pittet est admirablement située ; on y jouit d'une vue splendide sur le Jura, le lac de Neuchatel, la Broye et sur les Alpes, de l'Oberland bernois aux montagnes de la Savoie.

Des peuples anciens ont habité ce joli coin de terre. Les Romains y ont laissé des traces de leur séjour ; les tumuli ne sont pas rares dans les environs. Différents objets ont été recueillis à Middes, commune qui occupe une situation pittoresque et agréable.

Le christianisme a, sans doute, pénétré de bonne heure dans la contrée : la route romaine passait près de là. Un peu plus loin, Avenches, siège d'un Evêque, était un centre chrétien d'où la lumière rayonnait au loin.

Malheureusement, depuis l'époque romaine jusqu'en 766, nos archives ne fournissent aucun document sur Torny.

Sigismond, roi de Bourgogne, avait réuni à Agaune plusieurs évêques et princes pour les consulter sur son projet de réorganiser le culte divin dans la basilique des martyrs. En établissant la psalmodie perpétuelle, il avait divisé les religieux en cinq chœurs différents... Cet Ordre, introduit au commencement du VIe siècle, existait encore en 766, année où Ayrvenus donna à Matulphus, chef du chœur de Melve (Meldensis) et à ses successeurs, soit aux religieux de Saint-Maurice, une terre allodiale située à Torny, « *in agro quorum vocabulum est Tourniaco superiore* », avec tout ce qu'il y possédait en terres cultivées, édifices, champs, prés, forêts, etc. (*Mon. pat. chart.*, vol. II, col. 1 et 2. *M.* et *D.*, vol. XIX, p. 18. *Mémor.*, vol. IV.)

Ce document nous apprend que Torny-Pittet s'appelait alors Torny-supérieur, pour le distinguer de Torny-inférieur, présentement Torny-le-Grand.

Le 25 mars 950, les religieux de Saint-Maurice, avec le consentement du roi Rodolphe de Bourgogne, et à la demande de Turemberg et de sa femme Emina, concèdent à Adélaïde, fille de ces derniers, les propriétés qu'Ado et Tornicus leur avaient données ; dans ce nombre, il y a des terres situées à Torny (Tourniaco) et à Middes (Mildes). (*Mon. pat., chart.*, II, p. 43.) Ce Turemberg était probablement comte d'Ogoz ou de Gruyère.

Dans le XIIe siècle, on rencontre une famille avec le nom de Torny ; mais cette famille, qui remplissait quelques emplois dans la seigneurie, n'avait, à cette époque, aucun titre de noblesse. C'est au XIIIe siècle seulement qu'elle apparaît avec le titre de chevalier.

Dans la guerre d'Aymon de Montagny contre l'Evêque de Lausanne, en 1226, de grands dommages furent causés aux propriétés de l'Evêque, du Chapitre et de leurs gens. A. de Montagny réclamait du curé de Granges sept poses de terre que celui-ci affirmait avoir été données à son église par le chevalier Wibert de Torny, pour son anniversaire et celui de sa mère, et par le chevalier Jourand de Torny, pour l'anniversaire du donzel Umbert de Frasses.

Un accord vint heureusement mettre fin à cette guerre et réparer, du moins en partie, les maux qu'elle avait déjà causés.

La paroisse de Torny.

Au commencement du XIIIe siècle, Torny n'était pas encore paroisse : Conon d'Estavayer, dans le pouillé du diocèse de l'année 1228, où toutes les églises paroissiales sont nommées, ne fait aucune mention de l'église de Torny qui appartenait probablement, avec les localités détachées plus tard de son sein, à la paroisse de Granges près Marnant. Le chanoine de Sarraca, premier curé connu, vivait en 1337 ; c'est donc vers la fin du XIIIe siècle qu'il faut placer l'érection de la nouvelle paroisse qui comprenait alors les deux Torny, Villarimboud, Chatonnaye et Trey.

On n'a rien de certain sur l'origine et les premiers bienfaiteurs de la paroisse ; mais comme le Chapitre de la cathédrale de Lausanne possédait la cure de Granges, on peut supposer qu'un chanoine ou le Chapitre lui-même constitua le bénéfice de Torny et obtint la séparation. Quoi qu'il en soit, jusqu'au moment de la Réforme, le Chapitre de Lausanne jouit du droit de collation à ce bénéfice. Les premiers curés, presque toujours chanoines, ne résidaient pas ; ils n'apparaissaient dans la paroisse, où ils étaient représentés par des vicaires, que deux ou trois fois par an et avec un certain apparat.

Dans le courant des XVIe et XVIIe siècles, se déroulèrent quelques procès curieux que nous rappelons ici brièvement. De 1556 à 1561, cinq ans durant, les gens de Middes refusèrent au curé le droit de jeter ses porcs, à la saison des glands, sur leur territoire. Le Conseil souverain mit fin à cette chicane, le 12 septembre 1561, en déclarant que le curé de Torny pouvait laisser paître six porcs, mais sans dépasser ce nombre.

Quelques années après, en 1567, une autre difficulté fut portée devant le Conseil de Fribourg. Les habitants de Villarimboud et de Macconens refusaient de se rendre à Torny pour les processions paroissiales ; ils avaient dans leur commune

une chapelle où ces processions se faisaient régulièrement. Torny ne voulait pas de cette émancipation ; il s'adressa au gouvernement pour demander un arrêt ou même l'emploi de la force contre les récalcitrants. L'avoyer et Conseil, vu que ceux de Villarimboud et de Macconens étaient encore paroissiens de Torny-Pittet, et qu'anciennement ils se rendaient dans cette localité pour toutes les cérémonies religieuses, leur ordonnèrent d'assister aux processions de leur paroisse. 2 mai 1567. (*Arch. cant. Rath.*, 10.)

Jean Miéville avait légué à la chapelle des Saints-Antoine-et-Sébastien, fondée dans l'église de Torny, quelques pièces de terre avec l'obligation de célébrer deux messes par semaine. Sous le curé Mora, qui avait réservé expressément l'autorisation ecclésiastique, ces pièces de terre furent vendues à des gens de Middes pour un vil prix et sans aucune autorisation. De ce fait, la fondation avait diminué considérablement, et les messes n'étaient plus célébrées. Le curé Dumoulin demanda que la vente fût annulée et les pièces de terre restituées, que les dîmes et les corvées fussent acquittées annuellement. L'autorité civile prononça qu'on ne pouvait pas revenir sur la vente des terres, mais que les paroissiens devaient acquitter les dîmes, les corvées, les mortuaires, etc. 9 mars 1618.

M. Dumoulin, déjà en 1606, avait dû se défendre contre ses paroissiens qui se plaignaient un peu de tout, et en particulier de la mauvaise administration de la paroisse, provenant en grande partie de ce qu'il ne résidait pas, et ils demandaient *un second petit vicaire, comme c'était l'usage anciennement.*

Le curé répondit que les paroissiens grossissaient les fautes : s'il ne résidait pas, c'était par ordre du Conseil qui l'avait envoyé dans une paroisse du district d'Echallens ; qu'il n'était pas responsable de l'administration de son remplaçant choisi par le Vicaire général du diocèse. Quant au second vicaire, il refusait de le prendre à sa charge ; il proposait même aux paroissiens de leur abandonner tout le bénéfice, s'ils acceptaient de lui fournir le nécessaire à son entretien.

Le Conseil, vu que le curé allait quitter la paroisse d'Assens où il avait été envoyé, et revenir à Torny pour la fête de saint Martin, se contenta d'un vicaire jusqu'à son retour.

On trouve encore de nombreuses difficultés entre le curé, les paroissiens et différents membres de la paroisse, pour les réparations à l'église, les dîmes, les corvées, etc.

En 1502 et en 1552, les habitants de Torny-le-Grand, qui avaient une chapelle à entretenir dans leur village, refusaient de contribuer aux réparations de l'église paroissiale. Ils furent chaque fois condamnés par le Conseil souverain. (*Arch. cant.*)

C'est à l'époque de la réforme qu'eut lieu le premier démembrement de la paroisse : Trey fut détaché, en 1526, pour être annexé à l'église de Granges près Marnant ; mais les gens de Trey devaient au curé de Torny, comme anciens paroissiens, les corvées et d'autres rentes. Villarimboud fut érigé en paroisse à la fin du XVIe siècle, Torny-le-Grand en 1670, et Chatonnaye en 1794.

L'église.

La paroisse de Torny-Pittet fut visitée en 1453 ; elle ne comptait alors, avec toutes les localités détachées depuis, qu'une soixantaine de feux, de 300 à 350 âmes ; elle aurait aujourd'hui une population d'au moins 2,240 âmes.

L'état de l'église était déplorable : point de plancher dans la nef et le chœur, les quatre murs couverts d'un toit percé à jour ; une flèche, avec une ou deux cloches, reposait sur cette toiture délabrée; la fenêtre du chœur, privée de vitres, laissait libre passage au vent, à la pluie et à la neige. Les Visiteurs ordonnèrent les réparations les plus urgentes, nécessitées par la décence du lieu saint.

Au XVe siècle, et c'était une règle trop générale, les églises laissaient beaucoup à désirer. Toutefois, pour porter un jugement juste, il faut tenir compte des guerres fréquentes qui dévastaient toute la contrée, semant partout l'incendie, le pillage, la ruine.

Dans les comptes et les difficultés entre les villages membres de la paroisse, on trouve des dépenses pour réparations faites à l'église; mais aucune pièce ne parle d'une nouvelle construction jusqu'à l'église actuelle qui a été consacrée vers le commencement de notre siècle, 13 juillet 1823.

Sans arriver à aucun résultat, on lutta pendant de longues années pour faire construire une église à Middes, centre de la population : la grande majorité des paroissiens a toujours voulu et veut encore conserver le local actuel comme siège de la paroisse. Sous la direction de M. le curé Longchamp, l'église a été restaurée, transformée avec goût, enrichie de trois beaux autels en marbre et de fenêtres géminées.

Le bénéfice.

Un domaine de 52 poses et 2 poses de bois. La cure possédait une vigne qui rapportait deux chars de vin (1,200 litres). Les dîmes ont été rachetées. Chaque attelage de Torny-Pittet et de Chatonnaye devait annuellement une corvée.

Le curé avait de nombreuses charges, j'énumère les principales : Appliquer tous les vendredis une messe pour les défunts, lire la passion d'une Sainte-Croix à l'autre, sonner l'*Angelus,* payer l'huile de la lampe pendant 4 mois, fournir les cierges, blanchir le linge de l'église, donner un petit cierge à chaque ménage le jour de l'Annonciation. Les corvées coûtaient cher au curé : ils devait, pour chaque corvée, deux repas et un pot de vin...

Curés de Torny-Pittet.

1337. **Petrus de Sarraca,** premier curé connu de Torny, chanoine de la cathédrale de Lausanne. C'était un homme riche, mais généreux et porté aux bonnes œuvres. Il a fondé le bénéfice de Villarimboud.

— **Jacobus,** chanoine et curé. Il vivait dans le XVe siècle; mais je ne puis pas donner la date de sa nomination à la cure de Torny, ni celle de sa mort.

1441. **Pierre Matzon,** vicaire. Il était probablement originaire de Payerne.

1449. **François de Torculari**, chanoine et curé. Il ne résidait pas ; il était représenté par le vicaire Peterman Chappuis.

1453. **Etienne Grand (Grandis),** chanoine et curé. Le clergé de la cathédrale de Lausanne fut son héritier.

1483. **Amédée Rogoleti**, vicaire.

1518. **Jean Musard,** d'Estavayer, curé et prévôt de Saint-Nicolas.

1540. **Perrin**, vicaire.

1549. **Antoine Nicolet,** de Villarimboud. C'est le gouvernement de Fribourg qui le nomma curé de Torny, mais en imposant à lui et à ses successeurs la condition de donner chaque année 50 L. pour la fête des Rois.

Après le départ de l'évêque de Lausanne et la dissolution du Chapitre, le gouvernement s'est emparé des droits de collation.

1571. **Vuibert Bugnon,** décédé en 1571.

1571. **Jean Mora.**

1577. **Antoine Morel.**

1588. **Nicod Vauchey.**

1598. **Peterman Dumoulin.**

1622. **Jacques Rey.**

1639. **Claude Meille.**

1645. **Pierre Perriard.**

1652. **Jean Descloux.**

1654. **Claude Murat.**

1662. **François Vernay,** de Bulle.

1665. **Pierre Clerc,** de Fribourg.

1684. **Joseph Winter,** de Fribourg.

1688. **François Descloux,** bienfaiteur des pauvres : à son enterrement, chaque pauvre reçut une piècette (25 c.) ; il légua encore 100 écus pour les écoles.

1712. **Benoît Neuhaus.**

1716. **François-Philippe Chollet,** de Fribourg. A sa mort, il légua 20 écus à la sacristie de Torny, et le reste de ses biens, 2,868 écus, pour apprendre des métiers aux jeunes gens de la paroisse.

1744. **Joseph-Prot.-Ignace Marilley,** de Fribourg, doyen.

1779. **Nicolas Zurich.**

1790. **Pancrace Zelweger.**

1793. **Jules-Pierre-Joseph Page.**

1795. **Jacques Menoud.**

1823. **Jacques-Joseph-Pierre Clavin.**

1824. **Pierre Moullet,** d'Avry-devant-Pont, curé pendant 4 jours.

1825. **Jacques Roux,** de Chatonnaye. Il avait fait ses études théologiques à Lucerne et à Delligen.

1843. **Pierre Moullet,** d'Avry-devant-Pont, curé-doyen, frère du Vicaire général Moullet et oncle de prêtres. Il a légué à la paroisse 200 fr. pour un tableau à l'autel du Scapulaire ; des burettes en argent, deux chapes, 4 chasubles, un tapis, etc.

1872. **Pierre-André Pugin,** d'Echarlens, mort à Estavayer-le-Lac le 19 juin 1885.

1877. **Félix-Etienne-Albin Progin,** de Courtion, décédé à Marly le 13 novembre 1889.

1880. **François-Auguste Sudan,** de Broc, décédé le 9 février 1890.

1890. **Victor Sapin,** d'Autigny, aujourd'hui curé de Berlens.

1895. **Jean-Louis Longchamp,** de Bottens.

TREYVAUX

Tresvel, Tresvald en 1363; *Treyvaula, Treyvaux* en 1453; *Tres valles* en latin, en allemand *Treffels.*
Essert, Essertum, Ried en allemand.

Altitude : Treyvaux, 800 m. ; Essert, 800.
Patron : Saints Pierre et Paul, 29 juin.

Statistique.

	NOMBRE		ORIGINE DE LA POPULATION DE RÉSIDENCE				CONFESSION		LANGUE		
	De maisons habitées.	De ménages.	Bourgeois de la commune.	Bourgeois d'une autre commune.	Bourgeois d'un autre canton.	Etrangers.	Catholiques.	Protestants.	Français.	Allemands.	Total.
Treyvaux....	167	201	774	184	7	6	971	—	937	34	971
Essert........	37	45	113	67	2	—	181	1	170	12	182
Total de la paroisse.	204	246	887	251	9	6	1,152	1	1,107	46	1,153

	TREYVAUX	ESSERT
Nombre des contribuables........	296	114
Immeubles imposables...........	1,723,388 fr.	442,129 fr.
Capitaux........................	768,649 »	39,660 »
Produit de l'impôt sur les fortunes	6,087 »	1,126 »
Produit de l'impôt sur l'industrie..	235 »	7 »
Dépenses pour l'assist. des pauvres	1,728 »	1,065 »
Fonds d'école..................	21,034 »	14,000 »

Les nobles de Treyvaux.

Cette famille, qui apparaît vers la fin du XIIe siècle pour s'éteindre dans le XIVe, ne possédait qu'une partie du territoire de Treyvaux et n'a pas eu une grande influence dans la contrée. Les archives n'en disent qu'un mot en passant, et on ne trouve dans la localité aucun vestige de château ou de maison forte.

Elle se divisait en deux branches, dont l'une descendait du donzel Henri, et l'autre du donzel Uldriod. Dans le partage des biens de cette famille, qui eut lieu en 1351, on voit qu'elle possédait de nombreuses propriétés, des censes, des forêts à Treyvaux, La-Combert, Senèdes et une grande maison dans le bourg fortifié d'Arconciel.

Le chevalier Ulrich de Treyvaux, fils d'Henri, épousa une femme nommée Jeanne, qui lui donna plusieurs enfants : Jean, Guillaume, Jordanne, Vuillermette et Pierre. Jordanne épousa son cousin Guillaume de Treyvaux; Pierre embrassa l'état ecclésiastique et devint prieur du monastère de Rüggisberg.

Cette noble famille avait sa sépulture dans l'église d'Hauterive, où l'on peut voir encore dans la nef, du côté de l'évangile, le monument d'Ulrich de Treyvaux, mort dans la première moitié du XIIIe siècle. (*Arch. cant., recueil dipl.*)

M. Daguet dit que « les sires de Treyvaux avaient vendu le château et la forteresse du Grand-Viviers, sur la Sarine, au sire Richard de Vuippens, 1378. (*Arch. soc. d'hist.*, t. V, p. 55.)

Ulrich d'Arberg, seigneur d'Arconciel et d'Illens, possédait un fief à Treyvaux, tenu par Guillaume de La-Roche; il lui permit de l'hypothéquer, mais pour deux années seulement, aux frères Henri, Rodolphe, Richard et Guinchard de Corbières. 12 mai 1260.

La paroisse.

La paroisse s'étend le long des trois vallées qui ont donné le nom au village de Treyvaux. Les maisons jetées, comme au petit hasard, sur les flancs de la Combert et du Cousinbert, près des ravins et des sommets des monts, ajoutent au pittoresque et apparaissent comme d'agréables oasis sur ce sol tourmenté.

Treyvaux fut habité dès les siècles les plus reculés. La paroisse, bien qu'on ne puisse pas arrêter la date de son origine, faute de documents, est certainement l'une des plus anciennes de la contrée; elle a même de nos jours, à peu de chose près, les mêmes limites que dans le XIIe siècle; si elle perdit, en 1624, le hameau de Bertigny qui fut annexé à Pont-la-Ville, un siècle plus tard, en 1724, cette perte fut compensée par l'annexion du terrain qui s'étend de la Roche grise à Prazzey.

En 1173, l'église de Saint-Pierre avait déjà une certaine importance, puisque, à cette date, Landry de Durnac, évêque de Lausanne, la donna au monastère d'Hauterive. Cette donation fut confirmée d'abord par plusieurs papes, entre autres Lucius III, dans une bulle datée de Vérone, en 1181, pour les possessions de Treyvaux, Ecuvillens, Onnens, etc., ensuite par l'évêque Jean de Cossonay en 1245, et l'année suivante par Berthold de Neuchâtel, comme descendant et héritier des fondateurs d'Hauterive.

De ce moment au commencement du XVIe siècle, aucun fait intéressant pour la paroisse. Le Chapitre de Saint-Nicolas était fondé ; il fallait le doter. Le gouvernement, qui le protégeait, lui donna le droit de patronage de l'église de Treyvaux qui, trois siècles durant, avait appartenu au monastère d'Hauterive. Mais cet acte d'autorité souleva de nombreuses difficultés. Hauterive, défendant son droit, envoya des mémoires à Rome pour établir la justice de sa cause. Le pape Léon X, par bulle du 21 juillet 1591, mit fin à la lutte, permit au Chapitre de prendre possession de l'église de Treyvaux et d'y nommer des vicaires, ses représentants.

Au curé de Treyvaux appartenait la moitié de la dîme du territoire de la paroisse, l'autre moitié à Hans Python, etc. En 1587, les paroissiens demandèrent de pouvoir transformer en prés quelques champs d'un petit rapport, avec la promesse de livrer chaque année pour la dîme 6 muids de froment, 6 d'épeautre, 10 d'orge, etc. Le Chapitre et les autres possesseurs de la dîme consentirent à cette demande bien légitime. Mais les gens de Treyvaux, qui ne semaient plus toutes ces céréales, ni en aussi grande quantité, se trouvaient dans l'impossibilité de satisfaire à leur promesse. Par un accord du 22 novembre 1590, on les réduisit à deux espèces seulement.

Le Chapitre, en 1706, s'éloigna de cette convention en exigeant du curé, pour le fermage du bénéfice, 12 sacs de blé, autant d'avoine et 50 écus pour la restauration de la cure. Les paroissiens s'adressèrent au gouvernement et à l'évêque, les priant d'intervenir et de défendre le droit du curé. Messieurs du Conseil, basés sur les reconnaissances du 18 juin 1442 et l'accord de 1590, déclarèrent que les paroissiens et communiers de Treyvaux ne devaient payer que la quantité de graines promises. 14 août 1706. (*Arch. cant. Raths.*, 30.)

L'église.

Saint-Pierre, placé au fond de la vallée, au-dessus de la Sarine, fut la première église paroissiale de Treyvaux. La Visite pastorale de 1453 dit que, de mémoire d'homme, aucune habitation n'avait existé dans le voisinage. Une femme ermite y avait construit une hutte. Déjà à cette date, le Saint Sacrement n'y résidait plus; les offices paroissiaux se faisaient dans l'église du village, mais on y célébrait encore 22 messes par an. De nos jours, on y offre assez souvent le saint Sacrifice, et, deux fois l'année, aux Rogations et à Notre-Dame des Sept-Douleurs, la paroisse s'y rend processionnellement. Saint-Pierre est pour Treyvaux une relique et un lieu de pèlerinage.

Cette antique église, dont certaines parties doivent remonter au Xe ou XIe siècle, a subi quelques modifications : les fenêtres de la nef sont modernes, mais on aperçoit encore la place des anciennes ; le chœur est voûté. A l'extérieur, du côté de l'Occident, on remarque les vestiges d'une chapelle ou d'un ossuaire adossé à l'église.

La tradition porte qu'un pont jeté sur la Sarine, près de Saint-Pierre, reliait les deux rives de la rivière.

La commune de Treyvaux, le 16 juin 1698, demanda au Chapitre de Saint-Nicolas l'autorisation de couper du bois dans la forêt de la cure pour réparer l'église de Saint-Pierre ; le Chapitre, qui craignait de poser un mauvais antécédent, ne voulut pas acquiescer à cette demande.

Dans le XIIIe ou XIVe siècle, une chapelle, dédiée à Notre-Dame, avait été construite dans le village de Treyvaux. La population avait abandonné Saint-Pierre comme siège de la paroisse pour s'établir dans la partie supérieure de la vallée. Cette église possédait le Saint Sacrement depuis les temps les plus reculés ; on y célébrait les offices divins, administrait les sacrements et ensevelissait les défunts. Les Visiteurs ordonnèrent de transporter une des deux cloches de Saint-Pierre, de procurer deux calices, d'écrire un missel lausannois, et d'y bâtir une sacristie dans l'espace de 8 ans.

Entre les années 1468 et 1470, cette église fut réduite en cendres; mais on ne connaît pas la cause de cet incendie. L'Etat vint au secours de la population; il donna, en 1472, pour couvrir la nouvelle église, 1,300 tuiles plates et 84 coupées. Cet édifice servit au culte divin pendant 158 ans.

Dès le commencement du XVIIe siècle, on s'occupa d'une nouvelle construction; mais ce n'est qu'en 1635, le 10 septembre, que la troisième ou quatrième église de Treyvaux fut consacrée. Les paroissiens constituèrent une rente de 12 florins pour réparer les deux autels latéraux et s'engagèrent à y faire célébrer une messe chaque mois. Mgr de Vatteville approuva cette fondation et consacra les autels. (*Arch. cant., rep. de S.-Nicolas,* n° 6.)

Après 228 ans d'existence, cette église devint trop petite pour la population qui avait considérablement augmenté. A l'unanimité, les paroissiens de Treyvaux décidèrent de bâtir un nouveau temple. Les dons affluèrent avec une admirable générosité. Les travaux furent dirigés par M. Menoud, curé de Dompierre, et poussés avec activité. Mgr Marilley procédait, le 9 septembre 1873, à la consécration du nouvel édifice, dont la première pierre avait été bénite par le Vicaire général Chassot, le 26 mai 1870. Le maître-autel en marbre, fin, exécuté avec goût, un des plus beaux du canton, est l'œuvre de M. Jean Christinaz, à Fribourg; la table de communion, de M. Torriani, à Bulle. L'église possède une très belle sonnerie — la grande cloche est d'un moelleux fini — des orgues et tout ce qui est nécessaire et utile pour rehausser le culte divin.

Chapelle d'Essert.

Elle fut construite vers 1526 par un Kolly d'Essert et dédiée à sainte Anne et à saint Georges. Voici ce qu'on lit dans le manuel du Conseil, au 31 août 1526 : « Kolly doit payer immédiatement 6 livres à Jean Loup pour la chapelle qu'il a faite à Ried (Essert), et le restant l'année prochaine. »

Benoît III accorda pour 7 ans une indulgence plénière fixée sur la fête de sainte Anne, 1729.

Plusieurs anniversaires sont fondés dans cette chapelle. On y chante un office, chaque année, le jour de sainte Anne.

Chapelle de la Grande-Riedera. La famille de Gottrau a construit une chapelle près du château de la Grande-Riedera, commune d'Essert. Elle y a fondé un certain nombre de messes qui ont été réduites dernièrement, et dont le capital a été versé dans les mains de M. le doyen de Treyvaux. Ces messes doivent se dire dans cette chapelle qui est bien entretenue. On y passe un des jours des Rogations.

Oratoire de Prazzey, construit près de la route, à gauche en montant sur Bulle, mi-chemin entre le Mouret et La-Roche. Aux Rogations, on y chante un *Salve.*

Corps saints.

1° Sainte Anastasie — quelques ossements et un vase contenant du sang — donnée à M. Schwertfeger le 18 nov. 1852, et transférée à Treyvaux de l'église de Rolle.

2° Corps de saint Maxime donné à Mgr Marilley le 17 octobre 1852, et transféré à Treyvaux en 1873.

Bénéfice du chapelain.

C'est la paroisse qui créa ce bénéfice en 1670. Le chapelain, du moins pour plusieurs fonctions, remplaça l'un des aquariens (on appelait aquarien un sacristain, parce qu'il portait l'eau bénite dans les maisons).

Jacques Brodard fut le premier chapelain de Treyvaux. Il devait célébrer la messe matinale, appliquer deux messes par semaine, l'une pour les trépassés et la seconde pour les biens de la terre; enfin « desservir l'église comme devait cy devant faire l'aquarien. » Il ressort de là que le prêtre qui jouissait de ce petit bénéfice devait remplir les fonctions de chapelain et celles de marguillier. M. Brodard, bien que peu rétribué, resta à ce poste pendant 29 années consécutives, toujours fidèle à ses devoirs. Après 20 ans de travail, de dévouement, se sentant affaibli par l'âge et sans ressource, il pensa à s'assurer du pain pour ses vieux jours. Il fit assembler la paroisse, et lui demanda de bien vouloir le conserver jusqu'à sa mort avec les mêmes honoraires et les mêmes charges. La paroisse s'empressa d'accepter avec reconnaissance les offres généreuses de ce prêtre dévoué.

On ne sait pas quelle maison habitait M. Brodard ; mais ses successeurs furent logés, pendant près d'un siècle, dans un bâtiment, qui existe encore, appelé *Clos d'Illens*. La chapellenie actuelle est du commencement de ce siècle.

Le bénéfice de chapelain s'améliora insensiblement par des dons, des anniversaires.

Ici comme ailleurs, les premiers maîtres d'école furent des prêtres. Le chapelain-marguillier fut chargé de ce nouvel emploi, gratuitement d'abord, puis pour des honoraires insignifiants. Pendant le XVIIIe siècle, tous les chapelains de Treyvaux ont été maîtres d'école.

Voici l'accord fait avec M. Grasset, en 1787 : 1° Le chapelain célébrera la messe tous les dimanches et fêtes de dévotion, aux heures accoutumées, sonnant lui-même ou faisant sonner ; 2° il appliquera chaque semaine deux messes ; 3° il répondra en tant que chantre à tous les offices divins, assistera aux processions ; 4° il s'aidera à parer les autels la veille des fêtes ; 5° il assistera le curé ou célébrant à l'église toutes les fois que la solennité ou bienséance l'exigera, portera l'encensoir et fera les encensements devant le Saint Sacrement ; 6° il fera l'école pour enseigner à lire et à écrire, etc. Il aura six semaines de vacances. On lui payera 40 écus bons à Noël, 40 à la Saint-Jean, et 2 louis pour l'école. Il jouira du bien communal comme un autre communier. Il pouvait encore garder une vache en été.

Aujourd'hui, le chapelain est l'aide du curé dans le service divin.

Confréries.

Confrérie de la Sainte-Trinité. Plusieurs paroissiens, touchés de compassion pour les malheureux chrétiens captifs en Afrique et en Asie, désiraient l'érection de cette Confrérie, d'autant plus que quelques fidèles de Treyvaux, qui en étaient déjà membres, devaient faire un long voyage, se rendre à Massonnens ou à Belfaux pour gagner les indulgences. Les jurés s'adressèrent au curé Rudaz qui fit convoquer l'assemblée paroissiale sur le second dimanche de mai 1735. On décida, à l'unanimité, d'adresser la demande d'érection à Mgr Duding.

Le brevet du pape Clément XII est du 11 janvier 1736. Ant. Quartenoud paya, comme il s'y était engagé, toutes les dépenses et la bannière de la Confrérie; Catherine Bourqui donna dix écus pour le tableau de la même Confrérie.

Confrérie du Rosaire. Elle fut érigée le 22 janvier 1633. Un tabernacle avait été placé à l'autel de la Confrérie pour y donner la communion et la bénédiction du Saint Sacrement aux fêtes de la sainte Vierge.

Bienfaiteurs.

A. Bourgeois, dit Francey, de Treyvaux, a légué cent florins à l'église pour faire chanter les vêpres chaque dimanche, 1544.

Joseph Gaschod, décédé à La Tour-de-Trême, a donné la somme de 300 écus pour fournir aux pauvres le moyen d'apprendre des métiers, 1731.

Jacques Scyboz, décédé à l'âge de quatre-vingts ans, a été bienfaiteur des pauvres, ainsi que Jacques Veillard, 1784.

Jacques-Paul Quartenoud, mort en 1785, augmenta par ses générosités le bénéfice du chapelain.

Joseph Scyboz a fondé les premières vêpres du Rosaire, et Elisabeth Quartenoud celles de la fête de saint Etienne.

La paroisse de Treyvaux s'est toujours distinguée pour les œuvres charitables à établir ou à nourrir dans son sein et au dehors. Quel élan magnifique surtout pour la construction de la nouvelle église et de l'orgue ! L'asile de la Perrausa est aussi une œuvre de dévouement.

L'Asile de la Perrausa.

Le 31 mai 1852, le Conseil de Treyvaux, dans le but d'arrêter le fléau de la mendicité et du vagabondage qui engendrent bien des vices, proposa à l'assemblée communale d'acheter la propriété de la Perrausa, contenant 20 poses et située à proximité d'une quarantaine de poses de biens communaux.

La proposition fut acceptée sans opposition. Aussitôt on se mit à l'œuvre, on aménagea le bâtiment pour y recevoir quelques vieillards et une cinquantaine d'enfants. Les frais d'établissement ont été considérables ; mais la charité vint au secours des directeurs ; on reçut pour plus de 3,000 fr. de meubles, linge, denrées. L'année suivante, le 15 octobre 1853, on ouvrit l'asile. Depuis lors, la propriété s'est améliorée, et le zèle des protecteurs des pauvres ne s'est pas refroidi. Le premier directeur, le député Kolly, et son successeur, Jean-Jacques Quartenoud, ont été, pour cet asile, des modèles de dévoûment. (Voir *Les établissements charitables de la ville et du canton de Fribourg,* par M. le curé Ræmy.)

Récès épiscopaux.

En 1664, Mgr Strambin ordonna de construire un tabernacle en bois, de le garnir de soie à l'intérieur et de le placer au milieu de l'autel. — Anciennement, les tabernacles étaient placés à côté de l'autel et dans une niche.

Le même Evêque ayant appris que, dans la contrée de Treyvaux et La-Roche, on publiait dans l'église les ventes de bétail, etc., que la justice civile s'assemblait quelquefois sur le cimetière, enfin qu'on ne donnait pas aux curés les novales, défendit énergiquement tous ces abus, 15 janvier 1665.

En 1710, Mgr Jacques Duding ordonna de procurer un voile pour les bénédictions, un encensoir avec la navette, et de couper deux poiriers qui s'étendaient sur le cimetière.

Primitivement, on conservait les reliques dans une bourse de soie, l'Evêque prescrivit des reliquaires en métal, 1703.

Mgr Claude-Antoine donna l'ordre de procurer une autre monstrance, d'enlever un chandelier placé devant l'autel des Trois-Rois et d'y placer une lampe.

Personnages distingués.

Plusieurs membres de la famille des de Treyvaux embrassèrent la vie religieuse et se distinguèrent par leur piété et une sage administration.

Pierre de Treyvaux, qui vivait vers 1350-57, a été envoyé comme Prieur du couvent de Rüggisberg par le Prieur de Cluny.

Conon de Treyvaux fut Abbé d'Hauterive de 1396 à 1403 ou 1405.

Jean de Treyvaux était curé de Marly en 1329.

Un autre *Jean de Treyvaux* fit profession à Hauterive vers 1440.

Pierre de Treyvaux entra dans le couvent de Rougemont vers 1346.

Le *P. Joseph-Nicolas Louper,* de Treyvaux, professeur de langue française chez les Frères des Ecoles pies, à Günzbourg, 1752.

Le *P. Gachod* ou *Cachot* (Gachoud), jésuite, est né le 31 décembre 1657.

Son père, notaire à Fribourg, alla s'établir à La-Roche, puis à Treyvaux où il se maria et eut plusieurs enfants, entre autres le futur Religieux.

Voir sur le P. Gachod : *Lettres édifiantes,* vol. V, p. 58.

Pour donner une idée du dévouement de cet apôtre, de son zèle pour le salut des âmes, je cite la lettre du P. Torillon, S. J., à Mgr le Comte de Pont-Chartrain, Secrétaire d'Etat, sur les missions des PP. Jésuites dans la Grèce, 4 mars 1714 :

« Celui des Jésuites qui a reçu de Dieu le talent le plus rare « pour le salut de cette nation (les Arméniens) à Constanti- « nople, est le P. Jacques Gachod, de Fribourg en Suisse. « Avant que de se consacrer aux missions du Levant, il avait « fait pendant quelques années l'office de missionnaire à Fri- « bourg en Brisgau, du temps de la dernière guerre. Nos offi- « ciers, dont plusieurs vivent encore, l'honoraient de leur « confiance, et c'est entre ses mains que le célèbre M. du Faï « voulut mourir. Dans la seule année 1712, ce Père a ramené « près de 400 schismatiques et a confessé lui seul plus de 3,000 « personnes. L'année passée, le nombre des schismatiques « convertis a presque monté à une fois autant. Sa maxime est « de paraître peu et d'agir beaucoup. Il a toujours à sa main un « nombre de catholiques zélés et sages qui se répandent de « tous côtés et lui amènent sans bruit ceux qu'ils ont disposés « à se convertir. Plusieurs prêtres... orthodoxes servent encore « extrêmement à maintenir la foi... »

Un passage sur les bagnes auxquels les Jésuites se dévouaient :

« ... Ces deux bagnes n'ont de jour que par la porte et par « quelques fenêtres fort hautes, traversées de gros barreaux de « fer. C'est là qu'on loge les chrétiens pris en guerre, ou sur « les armateurs ennemis de la Porte. Les officiers ont de petites « loges à deux ou à trois. Les simples soldats sont à découvert « sur des estrades ou soupentes de bois qui règnent le long des « murailles et où chacun n'a guère de place que celle que son « corps peut occuper...

« Chaque esclave, quoique dans le bagne, a toujours une ou « deux chaînes sur le corps. Tous les jours de l'année, excepté « les quatre fêtes solennelles, on les mène de grand matin tra- « vailler à l'Arsenal. Ils sont par troupe de 30 ou 40, enchaînés « deux à deux...

« Les services que nous rendons à ces pauvres gens consis- « tent à les entretenir dans la crainte de Dieu et dans la foi, à « leur procurer les soulagements de la charité chrétienne, à « les assister dans leurs maladies... Deux Jésuites vont toute « l'année fêtes et dimanches aux deux bagnes. Ils s'y rendent « la veille et s'y enferment avec les esclaves. Le Père de « chaque bagne a un petit réduit à part, où il se retire quand « il n'a point de malade à visiter. »

. . . .

Le P. Gachod fut le grand missionnaire des esclaves, « qui « avec le nom de Père des Arméniens a encore, à Constanti- « nople et à Malte, celui de Père des esclaves. Il y a huit à dix « ans qu'il est presque incessamment occupé aux œuvres de « charité où il y a le plus de péril, soit dans le bagne, soit sur « les vaisseaux et sur les galères du Grand-Seigneur. L'an- « née 1707 que la peste fut si furieuse qu'elle emporta près « d'un tiers de Constantinople, ce Père m'écrivit : « Mainte- « nant, je me suis mis au-dessus de toutes les craintes que « donnent les maladies contagieuses et, s'il plaît à Dieu, je ne « mourrai plus de ce mal après les hasards que je viens de « courir. Je sors du bagne où j'ai donné les derniers sacrements « et fermé les yeux à 86 personnes (la peste y régnait), les « seules qui soient mortes en trois semaines dans ce lieu si « décrié... Le plus grand péril a été à fond de cale d'une sul- « tane de 82 canons. Les esclaves, de concert avec les gardiens, « m'y avaient fait entrer sur le soir pour les confesser toute la

« nuit et leur dire la messe de grand matin. Nous fûmes enfer-« més à doubles cadenas, comme c'est la coutume. De 52 « esclaves que je confessai et communiai, douze étaient ma-« lades et trois moururent avant que je fusse sorti. Jugez quel « air je pouvais respirer dans ce lieu enfermé et sans la moindre « ouverture. »

Le député Kolly. Jean-Baptiste Kolly est né à Arconciel en 1801. Il était jeune encore lorsque son père vint s'établir à Treyvaux, sa commune d'origine. Mais ce jeune homme, qui se faisait remarquer par son esprit fin et son rare bon sens, entra de bonne heure dans les administrations paroissiales et communales. Il fut nommé, aux premières vacances, juge de paix et député au grand Conseil. M. Kolly, dans l'exercice de ces multiples fonctions, n'a cherché que le bien matériel et moral de son pays. Il a été le principal moteur de l'Asile de la Perrausa. M. Kolly est mort le 15 février 1878. On peut dire de lui qu'il a passé en faisant le bien.

Mgr Chassot, né en 1812. Après avoir terminé ses études à Fribourg, il se rendit à l'étranger pour compléter ses connaissances de la langue allemande. Ordonné prêtre en 1839, il fut immédiatement appelé au pensionnat de la rue de Morat, que Mgr Tobie Yenni venait de créer, pour y remplir les fonctions de préfet, puis celles de directeur. L'abbé Chassot est entré à l'Evêché comme secrétaire, en 1842; quelques années après, il est élevé à la dignité de chancelier, enfin à celle de Vicaire général, en 1860, poste qu'il a conservé jusqu'au moment où Mgr Marilley a pris sa retraite. Mgr Chassot a été très dévoué à son évêque; il l'a accompagné dans son exil, et ne s'est plus séparé de lui. Après la mort de Mgr Marilley, il s'est retiré dans sa famille, à Treyvaux, où il est mort dans sa 86e année, le 31 mai 1898. Le vicaire général Chassot avait été revêtu de la dignité de camérier secret de Sa Sainteté. — Voir *Discours funèbre,* prononcé dans l'église de Treyvaux, le 2 juin 1898, par M. l'abbé Currat, chancelier de l'Evêché. — Fribourg, Imprimerie catholique suisse.

Faits divers.

Dans le XVe siècle, Treyvaux avait une société de gens à cheval.

Voici un curieux témoignage! Le Conseil de Fribourg délivra, en 1509, un certificat à un M. Aeby, qui avait guéri de la variole le Père Lecteur des Cordeliers et le curé de Treyvaux. (*Man.*)

Un fait miraculeux, qui n'est guère connu : Une pauvre fille, d'une trentaine d'années, muette de naissance, fut conduite, dans le mois de janvier 1703, à La-Roche, en Savoie, où on lui fit toucher et vénérer un anneau de saint François Xavier. La guérison fut instantanée. A son retour, instruite de ses devoirs, elle reçut les saints sacrements. (*Reg. des bapt.*)

A Noël, de 1720 à 1730, on faisait arriver quatre violonistes pour jouer à l'église et fêter la naissance de Notre-Seigneur.

Vers les années 1730, 35, 40, un grand nombre de déserteurs, de malheureux passa à Treyvaux; on en comptait de 20 à 80 par jour. La commune donnait à tous un petit subside.

Les Sœurs de la Retraite des Fontenelles s'étaient retirées dans la paroisse de La-Roche pendant la Révolution française. Une jeune personne de Treyvaux, Marguerite, fille de Joseph Quartenoud, entra dans cet Ordre religieux. Elle mourut le 1er mai 1795, à l'âge de 22 ans, dans le village d'Engolshofen, diocèse d'Augsbourg.

Chapelains de Treyvaux.

1658. **Pierre Bapst,** de La-Roche, vicaire.

1670. **Jacques Brodard,** de Treyvaux, vicaire et premier chapelain, mort à Treyvaux le 14 avril 1699. Le curé Déposieux, qui avait vécu près de 30 ans avec lui, s'exprime ainsi : « Adhuc diu desideratus et imprimis a parocho amatus. »

1703. **Jacques Raboud,** de Marly.

1706. **Nicolas Tilger,** de Fribourg.

1709. **Joseph Paradis,** de La-Roche.

1717. **François-Pierre Schenevey,** de Fribourg.

1726. **François-Joseph Emonet,** qu'on écrivait quelquefois Monnet, de Treyvaux.

1731. **Jean-Henri Rudaz,** de Fribourg. Il fut nommé curé de Dompierre, en 1734; mais il revint à Treyvaux comme curé, en 1746.

1735. **François Longchamp,** de Malapalud (Vaud).

1742. **Jacques Thiémard,** d'Orsonnens.

1750. **Michel-Joseph-Maurice Gauderon,** de Remaufens, mort à Treyvaux, le 30 juillet 1787, où il fut chapelain pendant 37 ans. « *Dilectus Deo et hominibus :* Cher à Dieu et aux hommes. »

1787. **Joseph Grasset,** d'origine française, mais reconnu bourgeois de Fribourg.

1793. **Jean-Baptiste Cornu.**

1795. **Michel Deglétagne,** de Bizot, diocèse de Lyon, prêtre réfugié. Il est rentré en France, en 1797.

1797. **Pancrace-Bruno Bæriswyl,** de Fribourg.

1800. **Christophe Fontana,** de Dirlaret.

1811. **Jean-Paul Kolly,** de Praroman et d'Essert.

1811. **Blaise-François-Nicolas Peiry,** de Treyvaux.

1814. **Nicolas Dubas,** de Romont.

1816. **Claude-Joseph Michaud,** de Villarepos.

1819. **Joseph Delley,** de Fribourg.

1821. **Antoine-Etienne Chablais,** de Fribourg, curé de Treyvaux, en 1827.

1830. **Jean-Baptiste Gremaud,** de Praroman.

1832. **Pierre Jerly,** de Pont-la-Ville.

1834. **Joseph Kilcher,** de Praroman.

1837. **Fabien-Sébastien Groguz,** de Polliez-Pittet.

1840. **François Golliard,** de Mézières.

1844. **Fabien-Sébastien Grognuz,** pour la seconde fois.

1849. **Jean-François-Nicolas Yenny,** d'Alterswyl, chanoine de Notre-Dame en 1868, curé de l'Hôpital en 1877.

1864. **Pierre-François Tache,** de Remaufens. Pendant la construction de l'église de Treyvaux, il a remplacé M. Menoud à Dompierre. M. Tache est curé du Crêt depuis 1882.

1870. **Alexandre Menoud,** de La-Magne, chapelain provisoire et directeur-architecte de la nouvelle église.

1872. **Jean-Joseph Kolly,** de Treyvaux, décédé en 1898.

1877. **Alexandre-Nicolas Rapo,** de Cheyres, décédé en 1899.

1878. **Eloi-Polycarpe Schuwey,** de Hauteville, curé de Grandvillars.

1883. **Alf.-Achille Schneuwly,** de Fribourg.

Curés de Treyvaux.

1173. **Pierre,** curé. Petrus de sancto Petro.

1217. **Girold,** curé.

1246. **Guillaume,** de Marly.

1269. **Aubert;** Magister Aubertus. Sur la recommandation de Conon, curé de Vevey, le monastère d'Hauterive, par acte de la veille de saint Gall 1269, confie la cure de Treyvaux au maître (docteur) Aubert. Annuellement, comme ses prédécesseurs, il payera 4 livres et il abandonnera la dîme d'Essert. (*Arch. d'Haut. rep.*)

1314. **Aymo,** d'après le grand vicaire Chassot.

1348. **Humbert,** de Billens.

1360. **Pierre,** curé, selon Chassot, g. v.

1362. **Girard Gibelle.**

1385. **Pierre de Villaz.**

1396. **Christin de Bulle.**

1415. **Jean Scyboz** (Schubo), vicaire d'un curé qui ne résidait pas.

1426. **Pierre Gascale.** Jeannot de Prumer prit l'engagement de lui garder, pendant un an, 85 bêtes : chèvres, brebis, etc.

1436. **Pierre Ansey** ou **Anselmy,** de Payerne.

1437. **Pierre Bucquin,** vicaire.

1437. **Jean Vendier,** curé.

1442. **Pierre Pittet,** d'Estavayer-le-Lac. Il ne résidait pas, Vendier fut son vicaire.

1501. **Jean-Louis d'Englisberg,** chanoine de Soleure, fils du chevalier Théodoric. Jean-Louis, d'après Jean Lens, était fils de Diétrich d'Englisberg.

1494. **Jean de Gie** (Degi, Gex), vicaire du curé d'Englisberg, puis curé. Il eut une difficulté avec le monastère d'Hauterive.

1531. **Conrad Noné, Noé** ou **Noel.**

1538. **André Rollin**, vicaire. Il fut déclaré lépreux, en 1553. Le gouvernement lui défendit de célébrer la messe et lui ordonna de se rendre, dans l'espace de 14 jours, à la léproserie de Bourguillon, ou de se bâtir une petite maison isolée. (*Arch. cant.*)

1551. **André Kolly,** vicaire.

1563. **Claude Brodard**, curé.

1580. **François Cardinal,** de Châtel-Saint-Denis. Il est mort le 10 ou le 12 mai 1598. Voici un passage de son testament :

« Considérant que c'était une chose bien honorable d'avoir « quelque souvenance des pauvres, et, comme le dit saint Lau- « rent, le trésor de l'église était le trésor des pauvres... ayant « épargné quelque chose du revenu de l'église, il le donne et « lègue aux pauvres la somme de 1,600 florins, dont la rente « sera délivrée aux pauvres par les jurés de la paroisse. Pour « le salut de son âme et de tous ceux qui m'ont fait du bien « pendant ma vie, et pour qu'il plaise à Dieu garder et préserver « la paroisse, et les fruits de la terre... de toute adversité. »

Il lègue encore à l'église une pièce de terre, à côté du verger de la cure, et une autre achetée de Benoît Dadier.

Les curés de Treyvaux devront dire, tous les samedis, un *Salve* pour ces fondations. (*Arch. de Treyvaux.*)

Mgr Chassot établit la succession des curés de la manière suivante :

1580. **François Cardinal,** de Châtel-Saint-Denis.

1585. **Etienne Reynold,** de Fribourg.

1590. **Antoine Dupasquier**.

1592. **Georges,** de Saint-Aubin. Il se plaint de la mauvaise qualité du pain qu'on apporte pour l'offrande. Le pain est d'avoine, mal cuit, moisi et si mauvais qu'il n'ose le donner aux pauvres.

1594. Encore **François Cardinal,** de Châtel-Saint-Denis.

1614. **André Cudré**, d'Autigny. Il a légué à l'église ses ornements et 20 écus pour la fondation du Rosaire, et fondé des messes à Treyvaux et à Autigny. Son frère Etienne « le pauvre aveugle » fut son héritier.

1632. **Pierre Bastard,** de La-Tour-de-Trême.

1654. **Nicolas Corby,** doyen.

1662. **Jean Déposieux.** Il a donné 12 écus pour un anniversaire, et 12 autres écus pour les vêpres de la fête de saint Jean-Baptiste.

1704. **Nicolas Zurthannen.**

1707. **Jean-Daniel Rossier,** fils du notaire Peterman Rossier, de Chénens et de Fribourg. Il fut nommé à la recommandation de son oncle, le chanoine Reyff; il était à l'Université de Vienne, en Autriche, au moment de son élection. Dans la nuit du 11 juillet 1720, se rendant à l'église pour bénir la paroisse, le curé Rossier a été frappé et tué par la foudre.

1721. **François-Pierre Rudaz,** de Fribourg. Il fit rebâtir la cure.

1746. **Jean-Henri Rudaz,** frère du précédent.

1771. **Jean-Gaspard Clerc,** de Fribourg, décédé à Treyvaux, à l'âge de 90 ans.

1827. **Antoine-Etienne Chablais,** de Fribourg et de Marsens. Il a légué 800 fr. à l'hôpital de Treyvaux, 200 aux pauvres d'Essert et 25 à l'hôpital cantonal.

1853. **Joseph-Félix Frossard,** de Romanens, doyen du décanat de Saint-Maire depuis 1866. Voilà une longue vie consacrée au service de Dieu.

1889. **François Porchel,** de Chénens, aide de M. le curé doyen Frossard, du mois d'octobre 1889 à la fin octobre 1894.

UEBERSTORF

Ibrisdorf, Ieberinstorf, Hybristorf, Iverinsdorf : on trouve ces différents noms dans le XIIIe siècle.

Altitude : 660.
Patron : Saint Jean-Baptiste.

Statistique de la commune.

Nombre des maisons.	Nombre des ménages.	ORIGINE DE LA POPULATION DE RÉSIDENCE				CONFESSION		LANGUE	
		Bourgeois de la commune.	Bourgeois d'une autre commune.	Bourgeois d'un autre canton.	Etrangers.	Catholiques.	Protestants.	Allemands.	Français.
196	246	536	213	619	10	767	607	1,367	8

La paroisse.

La paroisse d'Ueberstorf, bien que les documents connus n'aillent pas au delà du XIIIe siècle, remonte apparemment à une haute antiquité. Le 15 août 1226, Henri, roi des Romains, suivant l'exemple de son père l'empereur Frédéric II, favorise l'Ordre teutonique et lui donne les églises de Könitz, de Berne et d'Ueberstorf. Deux papes confirment successivement cette donation : Innocent IV, le 31 mai 1235 ; Clément VI, par bulle datée d'Avignon le 9 décembre 1340. Par cette incorporation, l'Ordre teutonique de Könitz, devenu collateur, nomme les curés d'Ueberstorf, et la paroisse suit jusqu'à la Réforme les phases de cette maison religieuse. Aussi, à partir de la date d'incorporation jusqu'à la crise religieuse du XVIe siècle, on ne rencontre que quelques mutations, quelques ventes et d'autres faits d'une importance secondaire que je vais rappeler en passant.

En 1248, un prêtre d'Ueberstorf, Henri, apparaît comme témoin d'un acte par lequel Conrad de Maggenberg et sa femme Brunessent, avec le consentement de leurs enfants Wilhelm, Ulrich, Marguerite et Salamine, lèguent à Hauterive un cens de 10 sols à prélever sur leur domaine de Balterswyl, après le décès de leur fils Wilhelm et de son épouse Isabelle, fille du seigneur de Blonay. (*Archives cant. Haut.*)

Le 6 juin 1341, un traité de paix, mettant fin aux guerres entre Berne et Fribourg, est signé à Ueberstorf par les délégués des deux villes.

En 1346, Guillaume Huser, fils de Conrad, muni du consentement préalable de son oncle Jacques, de Berg, vend à Burcard, de Sibenthal, deux parts de la dîme d'Albligen, paroisse d'Ueberstorf.

En 1338, Berthold de Maggenberg, curé d'Ueberstorf, et Richard de Maggenberg, curé de Belp, cèdent aux hospitaliers de Könitz leur droit de patronage et l'avouerie de l'église de Walhern. (*Mémor.* 2 an., p. 116.)

Le bénéfice d'Ueberstorf devenu vacant, le commandeur, les chevaliers et le curé de Berne, J. Gruber, présentent à l'Evêque Jean Cerdo, de Soleure. Le 19 novembre 1410, Guillaume de Challant, après avoir reçu de ce prêtre le serment d'obéissance, le nomme à ce poste important en lui rappelant de résider personnellement, de ne résigner ce bénéfice qu'au Souverain Pontife ou à l'Ordinaire du diocèse, de remplir toutes ses obligations envers ses paroissiens dont il aura à répondre devant Dieu.

Il paraît que les fidèles ne payaient pas régulièrement la prémice ; car une sentence du 7 mars 1516 oblige toutes les propriétés rière Ueberstorf à payer la prémice au curé ; l'arrêt prévoit même le cas de partage : si une propriété vient à être divisée, les copartageants sont tenus de payer ensemble la même prémice, afin que le bénéficier ne soit pas en perte. (*Man.* 54.)

Le mercredi 21 août 1523, le gouvernement remet à l'avoyer Diétrich d'Englisberg et à son frère Ulrich, ancien bailli, les sommes qu'ils devaient à la ville en considération des pertes subies, le lundi précédent, par l'incendie d'Ueberstorf.

Le 29 mars 1580 est la date de la vente d'un domaine considérable, devenu plus tard la propriété de la famille de Techtermann. A cause de son importance, je cite le texte en entier :

« Nicolas Zimmermann, bourgeois de Fribourg, et sa femme Elisabeth, fille de feu Jean-Ulrich Studer, du Conseil de dite ville, vendent à Jean Ratzé, conseiller de Fribourg et capitaine aux Gardes françaises, domicilié à Lyon, leur domaine situé à Ueberstorf, savoir :

La maison héritée de leur belle-mère et mère, fille de feu Diétrich d'Englisberg ; tous les cens fonciers et directs, d'une valeur annuelle de 76 livres, 58 poules, 51 chapons, 8 coupes d'épeautre, 3 muids d'avoine, 11 charrois et 11 corvées ;

La dîme d'Ueberstorf, leur part de celle de Baggwyl, la dîme d'Eggelried, qui consistent en froment, avoine, orge ou autres grains, fruits ou plantes ;

Ving-huit pâturages pour génisses, sur la Riggisalp ;

Le domaine dit de Seelhofer ;

Le domaine dit de Grossrieder ;

Le domaine dit de Mistler, avec fermes, cheseaux, granges, greniers, jardins, vergers, champs, prés, communs, pâturages, bois, planches, eaux, pêche, conduites d'eaux, droits d'entrée et sortie, soit tous immeubles bâtis et non bâtis, fruits, jouissances, droits, appartenances et dépendances, comme le tout a été possédé par leur beau-père et père, pour francs et libres et grevés d'aucune charge ;

Enfin divers meubles et instruments aratoires.

Prix de vente, 7,000 écus bons, de 5 livres; plus 50 écus d'épingles pour la venderesse, Elisabeth Zimmermann.

Négociateurs de la vente :

Nobles seigneurs Jean Von Lanthen, dit Heyidt, chevalier et avoyer ; Jean Roginet, Jacques Kenel, Pierre Krummenstoll, Jean Messelo, Guillaume Krummenstoll, conseillers ; Pierre Kœnel, Jacques Heymo, bannerets ; Laurent Brandeburger et Jean Wehrly, bourgeois de Fribourg.

Témoins de l'acte :

Louis Kœser et Jean-Ulrich Jan, bourgeois de Fribourg.

Date de la vente : 29 mars 1580 ; l'acte authentique, muni du grand sceau de la ville et commune de Fribourg, porte la signature, avec paraphe, du chancelier Guillaume de Techtermann. »

Pour traduction substantielle de l'allemand en français d'un acte sur parchemin produit par M. Maurice de Techtermann, ancien conseiller d'Etat, propriétaire actuel du domaine d'Ueberstorf.

Fribourg, le 31 mars 1880.

L'Archiviste d'Etat,
JOS. SCHNEUWLY.

(L'acte en parchemin et la traduction sont dans la famille de Techtermann.)

La Réforme.

A l'origine des paroisses, dans le diocèse de Lausanne, comme partout ailleurs, les curés nommés ne résidaient pas toujours ; des vicaires, trop souvent des étrangers, qui s'en allaient après quelques années pour laisser place à d'autres, remplissaient au nom du curé absent les fonctions du saint ministère ; mais, dans cet état précaire, ils n'avaient pas toujours, cela se conçoit, cet amour des âmes, ce zèle prudent et ferme qui sait au besoin se sacrifier pour sauver le bercail, et dont les annales de l'Eglise donnent tant de nobles exemples. Quelle responsabilité ! Si le prêtre manque à son devoir, surtout à certaines époques de troubles et d'innovation, les conséquences peuvent être incalculables !

Le 27 novembre 1523, les jurés d'Ueberstorf se voient obligés de déposer une plainte contre le curé Conrad qui manquait à son devoir. Le curé est condamné à célébrer, comme ses prédécesseurs, toutes les semaines une messe à Albligen. Messeigneurs défendent même aux paroissiens, en vertu du serment d'obéissance, de payer la prémice au curé, s'il ne remplit pas à l'avenir ce devoir de son ministère pastoral. (*Arch. cant., Man.*) C'est là une preuve qu'Albligen tenait encore à la messe.

En 1528, cinq ans plus tard, la crise religieuse éclate. Berne embrasse la réforme. La maison de Könitz est dissoute. Le gouvernement de Fribourg donne le droit de collation au fils du commandeur d'Englisberg. Mais les Bernois, en 1530, invitent le curé à reconnaître que les biens de la cure proviennent du stift de Saint-Vincent, et Fribourg doit céder à Berne le droit de patronage.

Dès cette date, le parti protestant commence à travailler la population d'Albligen qui se trouve dans une situation bien difficile pour l'époque : tout en étant membre de la paroisse d'Ueberstorf, elle dépendait de la seigneurie de Grasbourg. Le parti catholique désire conserver l'ancien culte, résiste aux réformateurs, tourne ses regards vers Fribourg pour obtenir appui et protection. Le 21 janvier, l'Ammann d'Albligen est délégué auprès du Conseil pour le tenir au courant de ce qui se passe. Il déclare qu'Albligen a reçu de Berne et du bailli de Grasbourg la défense de continuer de fréquenter l'église d'Ueberstorf, et l'ordre de se conformer au décret de réformation comme tous les autres ressortissants du bailliage. Il affirme que cette localité désire conserver l'ancien culte et demande que Fribourg prenne sa défense; mais, en cas d'insuccès, elle prie le gouvernement de la relever du serment de fidélité, afin qu'on ne puisse pas lui faire un crime de le violer. (*Compt. des trés. Font.* 21.)

Fribourg ne néglige rien, fait démarche sur démarche pour conserver à cette localité son antique foi. Le 15 avril 1538, il écrit à Berne en faveur des habitants d'Albligen ; il cite même ce gouvernement à une journée de droit, qui aura lieu à la Singine, le 12 mai. Fribourg choisit comme sur-arbitre M. Gab, conseiller de Zurich, et il envoie dans cette ville Ulrich Nix.

Le dimanche 12 mai, Frantz Nœguely et Bernard Tillman, de Berne ; Hans Guglemberg et Hans Lanther, de Fribourg, et Hans Gab, de Zurich, réunis à la Singine, tranchent définitivement cette difficulté en faveur de Berne : le village d'Albligen et les hameaux de la Chatellenie de Grasbourg, qui jusqu'à ce jour avaient fréquenté l'église d'Ueberstorf, devaient se soumettre à la défense qui leur avait été faite et suivre le culte réformé. (*Absch. alliances.*)

Le 8 janvier 1540, les paroissiens d'Ueberstorf se plaignent de ceux d'Albligen qui, pour le motif qu'ils possédaient des pièces de terre sur le territoire de cette localité, voulaient les obliger à contribuer à la bâtisse de la maison du pasteur réformé. (*Compt. des trés. Font.* 22.) Le 8 mai de la même année, Fribourg écrit à Berne : « Puisque nos gens d'Ueberstorf, malgré nos représentations, sont obligés de contribuer de leurs bras et de leur argent à la bâtisse de la maison du prédicant, nous agirons de même, en pareil cas, à l'égard de vos gens. »

Il fallait alors, on le comprend, de la vigilance, de la prudence et de la fermeté pour conserver l'ancien culte et éviter de jeter l'étincelle qui aurait suffi pour allumer un vaste incendie.

Dans le but de rétablir l'ordre et la discipline ecclésiastique, de remédier à certains abus, le prévôt Schneuwly demande au Conseil d'Etat de Fribourg l'autorisation de visiter, au nom de l'Evêque, les paroisses de la campagne. Le gouvernement ne fait aucune difficulté, comprend l'importance de cette mission ; mais il croit devoir faire une exception pour les paroisses d'Ueberstorf et de Bœsingen dont l'Etat de Berne avait le droit de collation.

D'autres difficultés surgissent à la moindre occasion, mais les autorités parviennent ordinairement à les aplanir. Berne, en 1600, doit recourir à Fribourg, parce que les paroissiens d'Ueberstorf refusaient les charrois pour la construction de la cure.

Berne renonce à la collation d'Ueberstorf. Arrêt du Tribunal fédéral.

L'Etat de Berne renonce, de plein gré, au droit de patronage ; la paroisse d'Ueberstorf veut bien le libérer, mais elle réclame un certain montant comme indemnité pour les charges qui incombent au collateur. Les deux parties ne pouvant tomber d'accord, le différend est jugé par le Tribunal fédéral, dont voici la sentence.

M. Perrier, procureur général, représente la paroisse d'Ueberstorf ; l'avocat Brunner, conseiller national, l'Etat de Berne.

« Le Tribunal fédéral prononce :

« 1. Il est donné acte aux parties de la déclaration portant :

a) que l'Etat de Berne renonce au droit de collation exercé jusqu'à ce jour dans la paroisse d'Ueberstorf ;

b) que la paroisse d'Ueberstorf libère l'Etat de Berne, moyennant les indemnités, ci-après spécifiées, des obligations résultant de son droit de collation ;

c) que la dite paroisse devient propriétaire exclusive des immeubles compris dans la collation.

2. L'Etat de Berne paiera à la paroisse d'Ueberstorf les sommes suivantes :

	Fr.
a) Pour la redevance annuelle payée jusqu'ici au curé, un capital de............................	1,087 »
b) Pour l'entretien à futur des bâtiments dépendant de la collature, y compris le chœur de l'église	5,625 »
c) Pour la reconstruction à neuf de ces bâtiments	700 »
d) Pour les impôts...........................	1,820 »
e) Pour l'assurance contre l'incendie............	630 »
f) Pour les réparations actuellement nécessaires en vue de la mise en bon état des bâtiments.......	3,200 »
g) Pour réparations urgentes déjà effectuées.....	100 »
h) Pour les redevances annuelles imposées au curé pendant les années 1882, 83, 84, 85, 86, 87 et 88, à 43 fr. 48 c. par an............................	260 88
Soit au total...	13,422 88

La demanderesse est déboutée du surplus de ses conclusions.

3. La demande reconventionnelle de l'Etat de Berne est repoussée.

4. Un émolument de justice de.....		Fr. 100
ainsi que les frais d'instruction.........	124 80 / 2	» 62 40
ceux d'expédition......................		» 22 80
	Soit ensemble...	Fr. 185 20

dont mis par moitié à charge des parties.

Tous les dépens sont compensés en ce sens que chaque partie garde ses propres frais.

5. Communication du présent arrêt sera faite par écrit au Conseil exécutif de Berne, ainsi qu'à M. Perrier, procureur général du canton de Fribourg.

Lausanne, le 18 janvier 1889.

Au nom du Tribunal fédéral suisse,

Le président : STAMME.
Le greffier : Dr I. DE WEISS. »

L'église.

Le premier curé connu d'Ueberstorf, Henri, vivait au commencement du XIIIe siècle; à cette époque, la paroisse avait son église, mais aucun document parvenu jusqu'à nous n'en fait la description. Dernièrement, en creusant les fondements de l'église actuelle, on découvrit des pans de mur qui permettent de supposer que la première église occupait le même emplacement et avait la même orientation, que toutes deux étaient tournées vers le sud-ouest, tandis que celle qui a été consacrée par Mgr Claude-Antoine Duding, le 18 octobre 1739, probablement la seconde, avait le chœur vers le nord-ouest. Cette église, après avoir servi au culte pendant plus de deux siècles et demi, n'a pas été démolie, mais transformée. Il fallait un vaisseau plus grand ; l'augmentation de la population le demandait. Ueberstorf sut concilier deux choses précieuses, faire bien et à peu de frais. Qu'on l'imite, en pareil cas, autant que faire se peut. L'église de 1897 forme une croix latine, dont l'entrée et le chœur de l'ancienne sont les deux bras; ainsi la nouvelle traverse par le milieu la précédente, et le tout est fait et réparé avec goût. Cette église, jolie, spacieuse, dont le coût n'a pas dépassé 40,000 fr., est payée sans aucun recours à l'impôt. La chaire, style du XVe siècle, est de l'ancienne église, ainsi que le tableau du maître-autel. Les deux autels latéraux et le quatrième, placé dans l'ancien chœur, devenu un bras de la croix, ont été achetés, avec leur tableau, de l'église paroissiale de Saint-Maurice en Valais, pour le prix de 1,500 fr. Mgr Deruaz, le 17 septembre 1898, a consacré la nouvelle église d'Ueberstorf.

Objets d'art.

1. L'église possède un ostensoir-soleil d'une grande valeur artistique, œuvre de l'orfèvre fribourgeois J. Schröter. C'est un don fait à la paroisse d'Ueberstorf, dans le XVIIe siècle, par Nicolas-Pierre Müller et Hans-Franz Reyff. (Voir *Fribourg artistique,* année 1896, n° XVI.)

2. Un calice du XVIIe siècle, en argent doré, avec trois médaillons plus anciens représentant trois abbés bénédictins.

3. Un calice offert par les paroissiens d'Ueberstorf au curé Kilcher, à l'occasion de son jubilé sacerdotal, le 12 juillet 1886.

4. La pierre en molasse, avec l'armoirie, l'ours, que l'Etat de Berne, patron, a fait placer sur la porte de l'ancienne sacristie, dont voici l'inscription : « Munificentia insiti senatus bernensis patroni hujus chori restauratio et campanilis reædificatio facta fuit 1739. »

5. Le tableau du maître-autel, qui représente le baptême de Notre-Seigneur Jésus-Christ, est remarquable. Un M. Vollmar, peintre habile, si on le juge à cette œuvre, fut reçu bourgeois d'Ueberstorf; en reconnaissance, M. Vollmar fit le tableau du patron de l'église, saint Jean baptisant Notre-Seigneur, et le donna à la paroisse. (Voir *Fribourg artistique*, année 1899, nº IV.)

Cloches. L'église possède trois cloches, coulées à Nancy en 1892, qui ont coûté 9,500 fr. La grande pèse 25 quintaux; la seconde, 18; la troisième, 13. Elles sont harmonieuses et d'un accord parfait.

Un orgue à 16 registres, pour le prix de 8,700 fr., payé par des collectes. Il est l'œuvre de M. Kühn, facteur d'orgues à Männedorf, Zurich. Les experts ont été unanimes pour remercier et louer M. Kühn. Ces orgues ont été montées et bénites en 1890.

Bénéfice.

Quelques membres défunts de la famille d'Englisberg avaient donné à Dietrich, curé d'Ueberstorf, droit de prendre la glandée et le bois nécessaire pour son petit domaine; on ordonne à Christ Quinting, tuteur du jeune Jean d'Englisberg, de reconnaître cette donation et d'en donner acte au curé. Il paraît qu'il s'agit ici du bois de charronnage et pour clôture, puisque, comme on le verra plus bas, le bénéficier recevait un certain montant pour l'affouage.

En 1798, le curé d'Ueberstorf percevait :

	fr.	b.	c.
pour 14 poses et 3/4 de terre	200 fr.	6 b.	5 c.
» intérêt des fondations	54	4	
» 25 à 30 toises de bois, payées en argent	30		
» cens fonciers	18	2	2
» dîmes	1,155	1	2
» prémices	31	3	3
	1,577 fr.	7 b.	2 c.

Les prémices, qui rapportaient environ 150 mesures de blé, dont 37 payées par des protestants, ont été rachetées à raison de 38 fr. 70 par mesure. Le Conseil d'Etat, le 23 novembre 1868, a ratifié ce rachat.

La cure. La cure est ancienne ; c'est apparemment celle qui a été construite, en 1600, par l'Etat de Berne, collateur. Placé à l'est de l'église, ce bâtiment, très bien conservé, peut être longtemps encore une habitation convenable pour le curé d'Ueberstorf. Depuis que Berne a renoncé à la collature, la paroisse, qui a reçu un certain montant à cet effet, doit maintenir la cure et les dépendances.

Bénéfice du chapelain.

Vers 1770, Ursule Gottrau, née Zurtanen, pour remercier Dieu de l'avoir protégée des maux de ce monde, fonda la chapellenie d'Ueberstorf. Elle a donné pour ce bénéfice :

1. 2,000 couronnes ;
2. Ses dîmes des propriétés de Niedermettlen et de Trittenhaüsern ; si l'Ordinaire n'accepte pas ces dîmes, elle livrera 1,400 couronnes ;
3. 10 moules de bois, dont 5 de hètre et 5 de sapin ;
4. Une maison pour la chapellenie ;
5. 3/4 de pose de terre, située près de l'habitation du chapelain.

Le bénéficier devait dire une messe matinale les dimanches et fêtes, et chaque semaine 3 messes pour les fondateurs.

La famille de Techtermann, héritière de la pieuse fondatrice, devait les 10 moules de bois. En 1865, à la demande de M. Maurice de Techtermann, une commission fut désignée pour s'occuper du rachat de cette redevance et en fixer le montant. La paroisse demandait 6,000 fr.

Les experts, en tenant compte du prix du bois et de l'intérêt de l'argent compté au 5 0/0, s'arrêtèrent au chiffre de 3,202 fr. ; mais, d'accord avec la famille de Techtermann, cette somme fut arrondie et portée à 4.000 fr. Ce rachat fut approuvé par la commission de surveillance et le Conseil d'Etat, 17 avril 1865.

En 1840, le chapelain Stoll a donné 50 écus pour un anniversaire.

En 1864, Joseph Corpataux, chapelain, livra 200 fr. pour un office.

Anna-Maria Habermaher a remis 400 fr. pour deux anniversaires, mais le chapelain doit les dire dans la chapelle de Hochstettlen.

Jacques Brulhart, l'aîné, a livré 1,000 fr. pour 10 messes.

Le chapelain Kilcher, qui avait été curé d'Ueberstorf, a donné 1,000 fr. pour une messe.

Jacques Schmutz légua 350 fr. pour un office.

Paul de Techtermann a donné une parcelle de terrain, attenante à la chapellenie, vers 1890.

Les chapelles et l'Institut.

1. En 1485, on permet au syndic d'Albligen, paroisse d'Ueberstorf, de bâtir une chapelle, qui a été dédiée à saint Pierre et saint Paul.

2. Chapelle d'Obermettlen, dédiée aux saints Magnus, Garin et Udalrich, consacrée le 23 octobre 1672.

3. Chapelle d'Hochstettlen, construite par une famille de Gottrau, propriétaire à Hochstettlen, dédiée aux 14 saints Auxil., bénite le 25 juillet 1845. On y voit un tableau avec les armoiries d'un de Gottrau et de son épouse Ursule d'Englisberg.

4. Chapelle de la Visitation, gothique, construite en même temps que le château, en 1505 ou vers cette époque. Les propriétaires du château se sont succédé nombreux jusqu'en 1882, année où il a été acheté, pour le prix de fr. 34,000, par le couvent d'Ingenbohl qui l'a réparé et en a fait un institut pour les jeunes filles. Diverses dépendances, nécessaires à l'établissement, furent successivement construites : la buanderie, un pavillon, une maison pour l'aumônier. Une nouvelle chapelle, très jolie, dédiée aussi à la sainte Vierge (la Visitation), a été bâtie par le couvent qui a utilisé l'ancienne. Le Saint Sacrement réside dans cette chapelle.

L'Institut d'Ueberstorf, bien que fondé récemment, est très prospère ; le nombre des jeunes personnes, qui est déjà de 50 à 60, augmente chaque année. Les bonnes Sœurs Théodosiennes enseignent à leurs élèves la tenue du ménage, les ouvrages manuels, etc., et leur donnent une éducation soignée.

Tout attire à l'Institut d'Ueberstorf : la propreté, l'ordre, une bonne nourriture, l'air sain, un sol fertile et accidenté, la belle route qui relie Ueberstorf à la station de Flamatt, distante de 4 kilomètres, les buts de promenades variées. Sur les hauteurs d'Oberholz et d'Obermettlen, on jouit d'une vue très étendue, à l'ouest, sur toute la chaîne du Jura ; à l'est, sur les Alpes bernoises, fribourgeoises et sur les grands glaciers.

Processions paroissiales.

La paroisse d'Ueberstorf se rendait processionnellement, le jour de la fête de la Lance, à Schmitten ; à l'Invention de la sainte Croix, à Bourguillon ; le jour de saint Béat, à la chapelle de la Singine ; le mardi des Rogations, à l'église de Wünnewyl ; le 17 mai, fête de saint Cyr, à Bœsingen ; le vendredi après la Fête-Dieu, à Heitenried. Toutes ces processions se faisaient hors des limites de la paroisse.

Le lundi des Rogations, la procession faisait trois fois le tour de l'église d'Ueberstorf, et, le mercredi, elle parcourait toute la paroisse. On allait encore, quatre fois par an, à la chapelle d'Obermettlen.

Hommes célèbres.

Les chevaliers teutoniques, qui possédaient le château d'Ueberstorf, avaient des hommes distingués.

La famille d'Englisberg a joué un certain rôle dans le canton : Ulrich a été bailli ; Diétrich, avoyer.

La famille de Techtermann, dont plusieurs membres ont rempli des fonctions importantes dans la magistrature et l'armée. Deux Techtermann se trouvaient dans les rangs de l'armée suisse sur le champ de bataille de Morat ; l'un, Villi, a reçu une récompense des délégués des cantons réunis à Fribourg pour les services rendus dans les guerres de Bourgogne. L'avoyer de Techtermann, grand-oncle de Maurice, a joué un rôle important surtout après le soulèvement Chenaux, en travaillant à la pacification du canton. Maurice de Techtermann fut conseiller d'Etat et colonel ; son fils Arthur, ancien conseiller d'Etat et directeur de la Guerre, habile stratégiste, a mérité le premier rang dans l'armée suisse, colonel-commandant le premier corps.

Le P. Spicher. Pierre Spicher, né à Ueberstorf le 22 décembre 1811. Le jeune homme fréquenta le Collège, et, ses études achevées, il entra dans la Compagnie de Jésus où il a été appelé à remplir diverses fonctions. Il débuta comme professeur et prédicateur à Schwytz ; de là, il fut envoyé à Lucerne comme professeur de théologie. Obligé de s'expatrier en 1847, il se rendit en Amérique, à Saint-Louis, où il enseigna quelques années durant la théologie; mais, lorsque le choléra sévit dans cette ville, il se dévoua au soin des malades. Plus tard, appelé en Allemagne, il y remplit les fonctions de Recteur du Collège de Paderborn et de directeur des novices. En 1863, le P. Spicher fut envoyé, pour la seconde fois, en Amérique. Ce Religieux distingué, après une vie si bien remplie, est mort à Buffalo le 29 mars 1874.

Faits divers.

En 1421, Etienne Muller fut assassiné à Ueberstorf par un étranger habitant Fribourg. Un arrangement intervenu entre les parents de l'assassin et ceux de la victime termina cette triste affaire.

En 1617, exécution d'un malfaiteur. Un prétendu ermite, connu sous le nom de Noll bruder, qui se disait converti à la religion catholique et exerçait les fonctions sacerdotales dans la paroisse d'Ueberstorf, se rendit coupable de si grands crimes que le tribunal criminel le condamna à la peine du feu; mais, comme certains délits n'étaient pas assez bien prouvés, on ordonna de lui trancher la tête.

Chapelains d'Ueberstorf.

1773. **Beat-Jacques Spicher**, d'Ueberstorf, premier chapelain, décédé en 1806.

18... **Adrien Hoffer.**

1826. **Joseph-Louis Bertschi**, de Guin.

1830. **Joseph Stoll**, d'Ueberstorf.

1840. **Gaspard-Fridolin Hauser,** de Næfels, Glaris; né à

Fribourg en 1813, décédé chapelain de Cournillens le 6 janvier 1884.

1845. **Jean-Joseph Corpataux,** de Fribourg; mort en 1864 à l'âge de quatre vingt-quatre ans.

1864. **Jacques Brulhart,** d'Obermettlen.

1384. **Joseph Vonlanthen,** de Schmitten, curé d'Ueberstorf en 1889; mort le 26 septembre 1890.

1889. **Jean-Joseph Kilcher,** de Liebistorf, pendant 44 ans curé d'Ueberstorf.

1895. **Jacques-Boniface Riedo,** de Planfayon.

Curés d'Ueberstorf.

1240. **Henri,** premier curé connu.

1258. **Plebanus,** d'Ibrisdorf.

1279. **Johannes,** curatus.

1286. **Rodolphe.**

1319. **Berthold de Maggenberg,** fils d'Ulric; frère de Richard, curé de Delp.

1409. **Symon,** vicaire d'Ibristorf.

1410. **Jean Cerdo,** originaire de Soleure.

1445. **Frère Nicolas Anshelm.**

1447. **Martin Sartoris.**

1451. **Théobald Borgeix,** de Fribourg.

1488. **Martin Hess** ou **Hesser,** curé.

1516. **Conrad** de Basel.

1528. **Heffely,** élu par l'Etat de Fribourg et seulement pour un an. — Berne avait embrassé la réforme.

1528. **Dietrich** d'Englisberg.

1573. **Jacob Grandis.**

1579. **Jacob Stigers.**

1583. **Balthasar Riniger.**

1585. **Hans Tinguely.**

1595. **Jean Vennrich.**

1611. **Guillaume Flandenstein.**

1620. **Rodolphe Rollin,** de Treyvaux.

1623. **Balthasar Wœber,** de Fribourg.

1633. **Jacob Stoutz,** de Fribourg.

1644. **Antoine de Vevey,** d'Estavayer.

1649. **Jacques Lang**, doyen.
1667. **Jacques Fragnière,** de Fribourg.
1711. **Jacques-Christophe Brundenbourg.**
1714. **Pierre-Antoine Russy**.
1748. **François-Joseph Sœller,** doyen.
1801. **Joseph-Michel Wiky,** de Fribourg.
1806. **Jean-François-Xavier Zurkinden,** de Fribourg.
1834. **P. Franc Hoffbauer,** liguorien, desservant.
1834. **Pierre Neuhaus,** de Dirlaret.
1845. **Jean-Joseph Kilcher,** de Liebistorf. Il a pris le poste de chapelain en 1889, et le chapelain Vonlanthen a été nommé curé.
1889. **Joseph Vonlanthen,** de Schmitten.
1890. **Silvestre-Jean Klaus,** de Plasselb.

URSY-MORLENS

Altitude : Ursy, 707 ; Vauderens, 726 ; Morlens, 729 ; Vuarmarens, 689 ; Esmonts, 807 ; Montet, 655.
Patron : Saint Maurice et la légion thébéenne (22 septembre).

Statistique.

	Maisons habitées.	Ménages.	ORIGINE DE LA POPULATION				CONFESSION		LANGUE		Total des habitants.
			Bourgeois de la commune.	Bourgeois d'une autre commune.	Bourgeois d'un autre canton.	Etrangers.	Catholiques.	Protestants.	Français.	Allemands.	
Morlens	8	11	13	35	7	—	48	7	48	7	55
Ursy	33	38	97	48	17	—	147	15	150	12	162
Vuarmarens..	39	46	136	56	14	1	207	—	205	2	207
Montet.....	28	31	102	30	5	—	132	5	137	—	137
Vauderens ...	52	63	200	99	15	5	313	6	313	6	319
Bionnens	15	16	34	29	23	—	73	13	72	14	86
Esmonts.....	29	38	92	70	13	—	161	14	161	14	175
											1,141

	Nombre des contribuables.	Immeubles imposables.	Capitaux.	Produit de l'impôt sur les fortunes.	Produit de l'impôt sur l'industrie.	Dépenses pour l'assistance des pauvres.	Fonds d'école.
Morlens	38	252,530	40,585	682	—	79	23,121
Ursy	87	363,687	64,507	1,029	57	717	20,059
Vuarmarens	93	378,471	61,705	1,038	18	456	15,928
Montet	82	302,749	20,130	2,570	11	80	14,894
Vauderens........	109	421,939	69,437	1,236	54	763	17,976
Bionnens.........	43	122,822	6,930	304	—	156	4,946
Esmonts..........	73	374,235	36,000	175	9	968	16,520

La paroisse.

La paroisse d'Ursy-Morlens est très ancienne, mais on n'a rien de certain sur ses origines. La contrée, où les Romains ont laissé de nombreux vestiges, touchait à la grande route romaine par la vallée de la Broye à Avenches. Primitivement, la paroisse avait l'étendue d'un petit diocèse. Elle comprenait, dans le canton de Vaud, plusieurs villages et hameaux : Chavannes-sur-Moudon, Chesalles, Brenles et la partie de Moudon située sur la rive droite de la Broye ; dans le canton de Fribourg, les communes restées fidèles à l'Eglise : Vuarmarens, Ursy, Montet, Vauderens, Mont, Bionnens et Morlens. En 1228, Conon d'Estavayer place Ursy-Morlens dans le décanat de Vevey. Le droit de nomination à ce bénéfice appartenait à l'Evêque de Lausanne.

Sur ce vaste territoire, l'histoire n'offre que peu de faits saillants. Quelques seigneurs, d'ailleurs peu connus, régnaient dans la contrée.

Les de Prez, à Vuarmarens. En 1344, Richard de Prez donna la dîme de Mont-sur-Vuarmarens à l'hôpital de Moudon ; mais, deux siècles plus tard, l'hôpital la vendit à l'Etat de Fribourg pour 340 florins. D'entente avec ses sœurs, Ferdinand de Prez, donzel, capitaine de cavalerie au service du duc de Savoie, se plaint au Conseil de Fribourg de ce que son frère Jean-Gaspard avait vendu une partie des dîmes de Vuarmarens, Mont et Villengeaux, 1608. (*Kuenlin.*)

Cathelin Loys, de Moudon, dit Kuenlin, était seigneur de Montet : il prêta hommage à Fribourg, pour Montet et Villardens, à genoux. Le Conseil d'Etat lui permit, le 7 nov. 1579, d'y établir une potence, un tribunal avec un huissier, et d'y exercer la juridiction en plein, sauf le cas d'appel. On voit encore, au bord de la Broye, les ruines du château de Villardens.

Une autre famille noble portait le nom de Bionnens. (Voir *Kuenlin,* p. 39.)

Dans les XIIIe et XIVe siècles, on ne trouve rien d'intéressant jusqu'à la visite pastorale de Saluces, en 1453.

Les visiteurs arrivèrent à Morlens le 29 mai.

Ici, comme un peu partout, l'état de l'église laissait beaucoup à désirer : pas de tabernacle, pas de sacristie, un vieux bahut au chœur pour serrer les ornements ; pour tout pavé la terre nue ; des murs bruts et noircis par le temps ; un toit vermoulu, des fenêtres veuves de leurs vitres ; un seul calice et d'un vil métal. Derrière le maître-autel, deux poutres appuyées au mur soutenaient les tableaux de la sainte Vierge et de saint Maurice.

Les Visiteurs ordonnèrent de construire une sacristie, de paver ou planchéier la nef et le chœur, d'acheter un calice en argent, de faire deux chandeliers en bois et diverses réparations.

Le clocher, chose rare à cette époque, contenait plusieurs cloches.

L'autel de Saint-Théodule, fondé par Jean Estoleron, de Visy, paroisse de Promasens. Hugues Jagnemeti (Jaquemet), de Rue, en était chapelain depuis plus de 40 ans. Le fondateur de cet autel avait donné 12 poses de terre, avec charge de 4 messes par semaine.

L'autel de Saint-Jean-Baptiste, fondé par Jacques de Billens, prêtre à Romont, avec un revenu de 12 livres laus. Ce bénéfice était chargé de 3 messes par semaine.

Les Visiteurs ordonnèrent au chapelain de Saint-Jean de placer un bahut près de l'autel pour retirer les ornements, et de boucher avec de la toile les fenêtres cassées.

Cet autel de Saint-Jean eut un procès à soutenir.

Noble François Musy, tuteur des enfants de noble Charles de Chalant, héritiers de Jacques de Billens, et noble Maillard réclamaient la dîme de Chavannes-les-Forts, léguée à la chapelle de Saint-Jean de Morlens.

D'autre part, l'abbaye des Tanneurs, en vertu d'un séquestre opéré en 1546 et de l'union de cette chapelle de Morlens à celle du Petit-Saint-Jean de Fribourg, dont ils étaient patrons, se présentèrent pour défendre leurs droits. Une sentence du 4 février 1561 trancha le différend. Les héritiers de noble Charles de Chaland et noble Maillard durent rendre 800 florins à l'abbaye des Tanneurs de Fribourg, et 400 florins à la chapelle de Saint-Jean-Baptiste de Morlens. (*Arch. cant., not.* 194, p. 130.)

En 1666, la chapelle était dans un très mauvais état. L'Evêque ordonna de la réparer. Les paroissiens esquivèrent l'ordre, disant que l'entretien regardait le collateur. Ils s'adressèrent même au Conseil pour le prier d'obliger le banneret Maillard de Romont de réparer la chapelle de Saint-Jean. L'Etat trouva les motifs avancés trop faibles pour qu'on pût inquiéter le collateur. On se mit pourtant à l'œuvre. L'autel réparé coûta 60 écus. Le banneret Maillard, pour mettre fin à toutes difficultés, offrit 35 écus et renonça au droit de collation.

L'église de Morlens.

Le jeudi après l'Ascension, en 1533, Aymon de Montfaucon consacra l'église de Morlens ; mais on ignore si c'était à l'occasion d'une église nouvellement construite ou de réparations considérables faites à l'ancienne.

En 1592, la paroisse dépensa 140 florins pour réparer la voûte du chœur et consolider les murs par des contreforts appliqués de chaque côté.

Mgr de Watteville ordonna, dans la visite pastorale, de réparer l'église et de procurer un tableau du patron, du linge et des chandeliers en métal pour le maître-autel. Il interdit trois chapelles.

En 1669, les paroissiens prétendaient que le bénéficier était tenu d'entretenir le toit du chœur et de la cure ; que le prévôt Schneuwly, Vicaire général, avait porté une sentence à ce sujet — comme la copie était égarée, ils s'adressèrent à l'Evêque pour en obtenir la confirmation. — Le curé Jean Loys se soumit, sacrifia ses intérêts pour ne pas envenimer la difficulté et donner le bon exemple.

L'église de Morlens avait toujours été petite et bien négligée. Au commencement du XVIIIe siècle, tout le monde comprenait la nécessité d'en bâtir une nouvelle, l'ancien édifice n'étant plus convenable ; mais la perspective des frais et mille autres questions secondaires paralysèrent longtemps encore les meilleures intentions. Il fallut près d'un siècle pour qu'on parvînt à s'entendre, à terminer les difficultés qui surgissaient à la moindre occasion. Morlens, siège de l'ancienne église, était à l'extrémité de la paroisse ; dès qu'on parlait d'un nouvel édifice, tous les villages se mettaient sur les rangs et luttaient pour l'avoir sur leur territoire ou du moins à proximité. Mgr Marilley, pour mettre fin à ces luttes stériles, intervint et établit une Commission chargée de choisir l'emplacement le plus convenable. Les difficultés tombèrent ; on se mit d'accord et la paroisse possède aujourd'hui une belle église, placée à Ursy, au centre du territoire. Elle fut consacrée le 12 oct. 1869. De l'ancienne église de Morlens, on a conservé le chœur à titre de souvenir.

La Réformation.

Une partie des paroissiens d'Ursy-Morlens abandonnèrent la religion catholique pour embrasser la réforme. Ce bouleversement religieux devait nécessairement diviser la paroisse, exciter les passions, provoquer des discussions irritantes. Les archives de Morlens contiennent un document, mais un seul, qui fait apparemment allusion aux troubles de cette triste époque.

Le curé de Morlens, Aymon Guilleti, venait de mourir. Claude Sapientis, curé de Promasens et de Chatillens, confrère voisin, crut devoir prendre quelques précautions commandées par la prudence pour prévenir la dévastation de l'église veuve. En conséquence, « le dimanche *Reminiscere* de l'année 1551, dit « l'acte, les honorables Gui, Nicod, Claude Dutoit, Nicod « Neyrit, Humbert Bellaz, Mermert Bellaz, de Chavannes-sur- « Moudon ; Jacques et Claude Decimatoris, de Mont ; Jean et « Claude Dutoit, de Vuarmarens, etc., se sont réunis avec « leurs armes dans l'église de Saint-Maurice de Morlens pour « garder les ornements, les vases sacrés et autres objets du « culte... à la réquisition du curé de Promasens qui leur délivra « une déclaration les rendant irresponsables de ces actes. »

A la lecture de ce document, on voit que le curé Sapientis redoutait un soulèvement dans le voisinage, et craignait le pillage de l'église, comme cela s'était vu ailleurs.

Fondation d'un vicariat, 1749.

« En obtempération à l'ordre de son illustrissime et révéren- « dissime Grandeur Mgr de Boccard, évêque et comte de

« Lausanne, émané à M. Jean-Pierre Dupaquier, Rd curé de « Saint-Martin de Vaud, contenue dans une missive à luy « adressée, au soussigné apparue en date du 18 courant, qui « luy ordonne de se transporter à Morlens pour y entendre les « sentiments et recevoir les opinions de tous les membres soit « chefs de l'hon. paroisse dudit lieu au sujet de l'establissement « et de la rente perpétuelle d'un Rd vicaire, suivant les très « humbles représentations à ce sujet présentées par les commis « de la paroisse à Sa Grandeur. Les humbles communiers de « la paroisse ayant été ce jourd'huy 23 avril 1749 assemblés « ensuite de l'avertissement de chaque gouverneur communal « en recue hyer tant de la part du juré Pierre Dechenaux au « dit Morlens que de Antoine Esquey, de Mont; quel avertis- « sement avait encore esté renouvellé après l'office de paroisse « dans l'église paroissiale du dit Morlens par Jean-Baptiste « Gremaud sgr curé du dit lieu, les humbles communiers, dis- « je, après avoir entendu les charitables recommandations à « eux faites de la part du Rd doyen et la lecture que le sous- « signé leur en a faite ensuite à haute voix du contenu arrêté « le 13 février dernier, entre le dit curé Gremaud et les humbles « commis de la dite paroisse au sujet de l'établissement et de la « rente d'un Rd vicaire, ont unanimement approuvé et confirmé « le dit convenu dans son contenu, avec promesse de l'accom- « plir religieusement à la suite, sans y vouloir n'y contrevenir... « sous l'obligation de leurs biens en général. Les commis de « l'hon. commune de Vauderens, qui ont presté présence à la « dite assemblée, ayant seulement conditionné qu'ils enten- « daient... crus ainsi qu'en place d'un demi quarteron de blé « et d'avoine qu'ils payaient cy devant pour le sacristain, ils « livreront annuellement à la suite par chaque feu faisant un « quarteron de beau bled moyennant quoi ils seront acquittés « tant de la rente du dit vicaire que du dit sacristain. Sup- « plient par ainsi le dit humble corps paroissial, sa dite Ilme « Rme Grandeur de vouloir approuver le convenu pour devoir « être stable et exécutoire dans son contenu à perpétuité et la « priant d'agréer leurs vœux les plus fervents qu'ils redoublent « au ciel pour sa très précieuse et longue conservation, prospé- « rité, santé avec l'assurance de leur soumission respectueuse. « Ce qu'ayant ainsi esté fait et passé au dit Morlens en pré-

« sence de Rd doyen Dupaquier et curé Gremaud, a ensuite « été rédigé par le soussigné qui en ayant fait la lecture en « présence des Rds doyen et curé aux hon. Pierre Conus dit « Grimoz de Vuarmarens, gouverneur paroissial, Pierre feu « Jean Conus l'aîné du dit lieu ; Pierre Deschenaux de Mor- « lens, justicier à Rue ; Nicolas Butty de Mont, Claude De- « mière, juré de Montet, accompagné d'hon. Claude Demière « du dit lieu, Joseph Vaucher de Vauderens, tous conseillers « paroissiaux et agissant au nom du corps paroissial entier, « iceux en cette qualité l'ont de nouveau accepté par attouche- « ment sur les mains du soussigné qui a expédié les présentes « sous les clauses requises au dit Morlens, le 23 avril 1749.

« Jean-Baptiste Gremaud, moderne curé de Morlens, avec « hon. Pierre Conus dit Grimoz de Vuarmarens, gouverneur « paroissial de Morlens, assisté des hon. François Dutoit, « notaire ; Nicolas Butty, de Mont... François Gavillet, de « Mont ; tous ensemble ont convenu au nom de l'hon. paroisse « avec promesse soit réservé de faire agréer à dite hon. paroisse « de donner et livrer à leur Rd curé M. Gremaud et à ses suc- « cesseurs annuellement cent écus petits, sous condition que le « dit curé moderne et ses successeurs garderont un Rd prestre « pour servir la paroisse en qualité de vicaire, pour dire les « messes matinières les jours de dimanche et de fête comman- « dée, entendre la confession et rendre les mêmes devoirs « spirituels que le Rd curé dans les besoins, et sera chargé de « faire l'école à la cure tant seulement à tous les enfants de la « paroisse qu y voudront s'y transporter ; quant à la manière « de faire l'école et quant aux messes applicables pour la « paroisse par le Rd vicaire », — on abandonne à Monseigneur le soin de régler le tout, ainsi que le cas de maladie du curé ou du vicaire.

« La paroisse s'engage de faire bâtir soit restaurer une « chambre avec un fourneau pour la eschoffer, laquelle soit « logeable pour mettre ensemble dans la cure un vicaire, de « même que de faire à la cure les restaurations convenables « pour le logement décent de deux prêtres, autant que les « forces de la paroisse le pourront permettre et même la pa- « roisse de fournir à la cure pour eschoffer le fourneau du « Rd vicaire, scavoir une bonne charge de bois annuellement

« pour chaque commune. Le tout que dessus a été arresté et « convenu entre les susnommés M. D. Jean-Baptiste Gre- « maud, curé de Morlens, et hon. Pierre Conus, dit Grimoz, « de Vuarmarens, gouverneur de l'hon. paroisse de Morlens, « assistés des conseillers paroissiaux, le 13 février 1749. En « présence de M. Jean-Pierre Dupaquier, curé. »

La chambre destinée au vicaire et le fourneau furent terminés en 1753.

Les communes de Morlens, Vuarmarens, Montet et Esmonts s'adressèrent, le 22 mars 1788, au gouvernement pour obliger le Bionnens à livrer annuellement, comme il s'y était engagé, le char de bois et un quarteron de blé par ménage, en faveur du vicaire chargé de faire l'école et le catéchisme.

Le gouvernement apporta quelques modifications au règlement arrêté entre les communes.

En 1766, Jacques, feu Pierre Butty, d'Ursy, suisse à l'hôtel de La Rochefoucauld, à Paris, fit une fondation de 1,000 écus; l'année suivante, il ajouta 133 écus à cette somme, dont la rente devait servir à payer un régent pour faire l'école à tous les enfants de la paroisse, mais en établissant le binage pour l'instituteur et une seule assistance par jour pour les élèves : le matin, école à Morlens, et à Ursy, l'après-midi.

Les paroissiens acceptèrent cette fondation; mais ils prièrent le fondateur de permettre que cette rente fût jointe à celle du vicaire qui faisait la classe à Morlens, tout en prélevant les honoraires pour le régent qui tiendrait l'école à Ursy. Jacques Butty ne fit aucune difficulté, donna son consentement à la proposition faite par la paroisse, 17 avril 1766. Plus tard, le Bionnens, avec sa part de la fondation Rossier et Butty, établit une école à ses frais. En 1807, chaque commune voulut avoir son école, et le vicaire fut déchargé de l'enseignement primaire.

Bienfaiteurs.

Pour éviter des redites, je ne parle pas ici des bienfaiteurs cités plus haut.

En 1782, Antoine Chenaux, d'Ursy, légua 200 écus pour un ostensoir, 20 écus pour habiller les enfants « ministrants », et un capital de 1,400 écus aux pauvres de la paroisse, mais avec cette condition que le curé pourrait prélever sur cette rente ce qui serait nécessaire pour assister les malades pauvres.

Vicaires.

Georges Comte.
1778. **François-Nicolas Dutoit.**
1782. **Eustache Gillard**, d'Eschiens.
1788. **Etienne Buchs,** de Bellegarde.
Jean-Baptiste Monney.
Jean-Baptiste Crausaz.
1807. **Adrien Bourdilloud,** d'Estavayer.
1815. **Deschenaux.**
1820. **Joseph-Laurent Dunand.**
1821. **Jean Brunisholz,** de Praroman.
1837. **Jean-Joseph Chammartin.**
1840. **Pierre-Joseph Bacconat.**
1841. **Joseph Fracheboud.**
1842. **Jean-Pierre Raboud.**
1844. **Ignace-Nicolas Wuilleret.**
1845. **Joseph Overney.**
1847. **Jean-Joseph Piccand.**
1852. **Jules Perroud.**
1855. **Théodore Moullet.**

Curés de Morlens.

1251. **Constantin,** curé.
1278. **Gerold,** coadjuteur à Morlens.
1329. **Jo...**
1352. **Antoine** (voir Promasens).
1368. **Jean de Forlens.**
1416. **Antoine de Prez.** Il ne résidait pas; le suivant desservait en son nom.
1416. **Hugues Jaquemet,** desservant.
1442. **Jean Joyeti,** chanoine de la cathédrale de Sion; il faisait desservir la paroisse par le suivant.
1461. **Guillaume Probi.**

1481. **Rodolphe Gavillet.**

1519. **Jean de Montfaucon.**

1532. **Pierre Senevey.**

1536. **Jean de Prez,** moine de Lutry. On écrivit au Prieur de Lutry que Fribourg lui accordait la cure de Morlens, avec la charge de rebâtir le presbytère. Jean de Prez mourut vers 1547. Ses héritiers furent Charles de Prez, noble Pierre Gribolet et noble Claude Hugonin, mari de Catherine de Prez; mais le mari de Marguerite de Prez attaqua le testament.

1551. **Aymon Guillet** (Guilleti).

1551. **Claude de Prez.**

1557. **Claude Martin,** vicaire.

1557. **Antoine Monney,** vicaire.

1559. **Pierre Berthin,** vicaire.

1561. **Claude Vionnet,** vicaire.

1564. **François Violet,** vicaire.

1570. **Pierre de Prez,** curé.

1573. Le gouvernement nomma **Claude Vincent**; mais à la condition de rebâtir le presbytère et, avec le secours des paroissiens, la tour de l'église.

1577. **Claude Martin,** vicaire.

1583. **Claude Vionnet,** curé.

1585. **Nicolas de Montfaucon,** docteur en droit, prévôt de Genève, chantre de Lausanne, prieur de Lutry. Nommé curé de Morlens, les paroissiens refusèrent de l'accepter, d'où des frais pour la paroisse.

1590. **Claude Thorin,** de Romont.

1612. **Gaspard Amyodt,** curé, de l'Ordre des Minimes de Bourgogne.

1640. **Christ Buccaud,** curé.

1644. **Claude Macherel,** curé. Il a résigné le bénéfice peu après sa nomination.

1644. **Pierre de Prez.**

1650. **Nicolas Ducret,** de Romont.

1665. **Jean Loys** ou **Golliard.**

... **François-Pierre Rabolth.**

1704. **Jean-Baptiste Perroud,** de Villaz, doyen.

1738. **Jean-Baptiste Gremaud,** d'Echarlens.

1774. **Jean-François Gremaud,** d'Echarlens.

1824. **Jean-Baptiste Monney,** de Chapelle.

1845. **François-Romain-Augustin Gottofrey,** d'Echallens, ancien économe au Séminaire.

1850. **Louis-Pierre Gremaud,** d'Echarlens.

1855. **Jean Gremaud,** de Riaz (voir cette paroisse).

1857. **Pierre-Joseph Odin,** de Mézières, doyen depuis 1888. Sous son administration, une nouvelle église a été construite à Ursy, centre de la paroisse.

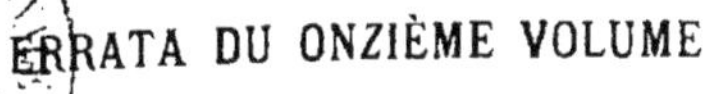

ERRATA DU ONZIÈME VOLUME

Page 67, ligne 6, au lieu de : *sièles*, lisez : *siècles*.
Page 121, ligne 4, au lieu de : *roi*, lisez *duc*.
Page 121, ligne 4, au lieu de : *famille royale*, lisez : *famille ducale*.
Page 121, ligne 6, au lieu de : *roi*, lisez : *duc*.
Page 186, statistique, au lieu de : *Français, Allemands*, lisez : *Allemands, Français*.
Page 198, ligne 33, au lieu de : *Prémissaires*, lisez : *Primissaires*.
Page 207, ligne 16, au lieu de : *et réparée, car il ne paraît pas...* lisez : *et réparée. A l'érection de la paroisse on a construit une nouvelle église*.
Page 213, ligne 3, au lieu de *falax*, lisez : *fallax*.
Page 213, ligne 4, au lieu de *quis*, lisez : *queis*.
Page 213, ligne 27, au lieu de *Rohant-Chabot*, lisez : *Roland-Chabot*.

FRIBOURG. — IMPRIMERIE CATHOLIQUE SUISSE, 13, GRAND'RUE.

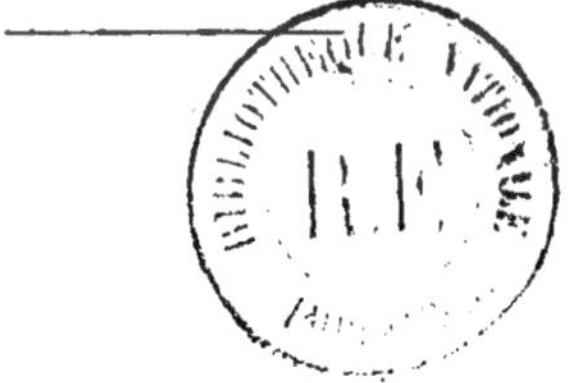

www.ingramcontent.com/pod-product-compliance
Ingram Content Group UK Ltd.
Pitfield, Milton Keynes, MK11 3LW, UK
UKHW022051260726
13993UKWH00001B/43

9 782019 958336